QUESTIONS D'HISTOIRE ANCIENNE ET ROMAINE

POUR L'EXAMEN

DU BACCALAURÉAT ÈS LETTRES

DÉVELOPPÉES

PAR

V. DURUY

PROFESSEUR D'HISTOIRE AU LYCÉE SAINT-LOUIS

NOUVELLE ÉDITION

conforme au programme du 26 novembre 1849

PARIS

LIBRAIRIE DE L. HACHETTE ET Cie

RUE PIERRE-SARRAZIN, N° 14

(Quartier de l'École de Médecine)

NOUVEAU MANUEL

DU

BACCALAURÉAT ÈS LETTRES

HISTOIRE
ANCIENNE ET ROMAINE

Le *Nouveau Manuel du Baccalauréat ès lettres* se compose des six parties suivantes qui se vendent réunies ou séparées :

1° *Notices historiques et littéraires* sur les auteurs et les ouvrages grecs, latins et français, indiqués pour l'épreuve de l'explication, avec un résumé des règlements universitaires relatifs au baccalauréat ès lettres, et des conseils pour faire une version, par M. Lesieur, ancien professeur de rhétorique;

2° *Questions littéraires* développées par M. Lesieur;

3° *Questions de philosophie* développées par M. Jourdain, professeur de philosophie au collége Stanislas;

4° *Questions d'histoire* développées par MM. Duruy et Barberet, professeurs d'histoire ;

on vend séparément :

Questions d'histoire ancienne et d'histoire romaine, par M. Duruy;
Questions d'histoire du moyen âge et d'histoire moderne, par M. Barberet.

5° *Questions de géographie* développées par M. Cortambert, professeur de géographie ;

6° *Questions de mathématiques, de cosmographie, de physique et de chimie* développées par M. Saigey, auteur de plusieurs ouvrages scientifiques.

A la même Librairie :

Mémento du baccalauréat ès lettres, ou *Réponses claires et précises à toutes les questions du programme officiel*, destinées à aider la mémoire pendant la préparation et au moment de l'examen, et extraites du *Nouveau Manuel*; par MM. Jourdain, Lesieur, Duruy, Barberet, Cortambert et Saigey. *Nouvelle édition conforme au programme du 26 novembre 1849.* 1 vol. in-18. Prix, broché. .... 2 fr.

Recueil de versions latines dictées à la Sorbonne pour les examens du baccalauréat ès lettres, et publiées par M. Delestrée, ancien chef d'institution à Paris. 2 vol. in-12, textes et traductions. Prix, br. 2 fr.

Chaque volume se vend séparément.

Programmes officiels du baccalauréat, de la licence et du doctorat ès lettres, avec un extrait des règlements universitaires relatifs à ces examens. *Nouvelle édition conforme au règlement du 26 novembre 1849.* 1 volume in-12. Prix, broché ..... 30 c.

DE L'IMPRIMERIE DE CRAPELET, RUE DE VAUGIRARD, 9

QUESTIONS
D'HISTOIRE
ANCIENNE ET ROMAINE

POUR L'EXAMEN

DU BACCALAURÉAT ÈS LETTRES

DÉVELOPPÉES

PAR

V. DURUY

PROFESSEUR D'HISTOIRE AU LYCÉE SAINT-LOUIS

NOUVELLE ÉDITION

conforme au programme du 26 novembre 1849

PARIS

LIBRAIRIE DE L. HACHETTE ET Cie

RUE PIERRE-SARRAZIN, N° 14

(Quartier de l'École de Médecine)

1849

QUESTIONS
D'HISTOIRE ANCIENNE
ET D'HISTOIRE ROMAINE.

HISTOIRE ANCIENNE.

I. HISTOIRE SAINTE.

1. HISTOIRE SAINTE DEPUIS LE DÉLUGE JUSQU'À MOÏSE ET À LA CONQUÊTE DE LA TERRE PROMISE. — 2. LES JUGES ET LES ROIS, SAÜL, DAVID ET SALOMON. — 3. DEPUIS LE SCHISME DES DIX TRIBUS; FIN DES ROYAUMES D'ISRAEL ET DE JUDA. — 4. LA CAPTIVITÉ, RECONSTRUCTION DU TEMPLE, LES MACHABÉES, HÉRODE. — 5. JÉSUS-CHRIST; DISPERSION DES JUIFS.

1. Histoire sainte depuis le déluge jusqu'à Moïse et à la conquête de la terre promise.

Après la dispersion des hommes, les vérités révélées s'obscurcirent. Dieu, irrité des progrès de l'impiété, voulut se garder une race fidèle; il choisit Abraham pour être le père de son peuple. Abraham sorti de la Chaldée, 2000 ans environ avant notre ère, avec son neveu Loth, vint dans la terre de Chanaan, où il erra longtemps. Une fois la disette le força d'aller acheter du blé en Égypte. Une autre fois il repoussa les troupes d'un roi de Mésopotamie qui emmenait Loth prisonnier. Il vit encore la catastrophe qui ruina Sodome et Gomorrhe, et donna naissance au lac Asphaltite.

Après une longue et pieuse carrière, durant laquelle il avait affermi les siens dans la croyance à un Dieu unique qui rendrait sa postérité nombreuse et puissante, Abraham mourut laissant son héritage à son fils Isaac, qui continua ses saints enseignements. Jacob imita son père et son aïeul. Il avait douze fils qui devinrent les chefs des douze tribus d'Israël. L'un d'eux, Joseph, était odieux à ses frères; ils le vendirent comme esclave à des marchands qui allaient en Égypte. A force de sagesse et d'habileté, l'esclave hébreu s'éleva, dans ce pays, aux premiers honneurs et devint le ministre du Pharaon. Une année que ses frères pressés, comme jadis Abraham par la disette, étaient venus acheter du blé à Memphis, après diverses épreuves, il se découvrit à eux, appela auprès de lui son père qui, depuis longtemps pleurait sa mort, et établit sa famille dans la terre de Gessen, entre le Nil et la mer Rouge (1900 ans av. J. C.).

Dans ce canton fertile, mais où l'on comptait peu de villes, les Hébreux purent continuer leur vie nomade sans trop choquer le peuple d'Égypte par la simplité de leurs mœurs et la pureté de leur croyance. Ils y demeurèrent quatre cent trente ans; mais au bout de ce temps, leur nombre s'était tellement accru, qu'ils formaient un grand peuple comptant six cent mille hommes en état de combattre. En les voyant ainsi croître en force, les Pharaons s'alarmèrent. Dans le désordre où se trouvait l'Égypte au temps de leur établissement dans la terre de Gessen, on n'avait fait aucune attention à la différence de leurs mœurs et de leur religion; mais quand ils furent devenus un grand peuple, les Égyptiens s'indignèrent de voir les Hébreux sacrifier à leur Dieu invisible des animaux qu'eux-mêmes ils adoraient comme des divinités. Ces nomades, errant avec leurs immenses troupeaux le long des fertiles provinces où de nombreuses cités renfermaient une population riche et désarmée, étaient aussi un danger continuel. On craignait qu'ils ne s'unissent à d'autres tribus nomades, et que tous ensemble ils ne renouvelassent les malheurs de l'invasion des Hycsos.

Les Pharaons voulurent les contraindre à renoncer à cette vie pastorale, odieuse d'ailleurs aux Égyptiens, et à s'enfermer dans des villes. Ils les forcèrent à bâtir les villes de Ramessès, de Pithom et de On; ils les firent travailler aux canaux, aux constructions de tout genre dont l'Égypte se couvrait. Suivant l'Écriture, non contents d'infliger aux Hébreux ces rudes travaux, les Pharaons ordonnèrent qu'on tuerait tous les enfants mâles qui naîtraient parmi eux. Une femme israélite de la tribu de Lévi, après avoir caché pendant trois mois son enfant, l'avait exposé sur le Nil dans un berceau d'osier, à l'endroit où la fille du Pharaon avait coutume de venir se baigner. Celle-ci entendit en effet les cris de l'enfant et elle en eut pitié. Moïse, ainsi l'appela-t-elle parce qu'elle l'avait sauvé des eaux, fut élevé par sa mère adoptive dans le palais des rois, et instruit dans toutes les sciences des prêtres égyptiens; mais il n'avait pas oublié son origine; et un jour qu'il vit un Égyptien frapper un Hébreu, il le tua. Forcé de fuir à cause de ce meurtre, il se retira auprès de Jéthro, à l'extrémité méridionale de l'Arabie Pétrée; et là il retrouva les vieilles croyances de ses pères, des mœurs simples et pures, la vie patriarcale d'Abraham et de Jacob. Moïse, n'eût-il pas reçu d'en haut la mission d'aller délivrer son peuple, que dans cette solitude la pensée lui en fût venue. Avec son frère Aaron, il alla demander au roi égyptien de laisser aller les Hébreux sacrifier dans le désert. L'Écriture dit que le roi ne céda qu'après avoir vu son peuple frappé par dix plaies cruelles, qu'épouvanté enfin par la mort de tous les premiers nés du peuple égyptien, il avait permis aux Israélites de partir, et que presqu'aussitôt, se repentant de laisser tant d'esclaves utiles échapper à son pouvoir, il les avait suivis avec une armée. Les eaux de la mer Rouge s'étaient séparées devant les Hébreux qui avaient passé à pied sec, tandis que l'armée égyptienne avait été engloutie sous les flots, rendus à leur cours accoutumé.

Moïse avait habilement dirigé la marche des Hébreux vers ces déserts de l'Arabie, où loin de la corruption des villes d'Égypte, ils devaient plus aisément revenir au Dieu de leurs pères. Durant 40 ans ils errèrent dans ses solitudes, où sous ce ciel sans nuages, sur cette terre aride et nue, jamais le polythéisme n'a régné longtemps. L'olympe de l'Arabe est désert, comme le sol qu'il habite; et son Dieu, solitaire et jaloux, ne partage point son pouvoir avec des divinités rivales. Ces circonstances aidèrent à la mission de Moïse, qui reçut, dit l'Écriture, au mont Sinaï, de Dieu même, les tables de la loi, monument incomparable qui renferme en dix articles toute la morale divine et humaine. Le législateur inspiré essaya d'enchaîner son peuple au dogme précieux de l'unité divine par de nombreuses prescriptions admirablement calculées, et qui donnèrent aux lois hébraïques une incomparable supériorité sur toutes les autres législations. Ainsi au lieu de la distinction des castes, les Juifs avaient l'égalité absolue des citoyens devant Dieu et devant la loi; et cette égalité, Moïse voulut l'établir dans les conditions et dans les fortunes (année sabbatique et Jubilé, période de sept ans et de quarante-neuf ans au bout desquelles l'esclave était affranchi, la propriété aliénée restituée à son premier maître), de sorte que les Juifs n'eurent jamais ni cette aristocratie à la fois orgueilleuse et corrompue, ni cette populace affamée et violente, qui ont troublé de tant d'orages les anciennes républiques. Leurs chefs et leurs rois sortaient du peuple. Leurs lévites dispersés dans tout Israël, réduits à la possession de quarante-huit villages, ne formaient pas une caste sacerdotale, et s'ils étaient héréditaires ils n'avaient que l'hérédité de la pauvreté et du dévouement. Dans le monde ancien, où le principe de toute société était l'esclavage, les Juifs eurent moins des esclaves que des serviteurs; ailleurs le législateur ne s'est occupé ni du pauvre ni de l'indigent, et repousse ou flétrit l'étranger. Ici la loi était partiale pour le pauvre; elle défendait l'usure, commandait l'aumône, prescrivait la charité même envers les animaux, et appelait l'étranger au temple et aux sacrifices. Ainsi tout ce que le monde ancien abaissait et repoussait, la loi mosaïque le relevait. Dans cette société l'étranger [illegible] plus [illegible] [illegible], l'esclave était encore un homme, et la femme, assise dignement à côté du chef de la famille, y était entourée des mêmes respects [1].

Durant ces quarante années, Moïse eut à lutter fréquemment contre les révoltes des Hébreux qui, réduits à la manne du désert, regrettaient l'abondance de la terre d'Égypte. Il triompha de tous les obstacles, de tous les ennemis, et conduisit son peuple jusqu'en vue de la terre promise. Il avait constitué son frère Aaron grand-prêtre, enfermé le *décalogue* dans l'*Arche d'Alliance*, et écrit le Pentateuque ou les cinq Livres : Genèse, Exode, Lévitique, Nombres et Deutéronome. 1585. Josué son successeur franchit le Jourdain, détruisit Jéricho et Haï, vainquit plusieurs fois les rois chananéens et distribua la terre promise aux douze tribus d'Israël.

2. Les juges ; les rois, Saül, David et Salomon.

A la mort de Josué, le lien politique qui tenait les tribus réunies se brisa, et le gouvernement des *anciens* se trouva trop faible pour achever la conquête du pays ou repousser les attaques des rois voisins. De là des servitudes d'où les Juifs furent tirés par des hommes forts et braves, qui après la victoire restèrent leurs *juges*. Ces vaillants d'Israël furent Othoniel (1550); Ahod, qui combattait des deux mains; Samgar; la prophétesse Debora; Gédéon, qui dissipa toute une armée avec trois cents hommes; Abimélech; Thola; Jaïr; Jephté, qui immola sa fille pour satisfaire à un vœu imprudent; Samson, célèbre par sa force prodigieuse et ses merveilleux exploits; le grand-prêtre Héli, sous qui l'Arche d'alliance fut prise par les Philistins; Samuel, qui malgré une administration sage et juste, vit les Hébreux lui demander un roi.

En vain le prophète leur prédit qu'ils allaient perdre leur liberté; il fut forcé de consentir à leurs désirs. Il choisit (1096 avant J. C.) Saül, homme fort et brave, qui devait protéger ce peuple par son courage et qui semblait devoir toujours rester docile aux conseils du prophète. Samuel l'avait sacré lui-même en répandant l'huile sainte sur sa tête et déposa dans l'arche un livre où il écrivit les droits et les devoirs de la nouvelle royauté. Saül justifia d'abord le choix du prophète par sa modération et ses victoires. Il vainquit les Ammonites à Jabès Galaad et fut à Galgala confirmé par tout le peuple dans son titre; mais enorgueilli par ses succès, il abandonna ses mœurs rustiques et se donna une garde de 3 000 hommes. Les Philistins ayant fait une nouvelle invasion avec des forces considérables, l'effroi fut dans tout Israël. Saül osa, dans

[1] Pour les détails, voy. l'*Histoire sainte d'après la Bible* de M. V. Duruy, 1 vol. in-12; librairie de L. Hachette et Cie.

cette circonstance, empiéter sur les fonctions sacerdotales de Samuel qui prononça contre lui l'anathème. Vainqueur par le courage de Jonathas, Saül voulut faire mourir le jeune héros pour une désobéissance, le peuple le sauva. Ces succès excitant l'ardeur belliqueuse du roi, il attaqua à son tour tous ses voisins, battit les Amalécites, mais épargna leur roi Agag, malgré l'ordre de Samuel qui le maudit une seconde fois, et sacra roi en secret le jeune David. Appelé auprès de Saül pour calmer par les sons de la harpe ses sombres fureurs, David tua le géant Goliath et excita ainsi la jalousie du roi qui essaya vainement de le percer de sa lance. Saül lui-même périt en 1056 dans une bataille contre les Philistins.

David fut aussitôt reconnu par les tribus de Juda et de Benjamin et quelques années plus tard, après la mort d'Isboseth, par les dix autres. La prise de Sion (Jérusalem), la destruction des Philistins et des Moabites, de nombreuses victoires sur les Iduméens, les Ammonites et les Syriens; les limites enfin de son royaume portées au nord, jusqu'à l'Euphrate, au midi, jusqu'à la mer Rouge, montrent dans David le prince conquérant; ses règlements pour le culte, pour l'administration publique, pour la justice, pour l'établissement d'une armée de 300 000 hommes, dont un dixième était toujours sous les armes, les matériaux enfin qu'il réunit pour la construction du temple et les traités de commerce conclus avec Tyr prouvent sa sollicitude durant la paix. Mais un crime, la mort d'Uri, et la révolte d'Absalon attristèrent ses dernières années. L'Église chante encore ses psaumes sublimes.

Saül n'avait été qu'un général d'armée agissant d'après les ordres de Jéhovah, transmis par Samuel, la nation n'était qu'un peuple adonné à l'agriculture et au soin des troupeaux. Sous David c'est une nation conquérante qui n'a plus qu'un chef, le roi; qu'une capitale, Jérusalem, qu'un sanctuaire, le temple dont David a préparé la construction. Ainsi le gouvernement se rapproche de plus en plus de la forme orientale. Ces changements apparaîtront mieux sous Salomon dont le règne fut celui d'un prince peu guerrier mais ami du faste et de la civilisation, et qui gouverna comme les rois de l'orient, du fond de son palais.

Salomon (1016), obligé d'affermir son pouvoir par des supplices, plaça la grande sacrificature dans sa dépendance, et affranchit ainsi la royauté d'un contrepoids utile. La construction du temple, sa sagesse, prouvée par un jugement fameux, la fondation de Palmyre au milieu du désert, la création d'une marine, ses alliances avec Tyr et l'Égypte étendirent au loin sa réputation; et la reine de Saba vint visiter le grand monarque de l'Orient. Mais, sous cet éclat extérieur, les provinces s'appauvrissaient, et Salomon ruinait lui-même la base de sa puissance en introduisant l'idolâtrie dans son palais. Les Iduméens, les Syriens se révoltèrent, ses sujets même se soulevèrent à cause du poids croissant des impôts. Ce fut au milieu de ces misères que mourut Salomon. Il avait écrit les Proverbes, l'Ecclésiaste et le Cantique des cantiques.

3. Depuis le schisme des dix tribus. — Fin des royaumes d'Israël et de Juda.

Roboam, fils de Salomon, ayant refusé de diminuer les impôts, dix tribus se séparèrent de lui et prirent pour roi Jéroboam; Benjamin et Juda restèrent seuls fidèles à la maison de David (976).

Il y aura donc désormais deux peuples, deux royaumes : Israël et Juda. Israël plus peuplé, plus étendu; Juda plus riche et plus respecté, parce qu'il possédait l'arche d'alliance. Chaque année tous les Juifs devaient venir apporter leurs offrandes au temple de Jérusalem. Pour empêcher ses nouveaux sujets d'aller s'établir dans le royaume de Juda qui possédait le sanctuaire national, Jéroboam fit élever à Béthel et à Dan, deux autels, et ordonna à son peuple d'y venir sacrifier. Cette infraction à la loi religieuse prépara dans Israël l'introduction de l'idolâtrie, dont l'établissement fut d'ailleurs favorisé par les relations continuelles de ses rois avec les Syriens. Juda respecta mieux la loi mosaïque. Là aussi cependant l'idolâtrie pénétra, et il fallut plus d'une fois, pour la chasser, que des prophètes vinssent menacer le peuple et les rois, leur promettant, pour prix de leur obéissance, un brillant avenir et la venue d'un Messie qui soumettrait le monde à la loi de Moïse. La séparation du peuple hébreu en deux royaumes affaiblit singulièrement sa puissance. Au temps de David il avait dominé jusqu'à l'Euphrate, et depuis le schisme il ne posséda plus que la Palestine. Entourés d'ennemis les Hébreux se firent encore entre eux des guerres sanglantes et ils succombèrent sous les coups des Babyloniens, après une déplorable anarchie. Le royaume d'Israël tomba après 255 ans, celui de Juda au bout de 389 ans. — Les rois d'Israël furent Jéroboam, Nadab, Baaza, Ela, Zamri, Amri, l'impie Achab dont la dynastie (Ochosias, Joram) fut exterminée par Jéhu et Joachas, Joas, Jéroboam II, Zacharie, Zellum, Manahem, Phaceia, Phacée, Osée sous lequel Samarie est prise, et qui est lui-même emmené captif en Assyrie, 721.

Les rois de Juda furent Roboam, Abiam, Asa vainqueur de l'Egyptien Sarac, Josaphat, prince selon le cœur de Dieu, Joram, époux de l'impie Athalie, Ochosias, Athalie, qui fait égorger quarante-deux princes de la maison royale. Un seul, Joas, échappe, caché dans le temple par le grand prêtre qui renverse la reine et couronne Joas. Après celui-ci

Amasias, Osias, Jonathas, sous qui Juda refleurit, l'impie Achas, Ézéchias qui rétablit le vrai culte et résista victorieusement aux Assyriens, enfin Manassès, emmené captif à Babylone et qui eut pourtant quelques successeurs misérables : Ammon, Josias, qui périt à Mageddo, Joachas, Joachim, sous qui Nabuchodonosor prend Jérusalem et Sédécias qui vit la destruction du royaume de Juda, 567, par Nabuchodonosor. On verra dans les histoires des rois d'Égypte et d'Assyrie la fréquente intervention de ces princes dans les affaires des Hébreux. Nommons aussi les prophètes qui parurent alors : Élie, Élisée, Amos, Michée, Osée, Isaïe, Jérémie, et plus tard Jonas, Ézéchiel et Daniel, qui furent les prophètes de la captivité.

4. La captivité. — Reconstruction du temple. — Les Machabées. — Hérode.

Cette captivité qu'on date de la prise de Jérusalem en 606, dura soixante-dix ans, jusqu'à l'édit de Cyrus qui, en 538, permit aux Hébreux de rebâtir le temple. 42 000 Juifs suivirent Zorobabel vers les ruines de la cité sainte. Leurs travaux arrêtés sous Cambyse par la jalousie des Samaritains furent continués avec ardeur sous Darius qui fut peut-être l'époux d'Esther, et en 516 le temple fut achevé. Sous Artaxerxès Longue-main Esdras conduisit encore à Jérusalem un grand nombre de Juifs et ramena le peuple à l'exécution fidèle des commandements mosaïques. Vers le même temps Néhémie releva les murailles de la cité de David ; de sorte que le peuple avait retrouvé sa loi, son temple, sa ville et toute l'énergie de son patriotisme religieux. Malheureusement ceux qu'Esdras et Néhémie chassèrent à cause de leurs désordres se réfugièrent chez les Samaritains, et bâtirent sur le mont Garizim un temple rival de celui de Jérusalem.

Sous la domination des Perses la Judée fut paisible : quand Alexandre attaqua cet empire, il marcha sur Jérusalem, après le siége de Tyr, sacrifia au temple et exempta les Juifs d'impôts pour l'année sabbatique. Après sa mort, la Judée fit partie des États de Ptolémée Soter, dont le fils, Ptolémée Philadelphe, plaça les livres saints dans la fameuse bibliothèque d'Alexandrie, après les avoir fait traduire par soixante-douze docteurs juifs. Cette traduction est célèbre sous le nom de version des *Septante*.

La Judée resta soumise près d'un siècle aux rois d'Égypte. Mais Ptolémée Philopator lui fit souffrir de cruelles persécutions. Aussi passa-t-elle avec joie sous la domination du roi de Syrie, Antiochus III, surnommé le Grand, qui exempta du tribut pendant trois ans ceux qui s'établiraient à Jérusalem. Mais son successeur, Séleucus IV, envoya son ministre Héliodore pour dépouiller le temple de ses richesses, et son successeur, Antiochus IV, voulut placer sur l'autel même la statue de Jupiter Olympien. La violence de la persécution fit succomber plusieurs Juifs, d'autres aimèrent mieux mourir que de se souiller en mangeant des viandes impures.

Bientôt une insurrection formidable éclata, dirigée par Judas Macchabée qui vainquit successivement sept généraux du roi, mais périt dans un dernier combat (166-160). Son frère Jonathas força les Syriens à évacuer la Judée, fit un traité avec Rome, et intervint à son tour dans les querelles des Séleucides. Simon, son frère, continua ce rôle glorieux. Jean Hyrcan, fils de Simon, détruisit Samarie (109). Mais cette prospérité commença à être troublée par les disputes des pharisiens et des sadducéens, deux sectes politiques et religieuses. Aristobule (107), qui prit le titre de roi, Alexandre Jannée (106), Alexandra (79), Hyrcan II (70), virent les troubles s'accroître, et naître des révoltes qui nécessitèrent l'intervention des Romains. Pompée prit Jérusalem et rétablit Hyrcan qui en avait été chassé. Ce prince avait pour ministre l'Iduméen Antipater, dont le fils Hérode se fit donner par le triumvir Antoine le titre de roi au détriment d'Hyrcan II et de son neveu Antigone. Celui-ci était alors maître de Jérusalem. Le nouveau roi assiégea la capitale. Tous les ennemis d'Hérode périrent égorgés; la ville fut saccagée et le temple dévasté. Quant à Antigone, il avait été fait prisonnier et envoyé à Antoine qui ordonna sa mort. C'était le dernier rejeton de l'illustre famille des Macchabées qui, pendant cent vingt ans, avaient tour à tour affranchi leur patrie, et gouverné avec gloire, mais aussi provoqué à la fin les luttes intestines au milieu desquelles ils succombèrent. Hérode, de race étrangère, ne pouvait, aux termes de la loi mosaïque, être roi des Juifs. Aussi rencontra-t-il une opposition qu'il voulut étouffer par des supplices. Jamais prince d'un petit peuple ne répandit tant de sang. Quelque temps après être monté sur le trône, il fit égorger tous les membres du Synédrium, puis il ordonna la mort d'Hyrcan II, de son beau-frère le grand prêtre Aristobule, d'Alexandra, sa belle-mère, de Marianne sa propre femme, et de ses deux fils Aristobule et Alexandre. Cinq jours avant sa mort, il ordonna encore le supplice d'Antipater, un autre de ses enfants.

5. Jésus-Christ. — Dispersion des Juifs.

Ce fut sous le règne d'Hérode, quatre ans avant l'ère chrétienne, que naquit Jésus-Christ dans le bourg de Bethléhem. Les Juifs, accablés de misères, étaient dans l'attente de la venue prochaine du Messie promis par les prophètes, et saint Jean-Baptiste annonçait qu'il était parmi eux. Ce ne fut cependant qu'en la quinzième année de Tibère que Jésus, âgé de 32 ans, commença son ministère public, prêchant partout l'amour de Dieu et des hommes, la justice, la charité et l'espérance d'une vie à venir où les bons seraient récompensés et les méchants punis. Sa doctrine est tout entière dans sa sainte vie, dans ses paraboles touchantes, surtout dans l'admirable sermon sur la montagne qui en résume les points principaux. « Bienheureux, disait-il, ceux qui sont doux, ils posséderont la terre ; bienheureux ceux qui souffrent, ils seront consolés ; bienheureux ceux qui ont faim et soif de la justice, ils seront rassasiés. — Vous savez qu'il a été dit : Tu ne tueras point. Mais moi je vous dis que celui qui se mettra en colère contre son frère méritera d'être condamné par le conseil. Si donc, quand vous apportez votre offrande à l'autel, vous vous souvenez que votre frère a quelque chose contre vous, laissez là votre don et courez vous réconcilier avec lui : vous viendrez ensuite présenter votre offrande. — Vous savez qu'il a été dit : Tu ne commettras pas d'adultère. Mais moi je vous dis que quiconque regarde une femme avec convoitise, a déjà, dans son cœur, commis l'adultère. — Il a été dit : Œil pour œil, dent pour dent. Moi je vous dis : Si quelqu'un vous frappe sur la joue droite, présentez-lui encore l'autre. Si quelqu'un veut plaider contre vous pour avoir votre robe, abandonnez-lui encore votre manteau. — Il a été dit : Vous aimerez votre prochain et vous haïrez votre ennemi. Et moi je vous dis : Aimez vos ennemis, faites du bien à qui vous hait, priez pour qui vous persécute. Car si vous n'aimez que ceux qui vous aiment, quelle récompense en aurez-vous ? « Ne faites pas vos bonnes œuvres pour être regardés des hommes, autrement vous n'en recevrez pas la récompense de votre père qui est aux cieux. Lors donc que vous donnerez l'aumône, ne faites pas sonner la trompette devant vous, comme font les hypocrites dans les synagogues et dans les rues, pour être honorés des hommes. Je vous le dis en vérité, ces gens-là ont reçu leur récompense. Mais que votre main droite ne sache pas ce que fait votre main gauche, afin que votre aumône soit dans le secret et que votre père qui voit tout vous en donne la récompense. — Lorsque vous priez, ne ressemblez pas aux hypocrites qui se tiennent debout dans les synagogues et aux coins des rues pour être vus des hommes. Ces gens-là, je vous le dis en vérité, ont reçu leur récompense. Mais entrez dans votre chambre, fermez la porte et priez votre père dans le secret. — Que vos prières soient courtes et non comme celles des païens, qui s'imaginent que c'est par la multitude des paroles qu'ils seront exaucés. Car votre père sait de quoi vous avez besoin avant que vous le lui demandiez. Vous prierez donc ainsi : Notre père qui êtes dans les cieux, que votre nom soit sanctifié ; que votre règne arrive ; que votre volonté soit faite sur la terre comme au ciel. Donnez-nous aujourd'hui notre pain quotidien et pardonnez-nous nos offenses, comme nous pardonnons à ceux qui nous ont offensés. Ne nous abandonnez pas à la tentation mais délivrez-nous du mal. Ainsi soit-il. — Ne jugez pas afin de n'être pas jugés. Pourquoi voyez-vous une paille dans l'œil de votre frère, vous qui ne voyez pas la poutre qui est dans votre œil? — Ne faites pas à autrui ce que vous ne voudriez pas qu'on vous fît à vous-mêmes, c'est là la loi et les prophètes. »

Cette morale était nouvelle pour les hommes auxquels les pharisiens ne demandaient que des pratiques extérieures. Aussi tous étaient-ils dans l'admiration de cette simple et pure doctrine. Les pauvres, les opprimés et les faibles avaient foi en celui qui ne parlait que de douceur et de charité.

L'Écriture rapporte les nombreux miracles qui attestaient la divinité de sa mission : les lépreux guéris, les paralytiques qui marchent, les aveugles qui voient, les morts qui ressuscitent, et aussi la colère des Pharisiens qui voyaient le peuple abandonner leurs assemblées pour suivre Jésus. Ils cherchèrent d'abord à le mettre en contradiction avec lui-même, et lui proposèrent des questions captieuses. Ils finirent par l'accuser auprès de Pilate, gouverneur de la Judée, d'ameuter la foule autour de lui, et de vouloir se faire déclarer roi des Juifs. Trahi par Judas après sa dernière cène avec ses douze disciples, Jésus fut conduit à Pilate qui l'interrogea, et se convainquit de son innocence. Il n'eut pourtant pas la force de le sauver, et l'abandonna aux Pharisiens en disant : « Que le sang de ce juste retombe sur vos têtes. »

Les quatre *Évangélistes*, saint Matthieu, saint Luc, saint Marc et saint Jean, ont écrit le récit de la passion de Jésus flagellé, couronné d'épines, mis sur la croix entre deux larrons, ressuscité le troisième jour, et monté au ciel quarante jours après sa mort. Les *Actes des Apôtres* racontent la dispersion des douze disciples partis de Jérusalem pour aller instruire et baptiser les nations. L'apôtre des gentils fut surtout saint Paul qui fit de nombreuses conversions dans l'Asie Mineure, la Macédoine et la Grèce, et qui prêcha à Rome où ayant offensé Néron en gagnant à la foi, et par conséquent à la pureté, une femme de la cour, il fut décapité le 29 juin 65. D'après la tradition de l'Église, saint Pierre fut crucifié le même jour, la tête en bas. Mais, comme dit Tertullien, le sang des martyrs était une semence de chrétiens. La religion chrétienne, dont les apôtres avaient dans leurs *Épîtres* expliqué la doctrine, était maintenant répandue dans tout le monde romain ; et, en signe que l'ancienne loi était détruite, cinq ans après le martyre de saint Pierre et saint Paul, l'ancien temple fut, pour la seconde et dernière fois, renversé.

Animés par un inconcevable esprit de vertige, les Juifs, devenus les sujets de Rome s'étaient soulevés dans les derniers jours de Néron. Vespasien conduisit d'abord cette guerre, dont il laissa, après son élévation à l'empire, la direction à son fils Titus. Malgré l'habileté de ce général et la bravoure de ses légions, les Romains restèrent quatre mois à forcer la ville. Dans cette guerre horrible, plus de treize cent mille Juifs, dont six cent mille dans Jérusalem, périrent par le fer ou la famine, quatre-vingt-dix-sept mille furent vendus. La ville fut renversée de fond en comble, le temple livré aux flammes, et le reste des habitants dispersés ou réduits en captivité. Jamais le temple n'a été relevé, et la dispersion dure encore.

II. ÉGYPTIENS.

1. PRINCIPAUX FAITS DE LEUR HISTOIRE JUSQU'À LA CONQUÊTE DE CAMBYSE. — 2. RELIGION, GOUVERNEMENT, MONUMENTS DE L'ÉGYPTE.

1. Principaux faits de l'histoire des Égyptiens jusqu'à la conquête de Cambyse.

Au sud de l'Égypte, dans la contrée improprement appelée l'île de Méroé, exista autrefois un État puissant dont les colonies peuplèrent la vallée du Nil et commencèrent la civilisation de l'Égypte dont la primitive histoire nous est inconnue. D'abord régnèrent les dieux, c'est-à-dire les prêtres leurs représentants, qui furent enfin contraints de céder le pouvoir à Ménès, un chef des guerriers. Une longue suite de rois inconnus succéda à ce prince; et l'Égypte comptait déjà seize dynasties royales lorsque, sous Thimaüs, une horde de pasteurs nomades pénétra par l'isthme de Suez dans la vallée du Nil, et fit la conquête du Delta et de la moyenne Égypte. Leurs rois, qui formèrent la dix-septième dynastie, se fixèrent à Memphis, après avoir fortifié à l'entrée du Delta la place d'Avaris (Péluse), pour empêcher que d'autres nomades ne suivissent leurs traces. Il paraît que ce fut de l'un de ces rois que Joseph fut ministre. Après avoir dominé pendant plus de deux siècles, les Hycsos furent enfin vaincus par les rois de Thèbes, et peu à peu repoussés jusqu'aux murs d'Avaris. Thoutmosis parvint même à les en chasser, et délivra l'Égypte de ces pasteurs qui lui étaient odieux à tant de titres. Cet événement, le plus important de tous ceux dont on a gardé le souvenir pour ces temps reculés, peut se placer vers l'an 1800. Les Égyptiens se plaisaient à en retracer, sur leurs monuments, les divers incidents.

A l'expulsion des rois pasteurs commença pour l'Égypte une prospérité qui devait durer plus de mille ans. Protégée par les déserts qui l'entourent, et par sa forte organisation politique, elle put développer sans obstacle cette civilisation que les plus grands hommes de la Grèce vinrent étudier. Cette époque commence avec les princes de la dix-huitième dynastie, dont le plus célèbre, après Touthmosis, fut Mœris qui creusa ou agrandit le lac qui porte son nom; immense réservoir destiné à recevoir les eaux du Nil, et à y suppléer quand l'inondation était trop faible. Quelques générations après Mœris, régna Aménophis II, le Memnon des Grecs, le roi à la statue parlante, l'un de ceux qui fit les guerres les plus heureuses contre les Éthiopiens et les bandes nomades qui couvraient les frontières de l'Égypte Supérieure.

Les princes guerriers de cette dix-huitième dynastie, dont plusieurs portèrent le nom de Ramsès, et parmi lesquels il faut placer le roi Osymandias, si célèbre par ses conquêtes et par son fabuleux tombeau, étendirent au loin la puissance de l'Égypte, et, à l'intérieur, fortifièrent leur pouvoir, en chassant du pays le reste des nomades, que les Égyptiens désignaient sous le nom d'impurs. Leur résistance faillit un moment compromettre l'indépendance du pays; Aménophis fut contraint de reculer devant eux jusque dans la Nubie; mais il revint après une absence de plusieurs années, et les refoula sur l'isthme de Suez. Les Israélites, alors répandus en grand nombre dans la basse Égypte, partagèrent, aux yeux des Egyptiens, la réprobation dont les impurs étaient frappés. Mais ce ne fut que sous le règne de Sésostris qu'ils sortirent de l'Égypte, dans la quarante-troisième année du règne de ce prince (1625). C'était le temps où ce roi, qui avait porté jusqu'au Gange ses armes victorieuses, faisait extraire de toutes les carrières de l'Égypte les matériaux nécessaires à la construction des nombreux édifices dont il décorait les villes. Accablés par ces travaux, par la fabrication des briques, par la construction des buttes factices, les Hébreux désiraient ardemment le repos et la liberté. Les exigences du maître donnèrent de la résolution aux esclaves; et les Hébreux, conduits par Moïse, sortirent heureusement de l'Égypte.

Quand cet événement arriva, Sésostris avait achevé ses conquêtes. Il les avait faites, dit-on, à la tête de six cent mille fantassins, de vingt-quatre mille chevaux et de vingt-six mille chariots de guerre. Tandis qu'une flotte de trois cents vaisseaux lui soumettait les côtes de la mer Rouge et de l'océan Indien, il domptait toutes les nations voisines de l'Égypte; l'Asie entière, jusqu'au Gange, qu'il passa; le pays des Scythes, jusqu'au Tanaïs; une partie de la Thrace et les Cyclades

Quelque exagération qu'il y ait dans ces récits d'Hérodote et de Diodore, on ne peut nier que l'Égypte, à cette époque, n'ait étendu sa domination bien au delà de ses limites naturelles. Quant aux travaux politiques de son glorieux monarque et à ses institutions, il en reste peu de traces, si ce n'est la division en trente-six nomes ou provinces. Si ses institutions ont disparu, ses monuments du moins subsistent; et l'on ne peut faire un pas dans les ruines des vieilles cités de ce pays sans y trouver le nom de Sésostris. C'est lui qui éleva ou acheva le Ramesséum à Thèbes, les magnifiques constructions qu'on voit encore à Karnac, le temple, les colosses, les obélisques de Louksor. L'un d'eux, monolithe de granit, haut de soixante-dix pieds, s'élève aujourd'hui sur la plus belle de nos places, et montre qu'il y a trois mille cinq cents ans les Égyptiens savaient triompher des difficultés qui étonnent encore notre mécanique, cependant si habile. Les signes et figures tracés sur ces quatre faces sont des inscriptions hiéroglyphiques en l'honneur de Sésostris.

Après ce règne brillant, l'Égypte retomba dans une obscurité qu'il est difficile de percer. D'après un passage du prêtre Manéthon, Séthos, dernier roi de la dix-huitième dynastie aurait fait aussi de lointaines conquêtes, laissant en Égypte, pour la gouverner, son frère Armaïs (Danaüs). Mais celui-ci se révolta; Séthos accourut, et Danaüs s'enfuit jusqu'en Grèce. De nombreux monuments attestent encore la gloire de ce Pharaon, dont le véritable nom était Ramsès. Sa nombreuse postérité s'éteignit avec la dix-neuvième dynastie, sans jeter beaucoup d'éclat (vers l'an 1279).

La dynastie suivante fut, comme celle-là, originaire de Thèbes, la ville aux cent portes. Mais ce fut des villes de la basse Égypte que sortirent la vingt et unième et la vingt-deuxième dynastie, dont un prince, Sézac, se mêla fréquemment aux affaires de la Judée. La vingt-troisième fut originaire de Thanis. La vingt-quatrième, de Saïs; celle-ci n'eut qu'un roi, Bocchoris, qui, attaqué par l'Éthiopien Sabacon, fut fait prisonnier et brûlé vif. Le vainqueur forma la vingt-cinquième dynastie, composée tout entière de rois éthiopiens. Parmi eux, se trouvent Sebécos ou Sua, qu'Ozée invoqua contre Salmanazar, et Tharaka, qui secourut Ézéchias contre Sennachérib. Suivant Manéthon, une révolte aurait rejeté dans l'Éthiopie le troisième successeur de Sabacon. A la tête de ce mouvement, s'était placée une famille originaire de Saïs, qui forma la vingt-sixième dynastie (674). Ses trois premiers rois sont obscurs; le quatrième est Psammétichus, si connu par les récits d'Hérodote. Suivant cet historien, le dernier des rois éthiopiens, effrayé par un songe, aurait regagné ses États, en laissant le gouvernement du pays au prêtre Séthos. A sa mort, les chefs des guerriers s'emparèrent du gouvernement, qui fut confié à douze d'entre eux, mais l'un des douze, Psammétichus renversa ses collègues avec l'aide de pirates Cariens et Ioniens, débarqués en Égypte. Frappé de la supériorité militaire des Grecs, Psammétichus en appela un grand nombre auprès de lui; les guerriers, mécontents de la faveur dont les nouveaux venus étaient l'objet, émigrèrent, au nombre de 240 000, à Méroë. Malgré cette défection, Psammétichus recommença les guerres de ces prédécesseurs contre les peuples de la Palestine, et pendant vingt-huit ans, il assiégea Azoth, dont il finit par s'emparer. Néchao succéda à son père Psammétichus (617). Guidé sans doute par les conseillers de ce prince, il entreprit un canal, long de vingt-cinq lieues, entre la mer Rouge et la Méditerranée, et fit faire, par les Phéniciens, un voyage autour de l'Afrique. Néchao porta, comme son père, ses armes en Palestine; il battit et tua, à Mageddo, le roi de Juda, Josias, détrôna son fils et ne laissa à son frère Joachim la couronne, qu'à condition de payer tribut. Maître ainsi d'une partie de la Palestine, Néchao poussa plus loin jusqu'à l'Euphrate où il s'empara de Charcémis; mais, vaincu à son tour par Nabuchodonosor, il perdit toutes ses conquêtes. On ne connaît de son successeur, Psammis, qu'une expédition en Éthiopie (595).

Apriès lui succéda. Il combattit les Sidoniens, les Tyriens, et les Chypriotes, et dirigea ses armes contre la colonie grecque de Cyrène. Cette expédition échoua: les soldats se crurent trahis et se soulevèrent. Apriès envoya, pour les apaiser, Amasis, qu'ils élurent pour chef (569). Amasis sortait d'une caste inférieure; il sut cependant par sa fermeté faire oublier son origine, et l'Égypte jeta, sous son règne, un dernier éclat. Vingt mille villes, disait-on, couvraient alors les bords du Nil. Ce prince donna la ville de Naucratis aux Grecs et noua d'étroites relations avec tous les princes de son temps, sans toutefois pouvoir conjurer leur chute. Il vit tomber Astyages, Crésus et Balthasar. Le même sort était réservé à son fils Psamménit qui, après un règne de six mois (525), fut renversé par Cambyse. Dès lors l'Égypte ne s'appartint plus, bien qu'elle protestât fréquemment par des révoltes contre le joug de l'étranger. Province persane, elle fut conquise par Alexandre. Ptolémée y fonda la dynastie des Lagides que les Romains remplacèrent.

2. Religion, gouvernement, monuments de l'Égypte

Il y avait deux religions en Égypte : celle du peuple et celle des prêtres; la première, grossière et toute matérielle, regardait certains animaux, l'ichneumon, l'ibis, le crocodile, le chat, le bœuf Apis, etc., comme des êtres divins, la seconde cherchait à se rendre compte des grands phénomènes de la nature et expliquait le bien et le mal qui partout se rencontrent par l'opposition de deux principes, d'Osiris, l'époux de la bienfaisante Isis, et de Typhon, le dieu de la nuit et des mauvais jours. Ces prêtres semblent avoir cru à un dieu unique, à l'immortalité de l'âme, et à des récompenses futures. Le soin pris par les Égyptiens pour la conservation des cadavres prouve qu'ils espéraient une vie à venir.

L'organisation politique reposait, comme dans l'Inde, sur la distinction des castes. Il y en avait sept : prêtres, guerriers, laboureurs, pâtres, marchands, mariniers, et depuis Psammétichus, interprètes; toutes étaient héréditaires. D'abord les prêtres dominèrent seuls; peu à peu les guerriers les forcèrent à partager avec eux, et le règne de Sésostris fut l'apogée de la puissance des guerriers. Mais les prêtres eurent soin de soumettre le roi à tant de formalités religieuses qu'il n'était véritablement que le premier de ses sujets. Quelques princes cependant se mirent au-dessus de ces lois puériles. Tels furent Chéops et Chéphrem, dont les prêtres maudirent si longtemps la mémoire. Ce furent aussi sans doute les prêtres qui appelèrent à leur aide les rois éthiopiens. Du moins le dernier d'entre eux, Sabacon, laissa à un prêtre le gouvernement du pays. Mais quand arriva l'invasion de Sennachérib, les guerriers refusèrent de combattre; et Séthos fut forcé de donner des armes aux castes inférieures. — Après lui, la monarchie disparaît, et l'Égypte est divisée en douze gouvernements. Une nouvelle révolution rétablit l'unité, mais l'Égypte y perd une partie de ses forces. Mécontents des avantages accordés aux Grecs mercenaires, les guerriers chargés de défendre la frontière méridionale s'exilent en Éthiopie, et les prêtres voient avec effroi des hommes étrangers et des idées nouvelles prendre possession du pays. La distinction des castes s'efface et Amasis, sorti des derniers rangs de la société, s'élève au premier. L'Égypte, grâce à l'assistance des Grecs, jette un dernier éclat; elle redevient conquérante, elle équipe des flottes, elle encourage le commerce et reçoit tous les étrangers, mais ces étrangers vont bientôt la trahir. Un Grec dirigea en effet contre l'Égypte l'ambition de Cambyse, et le royaume ébranlé depuis Psammétichus dans sa constitution intérieure succomba après une seule bataille.

Les prêtres, seuls dépositaires des arts et de la science, cultivèrent avec succès la mécanique, la géométrie et l'astronomie. Ils inventèrent l'écriture hiéroglyphique dont les caractères furent d'abord la représentation figurée des objets. En peinture, ils eurent de belles couleurs, mais ils ignorèrent la perspective; leur statuaire a de la roideur, mais leur architecture a souvent l'aspect le plus grandiose, témoin les temples de Thèbes, les pyramides, montagnes de pierres dont l'une est haute de 150 mètres, et leurs obélisques, leurs hypogées, le labyrinthe, le lac Mœris, ces digues, ces chaussées, ces canaux pour contenir ou diriger les eaux du Nil. Nul peuple dans l'antiquité ne remua tant la terre et le granit.

III. ASSYRIENS ET BABYLONIENS; MÈDES ET PERSES.

1. ASSYRIENS ET BABYLONIENS JUSQU'A LA PRISE DE BABYLONE PAR CYRUS. — 2. MÈDES ET PERSES JUSQU'AUX GUERRES MÉDIQUES; CYRUS ET SES CONQUÊTES. — 3. DARIUS FILS D'HYSTASPE.

1. Assyriens et Babyloniens jusqu'à la prise de Babylone par Cyrus.

Des montagnes de l'Arménie descendent deux fleuves dont les sources sont voisines et qui vont, après avoir réuni leurs eaux, se jeter dans le golfe Persique : ce sont le Tigre et l'Euphrate. Ces deux fleuves embrassent entre leur cours un vaste pays montagneux au nord, plat et sablonneux au centre et au sud; c'est la Mésopotamie. Là s'élevèrent deux grandes villes, Babylone et Ninive, tour à tour capitales de l'empire assyrien. Rien n'est célèbre dans l'antiquité comme Babylone dont les murailles formaient un circuit de vingt-quatre à vingt-cinq lieues et qui s'élevaient de trois à quatre cents pieds au-dessus du sol. Les Chaldéens lui donnaient une antiquité de 400 000 ans. Mais la Genèse fait rentrer sa fondation dans l'époque historique où elle place elle-même l'origine du peuple hébreu. C'est Nemrod le fort chasseur, dit-elle, qui fonda Babylone. Ses descendants y régnèrent jusqu'à ce que les Arabes fissent une invasion semblable à celle des Hycsos en Égypte. Au bout de quelques générations ils éprouvèrent aussi le même sort : un roi de Ninive resté indépendant comme les rois de la Thébaïde, Bélus, attaqua les Arabes, reconquit Babylone et fonda, à proprement parler, par la réunion de Babylone et de Ninive, le premier empire assyrien.

Il eut pour successeur son fils Ninus, que d'autres font régner plusieurs siècles après lui, selon les uns au XXe siècle avant notre ère, selon Volney en 1237; il conquit tous les pays à l'occident de l'Euphrate et pénétra jusqu'en Bactriane, siége d'un antique et puissant royaume. Aidé par les conseils de Sémiramis, femme d'un de ses officiers, il vint à bout de son entreprise, et, pour récompenser Sémiramis, il l'épousa. Ninus mourut peu de temps après. Sémiramis restée seule maîtresse de l'Empire agrandit Babylone, y bâtit des quais et des jardins suspendus; en Arménie elle éleva, près du lac de Van, une ville qui porte le même nom. Ses exploits ne l'ont pas rendue moins célèbre. Elle apaisa une révolte des Mèdes et conquit, dit-on, l'Égypte et l'Éthiopie. Elle voulut aller dans l'Inde, mais vaincue sur les bords de l'Indus, elle regagna ses États, où elle fut, peu de temps après, privée du trône et de la vie par son fils Ninyas, prince efféminé, qui passa tout son règne dans la mollesse.

Depuis ce prince jusqu'à Sardanapale se présente une longue suite de rois fainéants qui parurent sur le trône sans laisser d'eux un souvenir. Les honteux excès de Sardanapale engagèrent le Mède Arbacès et le Babylonien Bélésis à se révolter. Quatre défaites successives ne les découragèrent pas et ils finirent par enfermer le prince dans Ninive. Plutôt que de se rendre, Sardanapale fit préparer un bûcher et s'y précipita avec toutes ses femmes et ses richesses. Cette héroïque résistance, cette fin courageuse n'ont pu faire oublier la honte d'une vie trop longtemps inutile.

Malgré cette révolution arrivée en 759, Ninive conserva ses rois particuliers qui, contenus au nord et à l'est par les Mèdes et les Perses, au sud par les Babyloniens, tournèrent leurs armes à l'ouest vers la Syrie, la Palestine et la Phénicie. Téglath-Phalasar, Salmanasar, qui mit fin au royaume d'Israël, Sennachérib qui assiégea Jérusalem, et Asar-Haddon qui emmena Manassès en captivité, ajoutèrent ces pays à leurs possessions. Le dernier de ces princes se crut assez fort après ces conquêtes pour reprendre Babylone qui, depuis la révolution de 759, avait des rois particuliers, dont l'un, Nabonassar, est célèbre par l'ère qui porte son nom (747). Il réussit en 680 à replacer cette cité sous le joug de Ninive. Son fils Nabuchodonosor (667) battit Phraortes, roi des Mèdes et envoya en Judée son général Holopherne qui périt devant Béthulie, mais à son tour il fut assiégé dans sa capitale par Cyaxare, le fils de Phraorte; une invasion des Scythes en Asie le délivra. Sous l'indolent Sarac son successeur, Nabopolassar, qui gouvernait Babylone, excita ses sujets à la révolte, s'allia avec les Mèdes et les Scythes, et Ninive fut de nouveau cernée. Dans cette détresse, Sarac, à l'exemple de Sardanapale, se jeta dans un bûcher avec ses trésors, et les vainqueurs détruisirent de fond en comble cette ville détestée.

Le nouvel empire chaldéo-babylonien retint le nom d'empire d'Assyrie et eut pour capitale Babylone, à qui un peuple descendu des montagnes de la Chaldée, au nord de la Mésopotamie, venait de rendre toute son énergie guerrière. Aussi Babylone osa lutter contre Néchao qui, vainqueur d'abord, fut battu par Nabuchodonosor le Grand (607)

Ce prince mit fin au royaume de Juda (587), dompta les Sidoniens et forma le siége de Tyr dont il ne s'empara que treize ans plus tard. Quand il eut pris cette ville, il parcourut l'Égypte en conquérant. De retour dans ses États, il embellit Babylone, mais peu après il tomba en démence et ne recouvra la santé que pour mourir presque aussitôt.

Ses successeurs Évilmérodac, Neriglissor, Laborosoarchod et Labinit ou Balthasar régnèrent honteusement; ce fut ce dernier que Cyrus assiégea dans Babylone. Le livre de Daniel raconte la dernière orgie royale durant laquelle une main invisible écrivit sur la muraille l'annonce d'une ruine inévitable. Le prophète seul y sut lire la sentence portée contre Balthasar. Cette même nuit en effet Cyrus entrait dans la ville par le lit de l'Euphrate mis à sec.

Suivant la menace du prophète, Babylone est aujourd'hui le repaire des bêtes du désert. L'Arabe vient rarement planter sa tente sur ses ruines qui s'étendent au loin dans la plaine, épais amas de briques qui portent des inscriptions que la science moderne n'a pas encore pu lire. Ninive plus tôt détruite avait complétement disparu. La France vient de la retrouver. En fouillant un monticule de terre, notre consul à Mossoul a découvert un palais dévasté par l'incendie, mais encore couvert de bas-reliefs, de sculptures grandioses et chargé d'inscriptions. On peut voir maintenant au Louvre ces débris qui révèlent un art assyrien dont nul ne soupçonnait l'existence.

La religion des Assyriens semble avoir été surtout le culte des astres, l'adoration du soleil Baal ou Bélus, et de Mylitta, la déesse de la génération et de la fécondité. Le peuple avait des dieux-poissons, comme Oarnès et Derceto, ou des dieux-oiseaux. Sémiramis y était adorée sous la forme d'une colombe. Leurs prêtres avaient une grande réputation comme astronomes; ils en tirèrent parti pour créer l'astrologie, qui devint pour eux un lucratif métier. La grandeur de l'empire, la richesse du pays, développée par ses deux fleuves, facilitèrent le commerce et l'industrie des habitants; les tapis de Babylone, ses tissus, ses mille petits objets d'orfévrerie, amulettes, cannes, etc., étaient recherchés même dans l'empire romain.

2. Mèdes et Perses, jusqu'aux guerres médiques.

Les nations mède et persane habitaient toutes deux à l'orient du pays où s'étaient élevées les monarchies dont nous venons de parler. Les Mèdes occupaient une vaste contrée au sud-ouest de la mer Caspienne, les Perses la région montagneuse qui s'étend au nord-est du golfe Persique. Mais derrière eux, avait autrefois brillé un État puissant, la Bactriane, dont la civilisation avait rayonné autour d'elle sur l'Inde et sur l'Asie occidentale. Toute l'histoire de cette vieille monarchie est perdue. Nous savons seulement que le magisme et la doctrine de Zoroastre étaient un écho de la vieille religion de la Bactriane. Cet antique royaume tomba sous les coups des rois assyriens. Ce fut au siége de sa capitale Balk, que Sémiramis conquit la main de Ninus. Soumise depuis lors aux Assyriens, la Bactriane fit successivement partie de l'empire des Mèdes, des Persans et d'Alexandre. Après la mort du conquérant et le partage de son empire entre ses généraux, les Grecs, qu'Alexandre avait établis dans la Bactriane, se soulevèrent contre les Séleucides et formèrent un État qui domina quelque temps dans la vallée de l'Indus, mais qui fut renversé par les Parthes. On a trouvé au delà de l'Indus des médailles de ces rois grecs de la Bactriane.

Délivrés par Arbacès de la domination du roi de Ninive (759 ou 717), les Mèdes tombèrent dans une anarchie d'où ils furent tirés par Déjocès, qui se fit proclamer roi, bâtit Ecbatane et régna cinquante-trois ans dans une paix profonde. Son fils Phraorte (658) rendit les Perses tributaires, mais fut tué par le roi de Ninive. Cyaxare son fils le vengea en attaquant cette ville. Il porta aussi ses armes dans l'Asie Mineure qu'il conquit jusqu'à l'Halys. Une éclipse de soleil prédite par Thalès arrêta une bataille qu'il allait livrer aux Lydiens. Une invasion des Scythes, qui ravagèrent pendant vingt-huit ans l'Asie occidentale, suspendit ses progrès. Il se débarrassa enfin de leurs chefs, égorgés dans un festin, et reprit alors ses projets contre Ninive, qui succomba (625 ou 598). Astyage, son successeur (595), donna sa fille Mandane à un chef persan Cambyse. De ce mariage naquit Cyrus, dont Hérodote a raconté l'étrange histoire.

Astyage craignant, d'après un songe, que son petit-fils ne le détrônât un jour, ordonna à Harpagus de le faire mourir. Un des pâtres du roi éleva, en secret, le fils de Mandane, qui fut plus tard reconnu par Astyage. Irrité contre Harpagus, ce prince lui fit servir, dans un festin, les membres de son propre fils. Le courtisan, resté maître de lui-même, remit à une autre époque sa vengeance. Cyrus devenu grand lui fournit l'occasion qu'il attendait. Les Perses, pauvres et belliqueux, regrettaient la perte de leur indépendance. Cyrus se proposa à eux pour chef, et les conduisit contre les Mèdes, qu'Astyage plaça imprudemment sous les ordres d'Harpagus. La trahison du général assura la défaite de ses troupes. Dans une seconde bataille, Astyage lui-même fut fait prisonnier. La domination de l'Asie passa des Mèdes aux Perses (561). Le conquérant profitant de l'ardeur des siens, marcha presque aussitôt contre le roi de Lydie; le vainquit dans les plaines de Thymbrée, l'enferma dans Sardes, et l'y prit vivant (557). Babylone tomba dix-neuf ans après (538), et tous les pays qui dépendaient de ces deux capitales, en Asie Mineure, les colonies grecques, à l'ouest de l'Euphrate, la Phénicie et la Palestine, devinrent les provinces du nouvel empire. Les Assyriens avaient opprimé les Juifs, Cyrus leur rendit (536) la liberté de retourner à Jérusalem, et de relever leur temple. Toute l'Asie occidentale était soumise, et les pays qui avaient formé les provinces orientales des empires des Mèdes et des Assyriens avaient également reconnu les nouveaux maîtres de l'Orient. Cyrus songea alors à porter ses armes victorieuses contre les Scythes, qui habitaient au nord de ses vastes possessions, pour les mettre à l'abri de leurs pillages. Il attaqua sur les bords de l'Araxe les Massagètes, les vainquit d'abord, puis périt dans une seconde bataille (529). Les Massagètes ne furent pas toutefois assez forts pour envahir à leur tour l'empire persan, qui, sous Cambyse, continua ses conquêtes et entreprit de soumettre l'Afrique.

L'Égypte était en effet la dernière grande monarchie que Cyrus eût laissée debout. Son fils l'attaqua (525) et la renversa en une seule bataille. Il voulut alors attaquer à la fois Carthage, l'oasis d'Ammon et l'Éthiopie. Pour Carthage, il fallait une flotte que les Phéniciens refusèrent de donner. L'armée envoyée contre Ammon périt dans les sables ; et la troisième, décimée par la faim, rentra honteusement en Égypte. Cambyse se vengea de la joie insultante des Égyptiens en renversant les monuments de leurs rois et en persécutant leurs prêtres. Les Perses, sa famille même, furent exposés à ses fureurs : il fit mourir son frère, il tua sa sœur; aussi une révolte éclata bientôt contre lui. Une blessure qu'il se fit en montant à cheval l'emporta en 522.

3. Darius, fils d'Hystaspe.

La révolte qui venait d'éclater était une réaction des Mèdes vaincus contre la domination persane. Le chef du complot était un mage, Smerdis qui se faisait passer pour le frère de Cambyse, auquel il ressemblait. Sept seigneurs persans répondirent à cette tentative par une conjuration, poignardèrent le mage et proclamèrent l'un d'entre eux roi : c'était Darius, fils d'Hystaspe. L'usurpation du mage avait ébranlé tout l'empire, et plusieurs satrapes affectaient déjà l'indépendance. L'un d'eux, Otanes, gouverneur de Sardes, vivait en roi ; Darius fut réduit à le faire assassiner. La tentative des mages pour rendre le sceptre à une dynastie mède, le soulèvement de quelques satrapes, les insurrections qui vont éclater, montrent que la domination persane pour s'être si rapidement étendue n'avait pas effacé partout les anciennes nationalités. Cette vaste monarchie, où tant de langues étaient parlées, tant de religions différentes observées, tant de traditions distinctes conservées, manquait de cette unité politique qui fait seule la force et la durée des États. Aussi Darius fut-il obligé de donner ses premiers soins à l'administration de l'empire. Il le divisa en vingt satrapies, établit des impôts réguliers et entretint des troupes pour combattre les révoltes qui pourraient éclater. Grâce à ces mesures, il ne fut plus réduit, comme il l'avait été au commencement de son règne, à faire assassiner les satrapes rebelles; et lorsque Babylone se révolta, en 517, il put conduire contre elle une nombreuse armée. Grâce au dévouement de Zopyre, qu'aujourd'hui nous appellerions une trahison, il mit fin à cette insurrection redoutable.

L'histoire des Perses, comme celle de tous les grands empires de l'Orient, se divise en deux périodes: la première courte mais brillante est celle de la fondation; la seconde plus longue, mais obscure, est celle de la décadence. Cyrus, Cambyse, Darius, Xerxès remplissent la première. La seconde commence déjà sous les deux derniers et se continue sans interruption jusqu'au temps d'Alexandre. Ainsi l'élan donné à la nation persane par Cyrus se retrouve encore dans les Perses de Darius. Les révoltes ont été comprimées et l'empire qui a atteint, à l'est, au sud et à l'ouest, ses frontières naturelles, la Méditerranée, la mer Erythrée et les déserts de l'Afrique, de l'Arabie et de l'Inde, allait reprendre au nord l'expédition commencée par Cyrus contre les Scythes et attaquer l'Europe. En vain Artabane s'opposa à cette entreprise. Darius avait besoin d'occuper l'ardeur belliqueuse des Perses. Il franchit le bosphore de Thrace, passa le Danube sur un pont de bateaux, construit et gardé par les Grecs, et s'enfonça vainement à la poursuite des Scythes. Le temps fixé pour le retour de Darius sur l'Ister étant passé, Miltiade proposa de rompre le pont pour laisser périr l'armée persane. Histiée de Milet s'y opposa en représentant aux chefs, tous tyrans des villes grecques, qu'ils seraient renversés s'ils n'avaient plus l'appui de l'étranger. Cet avis sauva Darius qui, au retour, laissa 80 000 hommes dans la Thrace pour en achever la conquête et faire celle de la Macédoine. D'autres expéditions entreprises aux deux extrémités de l'empire (509) lui soumirent Barcé, dans la Cyrénaïque et les pays baignés par l'Indus.

L'empire persan fut alors à l'apogée de sa grandeur. De l'Indus, à la Méditerranée, du Danube et de l'Araxe jusqu'à l'océan Indien, tout obéissait au grand roi qui allait précipiter un million d'hommes sur la Grèce et commencer les guerres médiques.

Le gouvernement était despotique, tempéré peut-être chez les Mèdes par l'autorité des mages, mais sans autre contre-poids dans l'empire persan que le pouvoir trop grand des satrapes, portés au nombre de cent vingt par Cyrus, imprudemment réduits à vingt par Darius. Au reste, le pouvoir central ne se chargeait pas d'administrer. Pourvu que les provinces fournissent les impôts en argent ou en nature et les contingents exigés, elles gardaient leur indépendance. Les grandes cours asiatiques ont toujours aimé la mollesse et le luxe. Les Perses, se laissèrent corrompre comme leurs prédécesseurs. La religion médo-persane valait pourtant mieux que celle des Assyriens; elle était plus morale, plus pure, et reposait sur le culte du feu, avec la doctrine des deux principes Ormuzd et Ahriman. La divinité n'était point représentée par des images matérielles, et les mages prêchaient que la vie n'est qu'une lutte continuelle contre le mal qu'il faut vaincre. Les Mèdes et les Perses ont élevé peu de monuments. Les anciens vantaient la magnificence d'Ecbatane, la ville aux sept enceintes, et des voyageurs modernes ont pu contempler les ruines grandioses de Persépolis, nommée par les Arabes Tchel-Minar ou les quarante colonnes.

IV. PHÉNICIENS.

Sidon. — Tyr. — Industrie, commerce et colonies.

Longtemps avant l'arrivée des Hébreux dans la Palestine, un peuple, de même origine que les Juifs et les Arabes, possédait le pays que baigne le Jourdain, et de l'autre côté de la chaîne du Liban, la côte étroite qui s'étend entre le pied des montagnes et la mer. Par les conquêtes de Josué, la vallée du Jourdain resta aux Hébreux; mais au delà du mont Carmel, l'ancienne population demeura indépendante. Resserrés entre le Liban, dont les forêts séculaires offraient les bois nécessaires à la construction des vaisseaux, et la mer, qui formait des ports nombreux et les invitait à la navigation et au commerce, les Phéniciens devinrent bientôt, par leur position géographique, d'habiles marins, dont les navires sillonnèrent, dans tous les sens, la mer intérieure. La population suivit les progrès de la prospérité publique, les villes se multiplièrent, et bientôt, autant dans l'intérêt du commerce que pour diminuer le nombre trop grand des citoyens, il fallut envoyer au loin des colonies. Les plus connues des villes phéniciennes étaient : Sidon, célèbre par ses verreries et sa pourpre, mais qui, ayant été saccagée par les Philistins, céda à Tyr le premier rang; Aradus, Biblos et Béryte. Chacune de ces villes conservait son gouvernement particulier, ses rois héréditaires, mais elles formaient entre elles une sorte de confédération qui augmentait leur puissance. L'histoire particulière de toutes ces villes est aujourd'hui perdue; c'est à peine s'il reste dans les livres hébreux, quelques courts passages sur Tyr, dont les rois, surtout à l'époque de David et de Salomon, furent en étroite relation avec les Juifs. L'histoire de ce dernier peuple nous apprend quel luxe, quelle mollesse, quelles mœurs licencieuses, quelle religion impure et souvent sanguinaire, régnaient dans la Phénicie. Quelle que soit la vérité de ce tableau, nous ne devons pas oublier que les Phéniciens contribuèrent par leur industrie, leur commerce et surtout par leurs colonies, aux progrès de la civilisation. Nul doute qu'ils ne se soient établis dans les îles de la mer Égée, longtemps avant les Grecs; mais ils reculèrent peu à peu devant cette race belliqueuse et envahissante, et lui laissant les days du nord est de la Méditerranée, ils se contentèrent d'exploiter l'Afrique, l'Espagne, la Gaule et la Sicile où ils conduisirent des colonies; ils abandonnèrent ainsi aux Grecs la mer Ionienne, la mer Égée et la mer Noire; mais ils trouvaient une riche compensation dans le commerce qu'ils faisaient avec l'Arabie, l'Inde et l'Éthiopie. Au cinquième siècle, ils possédaient encore trois villes en Sicile, Motya, Sélinonte et Panorme. En Gaule, les traces de leur établissement disparurent de bonne heure, mais, dans l'Espagne si riche alors en mines d'argent, ils couvrirent de leurs colonies toute la région méridionale; en Afrique enfin, s'éleva à côté de Leptis, d'Adrumète et d'Utique, une nouvelle Tyr, Carthage, fondée, dit-on, par Didon au IXe siècle et qui devint la plus grande puissance maritime de l'antiquité.

Carthage avait formé son vaste empire en faisant reconnaître sa suprématie aux anciennes colonies phéniciennes de l'Afrique, de la Sicile et de l'Espagne. Tandis qu'elle s'emparait ainsi de tout le commerce de la Méditerranée occidentale, les Phéniciens partageaient avec les Grecs celui de la Méditeranée orientale, et s'efforçaient d'accroître leurs relations avec les pays que baigne l'océan Indien. Ils s'étaient fait céder par les Juifs deux ports sur la mer Rouge, Elath et Asiongaber, d'où leur flotte partait pour aller chercher dans les pays d'Ophrr, l'ivoire et la poudre d'or; dans l'Arabie heureuse, l'encens et les aromates; dans le golfe Persique, où ils s'emparèrent des îles Bahraïn, des perles, les plus belles que l'on connût alors; dans l'Inde enfin, mille denrées précieuses. De nombreuses caravanes traversaient pour eux la Babylonie, l'Arabie, la Perse, la Bukharie et le Thibet, d'où elles rapportaient la soie de la Sérique, qui se vendait au poids de l'or, les pelleteries de la Tartarie, les pierres précieuses de l'Inde.

V. GRECS.

GUERRE DE TROIE.

Un petit pays dont l'étendue n'est pas même les deux tiers de la surface du Portugal devait hériter de toute cette puissance de l'Asie et briller dans l'histoire du monde d'un éclat incomparable. Ce pays, c'est la Grèce. Trois événements principaux remplissent les premiers temps de l'histoire grecque : l'invasion des Pélasges, l'arrivée des colons orientaux, l'invasion des Hellènes.

Les Pélasges, qui couvrirent de leurs tribus l'Asie Mineure, la Grèce et l'Italie, qui éveillèrent dans ces contrées la première civilisation, qui enfin laissèrent partout, dans leurs monuments, des preuves indestructibles de leur activité et de leur puissance, ont disparu sans laisser d'eux-mêmes aucune tradition certaine. Cependant l'époque des Pélasges forme, dans l'histoire de la Grèce, une assez longue période, s'étendant du XXe au XVe siècle avant notre ère. C'est dans cette période que se place la fondation des principales villes de la Grèce, que commence l'état florissant de l'Arcadie, qui resta longtemps Pélasgique, de l'Argolide, où l'on peut voir encore à Mycènes, à Tyrinthe et à Argos des restes de constructions cyclopéennes; dans la Béotie enfin, où les Pélasges avaient ouvert une issue au lac Copaïs, en creusant de nombreux canaux à travers une montagne.

Déjà la Grèce échappait à la vie sauvage, par les seuls efforts des indigènes, quand des colonies, parties des pays les plus civilisés de l'Asie et de l'Afrique, vinrent lui apporter la connaissance des arts utiles et une religion plus pure. Vers le milieu du XVIIe siècle avant notre ère, l'Égyptien Cécrops débarqua dans l'Attique, en réunit les habitants dans douze bourgades, dont Athènes devint plus tard la capitale, leur enseigna à cultiver l'olivier, à extraire l'huile et à labourer la terre : pour mieux resserrer les liens de la nouvelle société, il institua les lois du mariage et le tribunal de l'Aréopage, qui prévenait les querelles injustes par des sentences équitables.

La civilisation, ainsi établie en Attique, fit de grands progrès sous les successeurs de Cécrops, et rendit ce peuple assez fort pour triompher des calamités physiques, comme le déluge de Deucalion, qui ruina une partie de la Grèce, et des attaques des hommes, comme l'invasion des Thraces, qui laissèrent cependant une colonie à Éleusis. Les principaux de ces rois, successeurs de Cécrops, furent Amphyction, qui réunit les peuples voisins des Thermopyles dans une ligue qui porte son nom, Erychthonius, Pandion, Érecthée, qui immola sa fille pour obtenir une victoire, et, plus tard encore, Égée, le père de Thésée.

Ce que Cécrops avait fait dans l'Attique, Cadmus le fit dans la Béotie, où il apporta l'alphabet phénicien, et où il bâtit la Cadmée, autour de laquelle Thèbes s'éleva. Penthée, Lycus, Amphion, Laïus et Œdipe sont comptés parmi ses successeurs, qui, souvent, payèrent tribut à la puissante ville d'Orchomène. Dans le Péloponèse, ce fut Danaüs qui introduisit quelques-uns des arts de l'Égypte; il s'établit à Argos, qu'Inachus avait autrefois fondée; Lyncée, Prœtus, Acrisius et Persée héritèrent de sa domination. De ces trois foyers, Athènes, Thèbes et Argos, la civilisation se répandit peu à peu dans le reste de la Grèce. Les Phrygiens de Pélops, qui vint régner dans l'Élide vers (1380), les Crétois, qui se répandirent dans plusieurs parties de la Grèce centrale et septentrionale, aidèrent encore aux progrès de la civilisation; mais de tous les événements de cet âge reculé, le plus important pour la Grèce fut l'invasion des Hellènes.

Dans les traditions grecques Deucalion, roi de Thessalie, avait eu pour fils Hellen, qui lui-même engendra Dorus, Éolus et Xuthus. Le dernier eut deux fils, Ion et Achéus. Dorus devint le père des Doriens; Éolus, des Éoliens; Ion, des Ioniens; et Achéus, des Achéens. Hellen, leur père et leur aïeul, donna son nom à la Grèce entière; cette généalogie, faite après coup, explique clairement la parenté primitive des quatre branches principales de la nation grecque et les rapports plus intimes qui existaient entre les Doriens et les Eoliens d'une part, les Ioniens et les Achéens de l'autre. Cette race des Hellènes habita d'abord le nord de la Grèce, d'où elle se répandit, dans le XIVe ou XVe siècle avant notre ère, dans les autres parties de la Péninsule hellénique, aux dépens des Pélasges qu'elle effaça en les absorbant.

L'époque de l'établissement des Hellènes dans la Grèce, jusqu'à la guerre de Troie, forme la période des temps héroïques. Alors se montrent des héros qui parcourent la Grèce pour la délivrer de tous les fléaux; des brigands, des bêtes féroces et des oppresseurs. Passant leur vie à combattre le mal sous toutes ses formes, ils obtiennent de la reconnaissance des peuples le nom et les honneurs de demi-dieux; mais ces héros s'abandonnent souvent eux-mêmes à leurs passions et abusent de leurs forces. Tels furent surtout Hercule et Thésée, dont la mythologie a raconté les travaux et les malheurs. La poésie a aussi célébré les Argonautes et leur course aventureuse jusqu'en Colchide à la recherche de la Toison d'Or, les sept chefs qui vinrent assiéger Thèbes souillée par les crimes d'Œdipe et les divisions de ses fils, les Épigones qui, une seconde fois, attaquèrent cette malheureuse cité, et le sage Minos et tous les autres héros de ces temps fabuleux.

Le plus grand événement de ces temps reculés fut la guerre qui mit pendant dix ans la Grèce aux prises avec l'Asie, la guerre de Troie. Troie était la capitale d'un puissant royaume établi dans le nord-ouest de l'Asie Mineure et le dernier reste de la puissance des Pélasges. L'inimitié des races fut accrue par une sanglante injure. Un des fils du roi Priam, Pâris, épris de la beauté d'Hélène, femme de Ménélas, qui lui avait donné l'hospitalité, l'enleva et excita ainsi le ressentiment de toute la Grèce, qui prit parti pour le roi de Sparte. Un immense armement (1192), dirigé par Agamemnon, roi de Mycène et frère de Ménélas, débarqua une grande armée sur les côtes de la Troade. Aucune action décisive n'eut lieu pendant dix années, et Troie, défendue par Hector, fils de Priam, semblait devoir résister encore longtemps, même après que ce héros eut péri sous les coups d'Achille. Mais les Grecs, feignant de s'éloigner, laissèrent, comme en offrande, un gigantesque cheval de bois que les Troyens introduisirent dans leurs murs; il recelait les plus braves des Grecs. Troie ainsi tomba. Hécube et ses filles furent traînées en esclavage, Priam fut tué au pied des autels, et les princes grecs qui n'avaient point succombé, comme Patocle, Ajax et Achille, reprirent le chemin de leur patrie. Des malheurs terribles signalèrent ce retour. Les uns périrent dans la traversée; les autres, comme Ulysse, furent longtemps écartés de leurs foyers par des vents contraires; d'autres, comme Agamemnon, virent leur trône et leur lit occupés par des usurpateurs dont ils devinrent les victimes; plusieurs enfin furent contraints d'aller chercher une patrie dans des régions lointaines, comme Diomède et Idoménée.

La guerre de Troie, qui avait une première fois mis aux prises la Grèce et l'Asie, qui avait tenu Agamemnon et les autres chefs éloignés de leur patrie, eut pour dernière conséquence de changer encore une fois les demeures des tribus helléniques. Avant cette guerre, c'étaient les Achéens, et parmi eux la famille des Pélopides, qui dominaient dans la Grèce; mais les désastres de ces dix années, les tragiques aventures qui amenèrent la mort ou l'exil de la plupart des chefs échappés aux dangers du siége, la destruction par les tempêtes d'une partie de leurs vaisseaux, la mort de leurs compagnons, enfin la dispersion de toutes ces forces, un instant réunies, permirent à de nouvelles tribus de se montrer et de saisir la prééminence. Les quatre-vingts ans, en effet, qui s'écoulèrent depuis la prise de Troie jusqu'à l'invasion des Doriens, furent remplis par des divisions intestines qui affaiblirent ou renversèrent les anciennes maisons royales.

L'invasion du Péloponèse par les Doriens est aussi appelée le retour des Héraclides, parce que les fils d'Hercule, dépossédés et chassés par Eurysthée, rentrèrent avec les tribus doriennes, qui les placèrent à leur tête. Au lieu d'attaquer, comme ils l'avaient fait plusieurs fois vainement, par l'isthme de Corinthe, ils traversèrent le golfe de Corinthe, surprirent la Laconie sans défense, chassèrent les Éoliens de la Messénie, les Achéens de l'Argolide, s'emparèrent de Corinthe, de Mégare, et plus tard marchèrent contre Athènes, où s'étaient réfugiés tous les fugitifs du Péloponèse. Un oracle promit la victoire au parti dont le roi périrait. Le roi d'Athènes, Codrus, pénétra déguisé dans le camp ennemi, et s'y fit tuer. Les Doriens reculèrent aussitôt et rentrèrent dans le Péloponèse. Ils avaient fait trois parts de leurs conquêtes et fondé trois maisons royales dans l'Argolide, la Laconie et la Messénie.

Cette révolution, qui changea pour la dernière fois les demeures des peuples grecs, entraîna l'établissement de nombreuses colonies sur les côtes de l'Asie Mineure; celles des Éoliens (1124) sont antérieures à l'invasion des Héraclides; mais celles des Ioniens (1044), qui sortirent de l'Attique; celles des Doriens, que les Athéniens chassèrent de Mégare (1074), eurent lieu dans le siècle suivant.

Aucun peuple n'envoya au dehors d'aussi nombreuses colonies que les Grecs. Les côtes de la Méditerranée et du Pont-Euxin en furent couvertes. La civilisation de la race hellénique se trouva ainsi portée au milieu des barbares. Quelques-unes de ces colonies éclipsèrent leur métropole. Sybaris mit sur pied jusqu'à trois cent mille combattants, et Milet fonda à son tour trois cents établissements. Les Grecs étant ainsi établis en Italie, en Espagne, en Afrique, en Asie, dans la Thrace et la Scythie d'Europe, non-seulement les relations commerciales se multiplièrent, mais aussi les relations politiques s'accrurent. Sparte, Athènes, Corinthe eurent au loin pour alliés des peuples de leur sang, qui invoquèrent souvent leur protection et les mêlèrent à leurs guerres. Ainsi Syracuse implora l'assistance de Corinthe au temps de Timoléon, et ce fut pour avoir protégé les Ioniens de l'Asie Mineure que les Athéniens s'attirèrent la haine du grand roi. La civilisation ancienne aussi ne dut pas moins aux colonies qu'à leurs métropoles, à Milet, à Smyrne, à Rhodes, à Alexandrie, à Syracuse, à Tarente, qu'à Athènes et à Corinthe.

VI. SPARTE ET ATHÈNES,

DEPUIS LA CONQUÊTE DES DORIENS JUSQU'AUX GUERRES MÉDIQUES.

1. LOIS DE LYCURGUE. — 2. GUERRES DE MESSÉNIE. — 3. LOIS DE SOLON. — 4. PISISTRATE ET SES FILS.

1. Lois de Lycurgue.

Dans le partage de la conquête dorienne, les deux fils d'Aristodème, Eurysthène et Proclès, avaient obtenu la Laconie. Ils y fondèrent deux maisons royales, qui régnèrent simultanément à Sparte, pendant plus de neuf cents ans. On sait peu de choses de l'histoire de Sparte pendant les deux siècles qui précédèrent Lycurgue. Seulement on voit que les Spartiates, peu nombreux au milieu d'un peuple qui n'avait pas émigré comme les habitants de l'Argolide et de la Messénie, devaient rester pour ainsi dire toujours sous les armes, et soumis à une discipline militaire, comme une armée campée en pays ennemi. Les Doriens en effet se concentrèrent autour de Sparte. Ils formèrent seuls l'État, seuls ils eurent le droit d'assister aux assemblées où se faisaient les lois; et d'aspirer aux charges publiques. Pour n'avoir rien à craindre de leurs nombreux sujets, ils établirent une hiérarchie dans la servitude. Sparte eut deux classes de sujets. Dans les villes ouvertes, les Laconiens qui n'eurent que des droits purement civils, et dans les campagnes, les Hilotes ou esclaves de la glèbe: c'étaient d'anciens habitants qui ayant voulu secouer le joug, avaient été vaincus et condamnés éternellement à labourer, à moissonner, à combattre même quelquefois pour leurs maîtres. Au-dessus de cette population sur laquelle pesait un joug inégal, étaient les chefs de familles spartiates, tous égaux et formant la race dominante.

Cependant cette égalité fut peu à peu troublée. Au temps de Lycurgue, des familles puissantes s'étaient élevées, tandis que d'autres avaient été dépouillées de leurs terres, de là les troubles qui arrêterent l'essor de la puissance de Sparte pendant deux siècles. Un homme entreprit d'arrêter cette décadence prématurée, en rappelant les mœurs antiques. C'était Lycurgue, frère du roi Polydecte: et qui refusa de s'assurer par un crime le trône de Sparte. Les grands, irrités de la sagesse de son administration pendant la minorité de son neveu Charilaüs, le forcèrent à s'exiler. Il voyagea longtemps pour étudier les lois des autres peuples, et retourna à Lacédémone après une absence de dix-huit ans, avec les poésies d'Homère. La pythie de Delphes appuya de son autorité religieuse ses réformes, que les Spartiates, fatigués de leurs dissensions, accueillirent eux-mêmes avec faveur. Ses lois politiques maintinrent les rapports établis entre les Spartiates comme peuple dominateur et les Laconiens comme sujets; elles réglèrent les droits de la royauté, divisée entre deux maisons royales; du sénat, composé de 28 membres âgés de soixante ans au moins; de l'assemblée générale qui put adopter ou rejeter les propositions faites par le sénat et les rois; enfin du collége des éphores, magistrats annuels peut-être institués par Lycurgue, mais dont la grande puissance date d'une époque postérieure. Les deux rois étaient investis par droit héréditaire, des fonctions religieuses, de la conduite des armées et du soin de veiller à l'exécution des décrets formulés par le sénat, et acceptés librement par l'assemblée du peuple. Ses lois civiles, bien autrement remarquables, eurent pour but d'établir l'égalité entre tous les citoyens. Pour y parvenir il partagea les terres en trente-neuf mille lots : trente mille pour les Laconiens et neuf mille pour les Spartiates. Cette opération présentait de grandes difficultés et amena une émeute dans laquelle Lycurgue fut blessé. Elle réussit pourtant. Les neuf mille lots des Spartiates renfermaient la plus grande partie de la Laconie, et naturellement les terres les plus fertiles, les Hilotes devaient les mettre en valeur. Lycurgue défendit qu'aucun de ces lots passât entre des mains étrangères. Il en faisait en quelque sorte des fiefs militaires inaliénables. Mais la guerre diminuant sans cesse le nombre des Spartiates, qui n'étaient plus que mille au temps d'Aristote, il en résulta que d'immenses richesses s'accumulèrent dans un petit nombre de familles; les Laconiens au contraire pouvant s'allier aux étrangers, leur nombre s'accrut, leurs possessions diminuèrent, et il vint un temps à Sparte où il n'y eut plus qu'un petit nombre de riches, et au-dessous une foule immense de pauvres : de là naquirent des révolutions qui troublèrent les derniers jours de la cité de Lycurgue. Pour maintenir l'égalité, Lycurgue défendit le luxe, la monnaie d'or et d'argent, et institua les repas publics, où régna toujours la plus stricte frugalité. En même temps il interdit aux Spartiates le commerce, les arts et les lettres, et condamna tous les citoyens aux mêmes exercices, car il ne proposait qu'un seul but à leur vie entière, préparer et fournir à la patrie de robustes défenseurs. Le même principe dirigea l'éducation des enfants, qui appartinrent bien plus à l'État qu'à leurs parents. L'enfant né difforme était mis à mort. De violents exercices, imposés même aux filles, donnaient aux autres la force et la souplesse, et on ne leur inspira que deux sentiments, le respect pour les vieillards, le mépris de la douleur et de la mort.

2. Guerres de Messénie.

Ces guerres sont la lutte héroïque des deux tribus doriennes qui s'étaient partagé le sud du Péloponèse, les Spartiates et les Messéniens. Il y en eut deux. L'une dura vingt ans (743-724), l'autre, quatorze (685-671). Le héros de la première fut le farouche Aristodème qui immola sa fille pour obéir à un oracle et se tua lui-même pour ne pas voir l'humiliation de son peuple et la prise d'Ithome, qu'il avait défendue dix années. Dans la seconde, Aristomène accomplit des exploits fabuleux. Non-seulement il bat les Spartiates, mais il pénètre de nuit dans leur ville et attache dans l'un de leurs temples un trophée. En vain le poëte Tyrtée relève le courage des Lacédémoniens. Aristomène fait prisonnier et précipité vivant dans la *Céada* s'en échappe et renouvelle ses courses audacieuses. Vaincu enfin par la trahison du roi des Arcadiens, son allié, à la bataille des Tranchées, il se retire sur le mont Ira et s'y défend onze années. Il fallut céder pourtant : Aristomène préféra l'exil à la servitude. Quelques Messéniens allèrent fonder Zancle en Sicile (Messine), ceux qui restèrent en Messénie partagèrent presque la condition des Hilotes. — Cette conquête fut suivie de guerres contre les Tégéates et les Argiens. Les uns et les autres ne furent pourtant pas dépossédés. Mais ces victoires portèrent au loin le nom des Spartiates qui, au VIe siècle avant notre ère, étaient considérés comme le premier peuple de la Grèce, et en étaient réellement le plus redoutable.

3. Lois de Solon.

Après la mort de Codrus, (1070) Athènes avait aboli la royauté et établi l'archontat perpétuel, rendu décennal en 754, annuel en 684, et partagé alors entre neuf magistrats. Ce gouvernement divisé ne sut pas prévenir les excès de l'aristocratie des Eupatrides, ni les projets des ambitieux. Dracon essaya vainement en 622 de donner des lois à sa patrie. Cette législation trop sévère ne put être acceptée et les troubles recommencèrent. Cylon en profita pour essayer de saisir le pouvoir (598), mais il fut vaincu et ses partisans périrent égorgés au pied de l'autel des Euménides. Une peste vint augmenter l'effroi. Épiménide, appelé de Crète, fit des sacrifices expiatoires et conseilla aux Athéniens d'écouter les sages conseils d'un d'entre eux. Solon, célèbre déjà par ses poésies, plus encore par la reprise de Salamine et par la part qu'il avait prise à la guerre sacrée contre les Crisséens. On lui confia en 593 le soin de réformer les lois et la constitution. Il commença par l'abolition des dettes et la mise en liberté des débiteurs, mais en refusant le partage des terres que les pauvres demandaient, son but étant d'abolir une aristocratie oppressive, sans pourtant établir une pure démocratie. Il divisa le peuple en quatre classes, d'après les biens. Pour entrer dans la première, il fallait posséder 500 médimnes, dans la seconde 400, dans la troisième 300 : les Thètes étaient ceux qui avaient un revenu inférieur. Les citoyens des trois premières classes furent seuls déclarés admissibles aux emplois publics ; mais tous avaient le *droit* d'assister aux assemblées du peuple et de siéger dans les tribunaux. Les neuf *archontes* étaient les magistrats suprêmes de l'État, mais ne pouvaient remplir des fonctions militaires. Le *sénat* était composé de 400 membres choisis par le sort dans les trois premières classes, mais soumis à une épreuve sévère : toute proposition au peuple devait au préalable être discutée par lui. — Le *peuple* confirmait les lois, nommait aux charges, délibérait sur les affaires de l'État et remplissait les tribunaux pour y juger les procès publics. L'*aréopage*, composé des archontes, sortis de charge, était le tribunal suprême pour les causes capitales, surveillait les mœurs, les magistrats, et même pouvait casser les décisions du peuple. Cette constitution était donc un mélange habile d'aristocratie et de démocratie où la gestion des affaires publiques était réservée aux citoyens éclairés. Dans les lois civiles, Solon encouragea le travail et ne sacrifia jamais, comme Lycurgue, l'homme au citoyen, la morale à la politique.

4. Pisistrate et ses fils.

Solon, après avoir donné ses lois, s'éloigna comme Lycurgue et alla consulter la sagesse des vieilles nations de l'Orient. Quand il revint ce fut pour voir Athènes se donner un maître. En son absence, en effet, les partis qu'il avait cru étouffer avaient reparu, et de ces luttes nouvelles sortit la tyrannie de Pisistrate qui, sans abolir la constitution, sut, comme favori du peuple et chef de la démocratie, exercer dans la ville une influence qui balança et éclipsa celle des magistrats. Tyrannie douce, au reste, sans violence et amie des lettres et des arts ! Ce fut en 561 que Pisistrate parvint, en feignant qu'on avait voulu l'assassiner, à se faire donner des gardes ; mais il fut chassé l'année suivante. Rappelé en 556 par le chef du parti des Eupatrides, Mégaclès, dont il épousa la fille, il fut exilé par ce même Mégaclès en 552 et ne rentra que quatorze ans après, mais cette fois pour garder le pouvoir jusqu'à sa mort. Il avait presque légitimé, au moins honoré son usurpation par une administration habile qui fit la prospérité de l'État.

Ses deux fils, Hipparque et Hippias, lui succédèrent (528) et gouvernèrent en commun jusqu'en 514 ; mais Hipparque tomba à cette époque sous le poignard d'Harmodius et d'Aristogiton. De ce jour Hippias devint un tyran cruel. La puissante famille des Alcméonides qui s'était enfuie d'Athènes crut l'occasion favorable pour renverser le dernier des Pisistratides. Ils subornèrent la pythie de Delphes qui décida les Spartiates à les soutenir. Aidés d'une armée dorienne, ils rentrèrent en effet dans Athènes et réduisirent Hippias à s'enfuir chez les

Perses (510). Athènes délivrée retombe aussitôt dans les querelles intestines. Clisthènes et Isagoras, chefs du peuple et des grands, se proscrivent tour à tour. Le premier à la fin l'emporte malgré les secours fournis par Sparte à son rival; et, pour récompenser le peuple qui l'a soutenu, il rend la constitution plus démocratique. Maîtresse de l'Eubée, de la Chersonèse de Thrace et de Lemnos que Miltiade a conquises, Athènes voit croître sa puissance maritime; pour l'augmenter encore Thémistocle fait construire 200 navires avec le produit des mines d'argent du Laurium.

VII.

GRECS ET PERSES,

PENDANT LES GUERRES MÉDIQUES.

1. EXPÉDITION DES PERSES EN GRÈCE SOUS DARIUS. — 2. EXPÉDITION SOUS XERXÈS. — 3. PUISSANCE D'ATHÈNES, SES GRANDS HOMMES.

1. Expédition des Perses en Grèce sous Darius.

La cause des guerres médiques fut la puissance même de la Perse. Cet empire avait alors atteint ses limites naturelles. Partout il était enveloppé par des déserts, la mer, de grands fleuves ou de hautes montagnes. Il ne pouvait plus s'étendre que d'un seul côté, au nord-ouest, et de ce côté était un pays renommé, la Grèce, dont l'indépendance irritait l'orgueil du grand roi. Cyrus avait conquis l'Asie, Cambyse, une partie de l'Afrique, Darius attaqua l'Europe. La révolte des Grecs d'Asie lui servit de prétexte.

Les Ioniens soumis aux Perses, essayèrent de recouvrer leur liberté, et comme Milet, colonie d'Athènes, était le centre du mouvement, elle envoya demander à sa métropole des secours que Sparte avait refusé d'accorder. Athènes donna des vaisseaux et un corps de débarquement qui contribua à la prise et à l'incendie de Sardes (500). Une défaite essuyée au retour de cette expédition dégoûta les Athéniens de cette guerre dont tout le poids retomba sur les Ioniens, qui furent vaincus dans une bataille navale. Milet prise, et toutes les villes grecques de l'Asie replacées sous le joug, une armée persane, sous les ordres de Mardonius, passe en Europe, mais sa flotte est détruite par une tempête près du mont Athos, tandis que les Thraces font éprouver de grandes pertes à l'armée de terre. Mardonius rentre en Asie. Une seconde expédition conduite par Datis et Artapherne se dirige par mer, à travers les Cyclades qu'elle soumet, et débarque 100 000 Perses à Marathon où 10 000 Athéniens et 1000 Platéens commandés par Miltiade sauvent, par leur héroïque courage, leur patrie, la liberté et la civilisation du monde (490). Hippias reste sur le champ de bataille, et la flotte persane, qui essaye vainement de surprendre Athènes, regagne honteusement l'Asie. Après cette grande journée Miltiade alla punir les insulaires des Cyclades, mais il échoua devant Paros; accusé de trahison, il fut jeté en prison, faute de pouvoir payer une amende, et y mourut. Thémistocle qui lui succéda dans l'amour du peuple, comprit que les Perses renouvelleraient leur tentative et fit employer toutes les ressources d'Athènes à augmenter sa flotte. Une insurrection de l'Égypte força Darius d'ajourner sa vengeance.

2. Expédition sous Xerxès; conséquences de cette guerre.

Xerxès, qui succéda à Darius (485), employa les premiers temps de son règne à faire rentrer l'Égypte dans l'obéissance, puis il ébranla tout son immense empire pour conduire lui-même en Grèce une formidable invasion : un million d'hommes et plus de 1200 vaisseaux. Arrivé de Suze à Abydos, il voulut passer la mer sur un pont, et pour punir l'Athos, comme il disait, il fit creuser un canal qui dispensa sa flotte de tourner ce dangereux promontoire. La Thrace, la Macédoine, la Thessalie inondées de troupes se soumirent, et il ne rencontra de résistance qu'au défilé des Thermopyles. Le roi Léonidas qui s'y trouvait avec 300 Spartiates et quelques Thespiens, arrêta tous ses efforts; mais un sentier montré par un traître permit aux Perses de tourner cette troupe héroïque qui refusa encore de se retirer et alla chercher, au milieu du camp de Xerxès, un glorieux trépas. Ce passage forcé, la flotte grecque établie dans l'Artémisium, au nord de l'Eubée, recule jusqu'à Salamine. La Grèce centrale et l'Attique sont à découvert, Xerxès entre dans Athènes et croit la guerre finie; mais Athènes était tout entière sur ses vaisseaux, et Thémistocle, par d'habiles stratagèmes, retient les Grecs réunis dans un poste favorable et amène Xerxès à vouloir en finir par une bataille navale. Du haut du trône qu'il se fait élever sur le rivage, le grand roi voit la défaite et la destruction de sa flotte (bataille de *Salamine*, 480). Six mois après l'avoir franchi en conquérant, il repasse l'Hellespont dans une barque de pêcheur!

Il avait cependant laissé Mardonius en Grèce avec 300 000 hommes. 100 000 Grecs se réunirent à *Platée*, sous les ordres de Pausanias, et de cette horde de barbares, il n'échappa qu'une petite troupe qui s'était retirée avant la bataille. Le même jour la flotte grecque remportait à Mycale, sur les côtes d'Asie, une complète victoire sur la flotte persane (479). Ainsi le continent était purgé des barbares et la mer était libre. Athènes s'y lança.

Ces victoires donnèrent aux Grecs en général une haute idée d'eux-mêmes, de leur courage et de leurs institutions. Athènes surtout y puisa cette confiance sans limites, nécessaire à un peuple pour qu'il fasse de grandes choses. Ce choc ébranla pourtant sa constitution. Le faible élément d'aristocratie que Solon avait mis dans ses lois fut étouffé; et la glorieuse démocratie qui avait vaincu à Marathon et à Salamine devint la folle démagogie de Cléon. Pour la Perse les suites furent plus funestes. L'équilibre de l'empire fut renversé par la nécessité de concentrer les principales forces de la monarchie dans l'Asie Mineure; et l'humiliation du grand roi tourna au profit de l'ambition des satrapes. La résistance d'Athènes servit d'exemple et d'encouragement aux Égyptiens. Les Perses n'eurent qu'un moyen de se venger, ils l'employèrent souvent et de bonne heure, la corruption; la misérable fin de Pausanias le prouve. L'or des Perses fit plus de mal que leur fer; la moralité des Grecs en reçut une irréparable atteinte.

3. Puissance d'Athènes, ses grands hommes.

Le principal honneur de la résistance à l'invasion persane revenait à Athènes. Seule elle avait vaincu à Marathon avec Miltiade; à Salamine, c'était Thémistocle qui avait encore enchaîné la victoire en forçant les alliés de vaincre malgré eux. La gloire de Mycale lui appartenait presque tout entière, et elle avait partagé celle de Platée. Sparte n'avait à citer que l'immortel mais inutile dévouement de Léonidas. La trahison du roi Pausanias que les éphores avaient envoyé dans la Thrace pour en chasser les garnisons persanes, et qui traita secrètement avec Xerxès, acheva de dégoûter Lacédémone de cette guerre. Athènes, restée seule à la tête des alliés, accepta hardiment le rôle d'adversaire du grand roi. Elle prit elle-même l'offensive, et bientôt demandant aux alliés, au lieu de soldats, leurs vaisseaux et de l'argent, elle continua la lutte au nom de la Grèce, mais pour son compte et sa fortune. Elle soumit Amphipolis et une partie de la Thrace où elle envoya 10 000 colons, et entreprit d'affranchir les Grecs asiatiques. Cimon remporta en un même jour deux victoires sur terre et sur mer près des rives de l'Eurymédon, ce qui assura à Athènes l'empire de la mer, et en s'emparant de la Chersonèse de Thrace, il ôta aux Perses la clef de l'Europe.

Monté sur le trône en 465, Artaxerxès Longue-main vit s'accroître encore la honte de l'empire. Une nouvelle révolte des Égyptiens sous Inarus menaçait la monarchie persane d'un démembrement prématuré. Les Athéniens accoururent au secours des rebelles qui résistèrent sept ans (463-456). L'exil de Cimon, chassé de sa patrie par l'ostracisme, et la rivalité de Sparte et d'Athènes qui amena une première guerre entre les deux républiques et leurs alliés, donnèrent quelque répit aux Perses. Mais Cimon rappelé réconcilia Sparte avec Athènes, et recommença aussitôt les hostilités contre l'ennemi commun. Une double victoire sur terre et sur mer près de Chypre et sur les côtes d'Asie termina glorieusement sa carrière militaire et les guerres médiques. Le grand roi, menacé jusque dans ses États signa un traité honteux qui rendait la liberté aux Grecs asiatiques et interdisait, à ses flottes, l'entrée de la mer Égée, à ses armées, l'approche des côtes, à plus de trois journées de chemin (449). Cimon mourut dans son triomphe.

Athènes avait été, dans cette lutte, admirablement bien servie par les grands hommes qui se succédèrent sans interruption à la tête de ses armées ou de son administration : Miltiade le héros de Marathon; Thémistocle qui mêle si souvent la ruse au courage, qui trompe les Athéniens par des oracles, pour les obliger à mettre leur fortune sur les vaisseaux qui la sauvent, Xerxès qu'il amène à combattre en un lieu où il devait être vaincu, les Spartiates auxquels il fait perdre l'occasion d'empêcher Athènes de relever ses murs, Artaxerxès enfin, auprès duquel, chassé de son ingrate patrie, il se réfugie, et qui, le regardant comme le guide d'une nouvelle invasion, ne trouve plus qu'un cadavre, quand il réclame de l'exilé l'exécution de ses promesses ambigues; Aristide, plus juste, plus droit, qui sert Athènes par sa vertu autant que par sa valeur, en inspirant aux alliés la confiance de lui donner leurs vaisseaux et leurs trésors, et qui meurt sans laisser de quoi suffire aux frais de ses funérailles, après avoir administré les finances les plus riches qu'il y eût au monde; Cimon, le fils de Miltiade, et plus grand que son père, héros qui n'eut qu'une pensée, unir fraternellement les cités grecques et poursuivre à outrance la vengeance due par les Perses pour l'incendie d'Athènes et de ses temples; Periclès enfin, orateur incomparable et administrateur habile. N'oublions pas non plus, au-dessus de ces illustres personnages, le plus grand de tous, le peuple d'Athènes, cette glorieuse démocratie, mobile, ingrate, violente, mais qui a expié ses fautes et ses crimes par son enthousiasme pour tout ce qui était beau et grand, par les chefs-d'œuvre qu'elle a inspirés, par les artistes et les poëtes qu'elle a donnés au monde. Eschyle, Sophocle et Euripide, Phidias et Aristophane, Socrate et Platon plaideront encore pour elle dans la postérité.

VIII. GRECS DEPUIS LA FIN DES GUERRES MÉDIQUES JUSQU'A LA PRISE D'ATHÈNES.

Guerre du Péloponèse.

Les alliés fatigués de la guerre avaient accepté l'offre faite par Athènes de remplacer leur contingent en hommes par une contribution en argent. Ils étaient ainsi tombés au rang de tributaires, mais l'or donné pour la guerre servait aussi à décorer Athènes de monuments immortels. Des plaintes s'élevèrent; elles furent durement étouffées, et les alliés adressèrent à Sparte de muettes supplications. Jalouse de la gloire et de la puissance d'Athènes, Sparte travailla insensiblement à former une ligue continentale dont elle pût opposer les forces à celles des villes maritimes et des insulaires soumis aux Athéniens. Dès l'année 457 la guerre éclata, Cimon y mit fin, mais les hostilités recommencèrent bientôt. Périclès les termina par la conquête de l'Eubée et de Mégare, et Sparte conclut, en 445, une trêve de trente ans; elle n'en dura que quatorze. Une guerre ayant éclaté en 436 entre Corinthe et Corcyre, au sujet d'Épidamne, Athènes prit parti pour la colonie contre la métropole. La défection de Potidée, autre colonie de Corinthe, mais alliée d'Athènes, porta la guerre jusque sur les côtes de la Macédoine (432). Les Corinthiens implorèrent alors le secours de Sparte. L'attaque de Platée, alliée d'Athènes, par les Thébains, hâta la rupture entre les deux peuples (431).

La lutte ne fut d'abord qu'une alternative de pillages. Les Spartiates venant chaque printemps dévaster l'Attique, et la flotte athénienne allant chaque été ravager les côtes du Péloponèse. Malheureusement la troisième année une peste cruelle moissonna la population entassée dans Athènes. Périclès lui-même fut enlevé par le fléau, et des démagogues, incapables de maîtriser la foule, prirent la place du seul homme qui pouvait encore la conduire (429). Cléon, le nouveau favori de la multitude, laissa un libre cours aux passions populaires, et l'on vit après la révolte de Mitylène, en 427, un peuple en condamner un autre à mort. Mille des révoltés périrent. De 429 à 426 les succès se balancent : si les Béotiens détruisent Platée, Potidée est prise par les Athéniens. En 424, les succès de Brasidas qui prend Amphipolis semblent donner l'avantage à Lacédémone; mais Démosthène s'empare de Pylos, appelle de là les Hilotes à la liberté, et quatre cent vingt Spartiates, enfermés dans Sphactérie, en voulant reprendre Pylos, sont eux-mêmes forcés dans ce poste, et faits prisonniers. Les Corinthiens, les Béotiens, les Mégariens sont battus. Mais les Athéniens, à leur tour, éprouvent un échec à Délium, et Cléon et tué devant Potidée; Brasidas aussi succombe dans la même action. Les partisans de la paix reprennent alors l'avantage (421), et Nicias fait signer le traité qui porte son nom.

Nicias aurait voulu, comme autrefois Cimon, mettre un terme aux luttes fratricides qui déchiraient la Grèce. Mais la paix qu'il venait de conclure dérangeait les calculs de l'ambitieux et brillant Alcibiade, neveu de Périclès et élève de Socrate. Une victoire des Spartiates à Mantinée sur les Argiens qu'Alcibiade avait entraînés dans l'alliance d'Athènes, l'oblige à suspendre les coups dont il voulait frapper directement Lacédémone. Alors il propose et fait voter la désastreuse expédition de Sicile, sous prétexte de secourir Ségeste contre Syracuse. Nicias, Lamachus et Alcibiade conduisirent, en 415, une flotte considérable sur les côtes de Sicile; elle était à peine arrivée qu'Alcibiade, accusé de sacrilége, fut rappelé; il se réfugia à Sparte, et Nicias, chargé d'une expédition qu'il réprouvait, conduisit mollement la guerre. Syracuse peut-être eût été prise s'il eût attaqué avec énergie et promptitude. Il laissa aux secours le temps d'arriver, et le Spartiate Gylippe détruisit totalement la flotte et l'armée athéniennes (413).

Ce désastre porta à la puissance d'Athènes un coup dont elle ne put se relever. La guerre avait, en 414, recommencé en Grèce. Les Spartiates, par les conseils d'Alcibiade, fortifièrent Décélie dans l'Attique et s'allièrent avec les Perses. Athènes fit héroïquement tête à l'orage, déploya des ressources inattendues et retint tous ses alliés dans le devoir. Un événement heureux pour elle fut la nécessité où Alcibiade se mit de fuir encore de Sparte. Retiré en Asie, il sut rendre Tissapherne favorable aux Athéniens. L'or du grand roi alimentait une guerre si utile à l'empire. Une armée athénienne était à Samos; Alcibiade l'entraîne, et le contre-coup amène une révolution à Athènes, où la démocratie est enchaînée par l'établissement d'un conseil supérieur de quatre cents membres, qui remplace le sénat, et par une réunion de cinq mille citoyens choisis, qui remplacent l'assemblée du peuple (411). Mais l'armée de Samos, tout en nommant elle-même Alcibiade son général, réprouve le nouveau gouvernement qui tombe au bout de quatre mois. L'assemblée des Cinq-Mille est pourtant conservée, et la réconciliation du peuple et de l'armée est scellée par le rappel d'Alcibiade. Cet ambitieux citoyen avait devancé son rappel par ses services. Deux batailles navales sur l'Hellespont (411), une grande victoire sur terre et sur mer, près de Cyzique (410); enfin la prise de Byzance (408) affermirent la domination d'Athènes sur la Thrace et l'Ionie, et le vainqueur rentra triomphalement dans Athènes. Mais, dans la même année, il fut dépouillé de son pouvoir et contraint de regagner la terre de l'exil, où il périt de la main des Perses.

Le jeune Cyrus, frère du roi Artaxerxès II, commandait alors dans l'Asie Mineure; Lysandre sut le mettre dans les intérêts de Sparte, et la défaite du Lacédémonien Callicratidas, par Conon, aux îles Arginuses, ayant rendu à Lysandre le commandement, il enleva à Athènes l'empire de la mer par la victoire d'Ægos-Potamos (405) que les généraux athéniens perdirent pour n'avoir pas voulu suivre les conseils d'Alcibiade. Cette défaite fut suivie, en 404, de la prise d'Athènes, dont les murailles furent détruites, la marine réduite à douze galères et le gouvernement remis à une oligarchie de trente tyrans.

Le résultat le plus évident est la ruine d'Athènes et la puissance de Sparte. Une domination remplace l'autre; toutes deux aussi oppressives, comme le prouvèrent les révolutions oligarchiques opérées par Lysandre dans toutes les villes, et les *Harmostes* que Sparte envoyait partout pour tout soumettre à sa direction. A l'oppression politique se joignit l'oppression fiscale; car Sparte voulait maintenant avoir un trésor; et l'insolence, les pillages des nouveaux dominateurs parurent d'autant plus insupportables qu'ils étaient eux-mêmes plus grossiers et plus pauvres. La domination d'Athènes tourna d'ailleurs au profit de l'humanité : qu'est-ce que Sparte nous a laissé? Un résultat plus triste fut l'intervention des Perses et de leur or. La moralité des Grecs, devenus les stipendiés de leurs ennemis, reçut un coup dont elle ne se releva pas. La fraternité des cités helléniques fut aussi à jamais détruite; l'esprit de faction prit la place du patriotisme, et la haine des peuples les uns contre les autres fit oublier la patrie commune. Le magnifique élan de Salamine et de Platée est perdu sans retour, et la Grèce, à jamais divisée, passera du joug de Sparte à celui de Thèbes, de celui-ci à la domination de la Macédoine, puis à celle des Romains, sans plus jamais s'appartenir elle-même.

IX. GRECS ET PERSES,

DEPUIS LA GUERRE DU PÉLOPONÈSE JUSQU'AU TEMPS DE PHILIPPE.

1. ARTAXERXÈS ET CYRUS LE JEUNE; RETRAITE DES DIX MILLE. — CAMPAGNES D'AGÉSILAS. — 2. ÉPAMINONDAS ET PÉLOPIDAS; PUISSANCE DE THÈBES.

1. Artaxerxès et Cyrus le Jeune; retraite des Dix Mille. — Campagnes d'Agésilas.

A Xerxès avaient succédé Artaxerxès Longue-main (465-424), Xerxès II et Sogdien (424), Darius II, Nothus (423-404) et Artaxerxès II, Mnémon, qui donna le gouvernement de l'Asie Mineure à son frère Cyrus. Celui-ci, né après l'avénement de Darius au trône, prétendait avoir des droits supérieurs à ceux de son frère; et pour les faire valoir, il prit à sa solde treize mille mercenaires grecs, et penétra jusqu'auprès de Babylone, où il gagna la victoire de Cunaxa; mais il mourut dans son triomphe (401). Les Grecs, enveloppés de toutes parts, surent, sous la conduite de Cléarque, puis de Xénophon, se faire jour à travers quatre cents lieues de pays, par les montagnes impraticables de la haute Mésopotamie, de l'Arménie et du Pont jusqu'aux rives de la mer Noire.

Cette retraite fameuse révélait la faiblesse du grand empire. Artaxerxès eut encore l'imprudence de provoquer Sparte en persécutant les Grecs d'Asie, qui avaient soutenu son frere. Thymbron, puis Dercyllidas, plus habiles, vinrent successivement les défendre; et, en 396, le roi de Sparte, Agésilas, dirigea lui-même une expédition dont les heureux commencements lui inspirèrent l'idée de renverser le trône du grand roi. Sûr des villes grecques et des satrapes de l'Asie Mineure qu'il avait battus ou soumis, allié des Égyptiens encore une fois révoltés, et disposant des forces de plusieurs rois barbares, il s'enfonça audacieusement, avec vingt mille Grecs, vers la haute Asie. L'expédition d'Alexandre était faite soixante ans plus tôt, si les Perses n'avaient trouvé moyen de susciter à Sparte une guerre au sein même de la Grece.

2. Epaminondas et Pélopidas; puissance de Thèbes.

Une heureuse révolution, opérée à Athenes par Thrasybule, avait renversé les trente tyrans. Cet échec pour la politique de Sparte enhardit Corinthe, Thebes et Argos à s'unir pour se délivrer de l'oppression que Lacédémone faisait peser sur toutes les têtes. Athenes et la Thessalie entrerent dans cette ligue, qui inaugura la guerre par la victoire d'Haliarte (394), où Lysandre, l'instigateur de cette tyrannie, fut tué. Le péril parut assez grand pour qu'on rappelât aussitôt Agésilas. Il renonça en frémissant à sa fortune, et revint gagner la bataille de Coronée, qui affermit la domination de Sparte sur terre. Conon, amiral des flottes athénienne et persane, lui enlevait au même moment l'empire de la mer. Effrayée, Sparte traita avec le grand roi, qui vit à sa cour les descendants de ceux qui avaient vaincu Xerxès, accepter les conditions qu'il voulait bien leur faire. Le traité d'Antalcidas (387), en ôtant aux Athéniens l'appui de la Perse, les força d'accepter la paix, et Sparte resta toute-puissante sur le continent. Elle avait si bien le sentiment de sa force, qu'elle se crut dispensée d'être juste; et lorsque Phébidas, au mépris de tous les droits, surprit la citadelle de Thebes, elle approuva cette violation du droit des gens (382). Thebes resta quatre années asservie. Quelques bannis, et à leur tête Pélopidas, la délivrerent en 378, reprirent la Cadmée et soutinrent habilement contre les Spartiates une guerre défensive qui fit passer toute la Béotie de leur côté. Athènes aussi se déclara pour Thèbes, et battit la flotte lacédémonienne. En vain les Perses, qui avaient besoin de troupes mercenaires pour dompter l'Égypte, s'interposèrent comme médiateurs. Sparte et Athènes acceptèrent la proposition que toutes les villes grecques fussent libres. Thèbes seule osa s'y refuser, et Épaminondas alla porter dans l'assemblée tenue à Lacédémone le plus fier langage que les Spartiates eussent encore entendu (372). Sparte y répondit en envoyant une armée en Béotie. Elle n'en sortit pas. Épaminondas l'écrasa à la journée de Leuctres. C'était la première fois qu'une armée spartiate éprouvait sur terre un pareil désastre (371). A cette nouvelle, les défections éclatent. Jason, roi de Phères en Thessalie, donne aux Thébains une flotte; et en voyant toutes ces fortunes diverses, il songe à tirer parti des circonstances pour sa propre fortune. Mais il est assassiné (370). La mort de ce dangereux auxiliaire n'arrête point Épaminondas. Aussi grand politique que grand homme de guerre, ce général, qui vient d'inventer une nouvelle tactique, porte la guerre au milieu même du Péloponèse, et se fraye un chemin jusqu'aux murs de Sparte. A son approche, les Arcadiens, vieux ennemis de Lacédémone, s'agitent, et, par son conseil, fondent une ville, Mégalopolis, qui sera le boulevard de l'Arcadie contre Sparte; Argos et Élis s'unissent aux Thébains; et si Épaminondas est arrêté devant Sparte, il bâtit Messène, qui doit tenir cette ville en échec (369). Dans leur détresse, les Spartiates sont contraints de s'adresser à Athènes et de consentir à ce que le commandement alterne entre les deux peuples. La Perse aussi et Denys de Syracuse se prononcent contre Thèbes; et lorsque Épaminondas envahit une seconde fois le Péloponèse, il est forcé de reculer, abandonnant les Argiens et les Mantinéens, qui perdent la bataille de Midée. Cet échec est réparé par des succès en Thessalie, où Pélopidas renverse le tyran Alexandre de Phères, et en Macédoine, où il règle en arbitre les difficultés qui s'élèvent entre les divers prétendants. Arrêté en trahison par Alexandre, Pélopidas est délivré par une armée thébaine qu'Épaminondas conduit en Thessalie (367). Il parvient encore à engager la cour de Suze dans l'alliance de Thèbes; et, de concert avec son ami, il s'efforce de donner une marine à sa patrie : une flotte de cent vaisseaux thébains soutient Rhodes, Chio et Byzance révoltées contre Athènes. Malheureusement ces deux héros touchaient au terme de leur glorieuse carrière. Pélopidas périt dans une dernière expédition contre le tyran de Phères (364), et Épaminondas, qui avait reparu une troisième fois dans le Péloponèse en 366, marche, en 363, droit sur Sparte, qu'il manque de surprendre, et remporte la victoire de Mantinée, qui lui coûte la vie. La puissance de Thèbes tenait à ces deux illustres chefs; eux morts, elle tombe. Les Perses aussitôt s'interposent comme médiateurs, et font conclure une paix générale, à laquelle Sparte refuse d'accéder, parce qu'elle ne veut pas respecter l'indépendance, dangereuse pour elle de la ville de Messène. Elle ose même prendre contre les Perses l'offensive, et son vieux roi, Agésilas, va porter secours à Tachos, qui s'était révolté en Égypte.

Ainsi la prépondérance qu'Athènes avait exercée après avoir passé aux Spartiates, puis aux Thébains, périssait entre les mains de ces derniers. De toute cette puissance, de toute cette gloire il ne restait plus, dans la Grèce entière, que faiblesse et dérision. Athènes venait d'user, dans la guerre contre les alliés, sa dernière force, sa marine; Sparte était cernée dans le Péloponèse par Messène et Mégalopolis; Thèbes, sans population et sans territoire, n'avait dû qu'aux circonstances et au génie de deux grands citoyens sa puissance éphémère. Toutes trois, épuisées maintenant, vont laisser passer à la Macédoine le pouvoir que Jason de Phères avait un instant voulu saisir.

X. MACÉDONIENS ET GRECS, SOUS PHILIPPE ET ALEXANDRE.

1. RÈGNE DE PHILIPPE. — DÉMOSTHÈNE. — PUISSANCE DE LA MACÉDOINE. — 2. EXPÉDITION D'ALEXANDRE; CONQUÊTE DE L'EMPIRE DES PERSES. — 3. DÉMEMBREMENT DE L'EMPIRE D'ALEXANDRE; PARTAGE ENTRE SES GÉNÉRAUX. — 4. BATAILLE D'IPSUS.

1. Règne de Philippe. — Démosthène. — Puissance de la Macédoine.

La Macédoine, vaste région au nord de la Thessalie et de la mer Égée, avait eu de bonne heure des rois, mais qui, entourés par des peuples barbares et guerriers, dominés souvent par une aristocratie puissante, n'avaient jamais joué un rôle remarquable. Un d'eux, Alexandre, avait paru dans les guerres médiques comme allié contraint de Xerxès, mais en donnant aux Grecs d'utiles avis et en obtenant d'eux, en retour, la reconnaissance de son origine argienne et de sa descendance d'Hercule. Lorsque Philippe, le père d'Alexandre le Grand, monta sur le trône, en 363, la Macédoine semblait dans une situation désespérée. Quatre rois venaient de se succéder en onze ans sur le trône; le dernier, Amyntas IV, en avait été renversé, et il avait fallu subir la honte de payer un tribut aux Illyriens. Thèbes, Athènes intervenaient sans cesse et ne faisaient qu'augmenter le chaos. Un de ces princes avait consenti à envoyer à Thèbes son jeune frère Philippe en otage. Celui-ci, élevé dans la maison d'Épaminondas, vit comment le génie d'un homme pouvait sauver une nation. Cet exemple ne fut pas perdu pour lui. A l'avénement du jeune Amyntas IV, son neveu. Philippe s'échappa de Thèbes et vint saisir, avec le titre de régent, les rênes du gouvernement. Les Illyriens, les Péoniens désolaient la Macédoine; deux compétiteurs, Pausanias, aidé des Thraces, Argée, soutenu par Athènes, se disputaient la couronne. Deux années suffisent à Philippe pour délivrer le royaume. D'abord il rétablit la paix intérieure et se fait décerner le titre de roi que son pupille est incapable de porter. Puis il bat Argée, à l'aide de la phalange, qu'il a organisée d'après les idées d'Épaminondas, et il achète la paix d'Athènes en reconnaissant la liberté d'Amphipolis. Il ruine le parti de Pausanias en trouvant moyen de faire la paix avec les Thraces, et libre alors de tourner ses armes contre les barbares, il bat les Péoniens et les Illyriens, et rend enfin à la Macédoine ses frontières naturelles (358).

La Macédoine était délivrée, il veut l'agrandir. Les colonies grecques établies sur ses côtes l'empêchent de toucher à la mer et d'avoir une marine; il les prendra les unes après les autres. D'abord il neutralise la puissance d'Olynthe, dans la Chalcidique, en lui donnant Potidée, dont il s'est emparé; puis il enlève Amphipolis, qu'Athènes, trompée par ses promesses, ne peut secourir, et il achève la conquête du pays, entre le Nestus et le Strymon, où il trouve des bois de construction pour la marine et les mines d'or du mont Pangée, qui lui fournissent un revenu annuel de mille talents. Il pousse même plus avant et pénètre en Thrace, soumet une partie des Odryses, et songe déjà à mettre la main sur Byzance. Pour accomplir ses projets contre les colonies de la Chalcidique, il a besoin d'inquiéter Athènes d'un autre côté. Dès l'an 357 il se mêle aux affaires de la Thessalie. Il chasse les tyrans de Phères (356), mais ceux-ci trouvent appui dans les Phocidiens qui, condamnés par les Amphictyons pour avoir labouré un champ sacré, comme Sparte l'a été pour avoir surpris, quelques années auparavant, la Cadmée, ont pillé le trésor de Delphes et commencé (depuis 357), avec l'aide des Spartiates, la guerre sacrée contre les Thébains et les Locriens. Philippe les attaque et remporte sur leur chef Onomarchus, frère et successeur de Philomèle, une victoire décisive (352). Il apparaît alors comme le libérateur de la Thessalie et le vengeur des dieux offensés par le sacrilège des Phocidiens. La reconnaissance des Thessaliens lui livre trois de leurs villes, où il met garnison, et la Thessalie n'est bientôt plus qu'une province macédonienne. Il veut aller plus loin et s'emparer des Thermopyles; mais les Athéniens, par leur vigilance, firent échouer une première fois ce projet, comme ils avaient déjà fait échouer une tentative sur Byzance et une autre sur l'Eubée [illegible].

Seuls alors, en effet, les Athéniens veillaient pour la Grèce, guidés par un grand citoyen, Démosthène, le prince des orateurs grecs et qui employa sa nerveuse éloquence à dévoiler sans relâche les desseins ambitieux du roi de Macédoine. Mais ses Philippiques, ses Olynthiennes ne purent déjouer la ruse appuyée de la force. Olynthe même, que Démosthène avait voulu sauver, tomba, et avec elle la barrière qui gênait le plus la Macédoine (348). Athènes, menacée maintenant dans l'Eubée et jusque dans l'Attique où un débarquement de troupes macédoniennes vint renverser les trophées de Marathon et de Salamine, signa une paix conseillée par Démosthène lui-même, et qu'il alla négocier avec le roi. Pendant qu'Athènes, sur la foi de ce traité, s'abandonne aux fêtes, Philippe franchit les Thermopyles, accable les Phocidiens et se fait donner la voix qu'ils avaient dans le conseil amphictyonique (346). Ce pas était décisif. Philippe, devenu membre du corps hellénique, pouvait faire parler le conseil amphictyonique selon ses intérêts et s'en faire un instrument d'oppression. Toutefois, comme il savait attendre, il s'arrêta presque aussitôt, pour éviter quelque désespoir dangereux, et tourna ses pas vers la Thrace où il voulait se saisir des colonies grecques établies sur l'Hellespont, mais Phocion les sauva, et vers le Danube, qu'il donna pour bornes à son royaume. Pendant qu'il était si loin des Thermopyles, ses agents travaillaient pour lui en Grèce, et Eschine lui faisait décerner la direction d'une nouvelle guerre sacrée contre les Locriens. Il entra alors une seconde fois en Grèce (338) et s'empara d'Élatée. Aussitôt Démosthène éclata et réunit Athènes et Thèbes pour un suprême effort. La liberté grecque vint mourir à Chéronée (338); Démosthène y combattit. Philippe s'honora par la modération dont il usa envers les vaincus; et, pour légitimer cette domination sur la Grèce, il se fit nommer par les Amphictyons, généralissime des Grecs contre les Perses. Il allait recommencer l'expédition d'Agésilas, mais avec de bien autres ressources. La Macédoine, en effet, était maintenant un puissant État, s'étendant des Thermopyles au Danube, et des bords de l'Adriatique jusqu'à la mer Noire. Son gouvernement intérieur, maintenant absolu, ne redoutait ni troubles, ni prétendants au trône. La noblesse, cause de tous les désordres antérieurs, avait été gagnée par la gloire du monarque, par les honneurs et les commandements, et contenue par les ôtages qu'elle avait dû livrer; la garde du prince étant formée de tous les jeunes nobles. La Macédoine, devenue puissance conquérante, devait se soumettre et se soumit à la discipline militaire.

Philippe fut malheureusement arrêté par la mort au milieu de ses projets. Pausanias l'assassina à Égée, plutôt sans doute à l'instigation des Perses, qu'à celle de sa femme, l'impérieuse Olympias (336).

2 Expédition d'Alexandre; conquête de l'empire des Perses.

De grands mouvements éclatèrent dans la Grèce et les pays conquis à la nouvelle que Philippe était mort laissant pour héritier un jeune homme de vingt ans. Alexandre avait cet âge. Il arme aussitôt sa noblesse, fait une rapide et décisive invasion en Thrace, et en moins d'un an défait les Triballes, les Péoniens et les Gètes. Au bruit du soulèvement des Grecs il repasse l'Ister et le mont Hœmus, traverse en six jours la Macédoine, la Thessalie, et arrive aux Thermopyles. « Démosthène m'appelait enfant, disait-il, lorsque j'étais en Illyrie, jeune homme lorsque j'arrivai en Thessalie; je veux lui montrer au pied des murs d'Athènes que je suis un homme. » Il n'alla pas plus loin que Thèbes. Cette ville prise, 6000 de ses habitants tués et 30 000 vendus, épouvantent les Grecs qui, à Corinthe, déclarent Alexandre généralissime et lui offrent des secours pour l'aider à envahir l'Asie. Il laisse Antipater en Macédoine pour maintenir le repos de la Grèce, et, partageant entre ses amis son patrimoine sans garder autre chose que l'espérance, il franchit l'Hellespont et prend terre le premier sur la côte d'Asie avec 30 000 fantassins et 4 500 cavaliers. Il défait au Granique 110 000 Perses, et se dirige aussitôt vers Sardes, tandis que Parménion s'empare de Dascylium sur la Propontide. Sardes, Éphèse, Milet, Halicarnasse se soumettent ou sont enlevées de vive force. Alexandre rétablit partout le gouvernement démocratique, par là il détruisait l'influence du Rhodien Memnon, général persan, qui avait d'intimes relations avec les aristocraties de toutes ces villes. D'autre part, en s'emparant ainsi des cités maritimes, il empêchait Darius de faire en Grèce de nouvelles levées; car il s'était aperçu au passage du Granique que les plus grands obstacles lui viendraient des Grecs mercenaires servant dans les armées du grand roi. Dans la Carie, la reine Ada, que son propre frère avait chassée du trône, y est rétablie par Alexandre qu'elle adopte pour son fils. Continuant de longer la mer pour enceindre les provinces persanes comme d'un cercle de villes ennemies, il passe en Lycie, en Pamphylie, enlevant toutes les places qu'il trouve sur son passage. De Perga, capitale de la Pamphylie, il remonte vers la Phrygie et arrive à Gordium où il coupe le nœud gordien et accomplit ainsi l'oracle qui doit lui assurer l'empire de l'Asie. A Ancyre il rencontre les députés paphlagoniens qui se soumettent; il descend de là en longeant la Cappadoce à Tarse en Cilicie, bat Darius à Issus, entre deux gorges de montagnes, et, continuant le système qu'il a adopté dès le commencement de la campagne, il traverse la Cœle-Syrie, reçoit de Straton, prince d'Aradus, plusieurs villes phéniciennes, s'empare de Tyr après un siège de sept mois, enlève Gaza qu'il repeuple et dont il fait une place d'armes et arrive à Peluse. Tandis que sa flotte remonte le Nil, il atteint avec son armée Héliopolis et Memphis où il sacrifie aux dieux égyptiens, redescend par la branche occidentale du Delta, arrive à Canope, fonde Alexandrie, va consulter dans les déserts l'oracle d'Ammon, et ayant ainsi enlevé à Darius toutes les parties maritimes de son empire qui regardent la Grèce, il se remet enfin à la poursuite de ce prince.

Il traverse de nouveau la Palestine et la Syrie, et se dirige droit vers Thapsaque qui doit lui livrer le passage de l'Euphrate. A son approche les Perses effrayés s'enfuient derrière le Tigre. Alexandre y conduit son armée sans retard, car il presse maintenant les Perses avec autant de vigueur qu'il en a mis jusqu'à présent à leur enlever leurs provinces maritimes. Il passe le Tigre sans obstacle comme il a déjà passé l'Euphrate et atteint enfin Darius dans la plaine de Gaugamèles ou d'Arbelles (331). Darius vaincu se remet à fuir. Alexandre sûr maintenant qu'aucune armée du roi de Perse ne pourra tenir tête à ses Macédoniens, laisse fuir ce prince et descend à Babylone où il sacrifie à Bélus dont il relève le temple renversé par Xerxès; puis il court occuper les autres capitales de l'empire : Suze où il trouve d'immenses richesses, Pasargade le sanctuaire de la Perse et qu'il ne détruit pas par un incendie comme le dit Q. Curce, puisqu'on voit peu de temps après sa mort le satrape Peuceste y sacrifier aux mânes de Philippe et d'Alexandre; d'ailleurs l'incendie de Persépolis annonçait à tout l'Orient qu'un nouveau conquérant était venu s'asseoir sur le trône de Cyrus. Entre Suze et Pasargade, Alexandre et ses généraux avaient eu à soumettre plusieurs peuplades de montagnards, les Cosséens, les Uxiens qui firent quelque résistance. A Pasargade il prend la route de la Médie et entre dans Ecbatane. Darius en était parti depuis huit jours. Alexandre se met à sa poursuite, atteint Rhages avec ses troupes légères; mais désespérant de le joindre, il veut, avant d'avancer plus loin, ne laisser aucun ennemi derrière lui; il entre dans l'Hyrcanie et la Parthiène où il apprend que Darius est prisonnier entre les mains de trois satrapes; il marche aussitôt contre eux. Retardé dans sa fuite par le soin de garder son prisonnier, Bessus le tue et laisse son cadavre entre les mains d'Alexandre qui le fait ensevelir dans le tombeau des rois de Perse. Bessus pouvait dans la Bactriane et la Sogdiane établir un centre de résistance, mais Alexandre ne lui laisse pas le temps de s'y fortifier, il le poursuit avec une effrayante rapidité à travers l'Arie, l'Arachosie et la Bactriane. Enfin il arrive au bord de l'Oxus, derrière lequel Bessus s'était retiré. Ce satrape lui est livré; un conseil de Mèdes et de Perses l'abandonne au frère de Darius qui lui fait souffrir mille tourments.

Alexandre passe l'hiver dans ces régions, reçoit à Maracande une ambassade de Scythes et gagne le Iaxartes où il veut fonder une ville. Les Scythes et les Sogdiens qui lui ferment le passage sont battus. Gaza, Cyropolis et cinq autres villes sont emportées. La nouvelle Alexandrie, bâtie à la vue d'une armée scythe, est peuplée de grecs mercenaires, de barbares voisins et de soldats invalides. Pendant qu'Alexandre poursuit un satrape rebelle, Spitamène, les Scythes font essuyer un échec à son armée, mais il les repousse jusque dans leur pays. Ramené en arrière par le soulèvement de la Sogdiane, il ordonne à Éphestion de conduire des colonies dans les villes de cette province. Les Scythes ne craignent pas de venir assiéger Bactres et font même Python prisonnier; passé par les généraux macédoniens ils reculent devant eux, et à l'approche d'Alexandre ils sauvent leur pays du pillage en lui envoyant la tête de Spitamène, complice de Bessus, et qui succédait aux desseins de ce satrape ambitieux. Pour achever la soumission de la Sogdiane, Alexandre s'empare de Pétra et y trouve la famille d'un seigneur persan dont il épouse la fille Roxane; cette alliance assure le repos de ces contrées. C'est après cette guerre difficile et dangereuse contre les Scythes qu'arriva la mort de Clitus (327); celle de Callisthène suivit de près. Elles avaient été précédées en 330 par la condamnation et le supplice de Philotas et de son père Parménion, à la suite d'une conspiration qu'ils n'avaient point révélée. Le soulèvement de la Grèce à la même époque, comprimé par Antipater, en montrant à Alexandre les dangers qui l'entouraient, l'avait un instant rendu cruel.

De Bactres, Alexandre part pour le Paropamisus et s'arrête à Alexandrie où il dépose le gouverneur envoyé par lui à cause de sa négligence. De cette ville il se rend à Nicée, rencontre Taxile sur les rives du Cophès et divise son armée en deux corps, l'un sous Perdiccas et Éphestion doit soumettre la Peucélaotide; avec l'autre il prend plusieurs villes où il laisse des garnisons, passe l'Indus après avoir abattu, dit Arrien, une forêt pour construire une flotte, et s'avance contre Porus qu'il bat près de l'Hydaspe. Afin de perpétuer le souvenir du passage de ce fleuve, il fonde Nicée et Bucéphalie; puis il traverse l'Acésines, l'Hydraote, et charge Porus, dont il agrandit les États, de maintenir tout ce pays dans son obéissance. Il veut passer l'Hyphase pour envahir l'Inde; son armée s'y refuse. Il élève alors au bord de ce fleuve douze autels autour desquels il célèbre des jeux. Il repasse l'Hydraote, l'Acésine, descend l'Hydaspe jusqu'à son embouchure dans l'Indus, et celui-ci jusqu'à l'Océan, soumettant toutes les peuplades riveraines, les Malles, les Oxydraques et les Sogdes, et fondant des villes, des chantiers et des ports. Après avoir exploré avec soin les embouchures de l'Indus, il retourne à Babylone par les déserts de la Gédrosie et de la Carmanie où nulle armée n'avait encore pénétré, tandis que Néarque son amiral longeait avec sa flotte le littoral et revenait par le golfe Persique pour tracer la route des Indes au commerce.

Malgré les recrues nombreuses que lui avaient envoyées la Macédoine et la Grèce, Alexandre n'aurait pu fonder tant de villes et maintenir ses sujets dans l'obéissance, s'il n'avait usé envers les vaincus d'une sage politique, sacrifiant à leurs dieux, respectant leurs coutumes, laissant entre les mains des indigènes le gouvernement civil du pays, et s'efforçant d'unir les vaincus et les vainqueurs par des mariages, comme il en donna lui-même l'exemple en épousant Roxane fille de Darius. Les forces militaires restaient seules entre les mains de ses Macédoniens; et il comptait sur la bienfaisante influence du commerce pour créer entre l'orient et l'occident, entre la Grèce et la Perse, des intérêts communs, qui feraient de tant de peuples divers un seul et formidable empire. La mort qui le surprit à Babylone (21 avril 323) arrêta ses grands desseins. Personne après lui n'eut assez de force ni d'autorité pour les reprendre. Près de rendre le dernier soupir, Alexandre avait remis son anneau à Perdiccas. Ses autres lieutenants croyant qu'il voulait le désigner par là pour son successeur, lui demandèrent à qui il laissait sa couronne : « Au plus digne, répondit-il, mais je crains bien qu'on ne me fasse de sanglantes funérailles. » Il n'avait que trente-deux ans et il en avait régné treize.

3. Démembrement de l'empire d'Alexandre; partage entre ses généraux.

Alexandre laissait sa femme Roxane enceinte d'un fils qui naquit trois mois après, Alexandre Aigus; il avait un fils naturel, Hercule; un frère bâtard, l'imbécile Arrhidée; deux sœurs, Cléopâtre et Thessalonice; sa mère Olympias vivait encore. Arrhidée et Alexandre Aigus furent, après de longs débats, proclamés rois tous deux sous la régence de trois généraux : Perdiccas, Léonnat et Méléagre. Dans les possessions d'Europe, Antipater garda le commandement de l'armée, Cratère eut la direction des affaires civiles. Cette autorité divisée se tourna bientôt contre elle-même, et pendant vingt-deux années l'empire d'Alexandre fut agité par de continuelles convulsions qui coûtèrent la vie à tous les siens et à la plupart de ses généraux. Au milieu de ces désordres, provoqués par des ambitions personnelles, quelques intérêts généraux se produisirent, qui à la fin prévalurent et se firent reconnaître à la bataille d'Ipsus. Ce fut le démembrement de l'empire dans le sens des grandes nationalités qui se constituèrent alors, Égypte, Syrie, Asie Mineure et Macédoine.

Perdiccas, qui voulait être seul régent, fit d'abord assassiner son collègue Méléagre, puis partagea les gouvernements entre les généraux, sans en prendre un pour lui-même, afin de paraître conserver sur tous la suprématie; Ptolémée, fils de Lagus, obtint ainsi l'Égypte; Léonnat, la Mysie; Antigone, la Phrygie, la Lycie et la Pamphylie; Lysimaque, la Thrace; Antipater et Cratère, la Macédoine; Eumène, la Cappadoce, qu'il dut conquérir; Laomédon, la Syrie; Pithon, la Médée; Peuceste, la Perside.

Une première révolte éclata dans la haute Asie, où 23 000 Grecs, qu'Alexandre y avait établis comme colons, voulurent revenir dans leur patrie; Pithon les fait massacrer. Dans l'Asie Mineure, Ariarathe défend la Cappadoce contre Eumène; Antigone refuse d'aider ce parvenu étranger à se mettre en possession de son gouvernement. Perdiccas est forcé de le soutenir avec l'armée royale; lui-même il veut épouser Cléopâtre, sœur d'Alexandre, mais Eurydice femme d'Arrhidée combat ses projets ambitieux. Il semble pourtant près de réussir, et l'armée royale marche sous ses ordres contre Ptolémée, tandis qu'Eumène fera face à Antipater et à Cratère, auprès desquels Antigone proscrit s'est réfugié. Mais Perdiccas est massacré par ses soldats au passage du Nil, et sa mort rend inutile la victoire qu'Eumène remporte sur Cratère (320). Antipater se saisit aussitôt de la régence, et proscrit Eumène, dont les possessions sont données à Antigone. Mais le régent meurt, et lègue son titre au vieux Polysperchon (320). Antigone, qui songe déjà à le déposséder, essaye vainement de gagner Eumène à ses desseins. Celui-ci, nommé chef de l'armée royale, tente de se maintenir dans l'Asie Mineure. La défaite de la flotte royale lui ôtant l'empire de la mer, il va rejoindre dans la haute Asie les satrapes armés contre Séleucus de Babylone. Antigone l'y poursuit (317) et Eumène, après d'éclatants exploits, lui est livré par ses propres troupes. Antigone le fait mettre à mort; la maison royale perd avec lui le seul défenseur sur qui elle peut compter (315).

Cette famille d'ailleurs se décimait elle-même, comme les généraux se décimaient entre eux. Olympias alliée au régent Polysperchon avait fait mourir Arrhidée et sa femme Eurydice, comme Roxane avait déjà fait tuer Statira, une des femmes d'Alexandre; mais assiégée elle-même dans Pydna par Cassandre, fils de l'ancien régent Antipater et le rival de Polysperchon, Olympias fut prise et mise à mort (315). Cassandre, maître déjà de Roxane et de son fils Alexandre Aigus, épousa Thessalonique, la seconde sœur du conquérant, et fonda ainsi ses prétentions à son héritage. La Macédoine, la Thessalie et la plus grande partie de la Grèce lui obéissaient. Athènes, qui s'était crue libre un instant, avait été forcée de faire boire la ciguë à Phocion (318), et de recevoir Démétrius de Phalère qui l'administra dix ans avec sagesse. Quatre années plus tôt c'était Démosthène qui, après avoir organisé la guerre lamiaque où périt Léonnat, avait, après la défaite de Cranon et la prise d'Athènes par Antipater, pris lui-même du poison dans l'île de Calaurie, mourant, comme il avait vécu, pour la liberté.

La mort d'Eumène laissait toute l'Asie à Antigone. Séleucus, gouverneur de Babylone, la lui céda sans combat, et se réfugia en Égypte auprès de Ptolémée qu'il poussa à la guerre, en même temps que Lysimaque dans l'Asie Mineure, et Cassandre en Europe, avançaient contre celui qui prétendait réunir tout l'empire d'Alexandre. Antigone et son fils Démétrius firent tête à cette ligue redoutable. Mais la victoire de Ptolémée sur Démétrius à Gaza en 312, et les progrès de Séleucus rentré dans Babylone amenèrent la paix de 311.

4. Bataille d'Ipsus.

La paix de l'an 311 conservait à chacun ce qu'il possédait et promettait le trône de Macédoine à Alexandre Aigus. Cette promesse coûta la vie au malheureux prince; Cassandre qui eût été par là dépouillé le fit tuer avec sa mère (310). Polysperchon, maître de Sicyone et de Corinthe, en usa de même avec Hercule, autre fils d'Alexandre, et Cléopâtre, sœur du conquérant, périt en même temps par ordre d'Antigone qui voulait enlever à Ptolémée, candidat à sa main, les avantages qu'il eût trouvés dans ce mariage. Le traité stipulait aussi la liberté des villes grecques; aucun des rivaux ne voulut accomplir cet article, tout en exigeant de ses adversaires qu'ils l'exécutassent. Antigone, qui devait y gagner le plus, envoya son fils délivrer Athènes, d'où il chassa Démétrius de Phalère, et où il rétablit la démocratie (308). L'année suivante, le même Démétrius détruisit, près de Chypre, la flotte égyptienne, et prit le titre de roi, dont se décorèrent aussitôt tous les prétendants. Une expédition qu'il dirigea par terre contre Ptolémée échoua complètement; il ne fut pas plus heureux au siége de Rhodes, vaillamment défendue, quoique habilement attaquée, et il fut contraint de courir en Grèce pour y arrêter les progrès de Cassandre. Il chassa ses garnisons du Péloponèse et de l'Attique, et se fit donner le titre qu'avaient porté Philippe et Alexandre, de généralissime des Grecs. Mais Cassandre, Ptolémée, Lysimaque et Séleucus, qui revenait d'une expédition dans l'Inde, chargé de gloire et de butin, formèrent une nouvelle ligue contre Antigone. Il perdit à Ipsus la couronne et la vie (301). Cette bataille décida que l'empire d'Alexandre serait irrévocablement partagé. Trois grands États se formèrent de ses débris, Syrie, Égypte, Macédoine et le royaume éphémère de Lysimaque (Thrace et Asie Mineure jusqu'au Taurus), qui ne survécut pas à son fondateur tué par Séleucus en 282.

XI. MACÉDOINE ET GRÈCE,

DEPUIS LA BATAILLE D'IPSUS JUSQU'À LA CONQUÊTE ROMAINE.

1. PHILIPPE III ET PERSÉE. — 2. LIGUES ÉTOLIENNE ET ACHÉENNE; ARATUS ET PHILOPÉMEN.

1. Philippe III et Persée.

La bataille d'Ipsus laissait la Macédoine à Cassandre qui mourut en 298; son fils aîné Philippe ne lui survécut que peu de mois; des deux autres, Antipater et Alexandre, l'un tua sa mère Thessalonice, et se réfugia à la cour de Lysimaque, où il mourut bientôt: l'autre fut tué par Démétrius Poliorcètes qui s'était retiré en Grèce après la mort de son père Antigone, et que l'armée proclama roi (294). Démétrius, maître alors de la Macédoine et de la plus grande partie de la Grèce, fatigua ses sujets par des guerres continuelles contre Pyrrhus, roi d'Épire, et contre Lysimaque, et par ses efforts pour reconquérir l'Asie où il possédait la Cilicie. Défait par Séleucus (286), il fut retenu dans une douce captivité jusqu'à sa mort (284). Pyrrhus et Lysimaque se disputèrent alors la Macédoine, qui resta d'abord au second, et la Grèce profita de ces discordes pour s'affranchir. La mort de Lysimaque à Cyropédion (282), celle du vainqueur assassiné (281) par Ptolémée Céraunus, qui s'empara de la Macédoine; enfin l'invasion des Gaulois qui, en 279, tuèrent Ptolémée, puis Sosthènes, et inondèrent la Macédoine et la Grèce jusqu'à Delphes, où ils furent arrêtés par une levée en masse des Grecs (278), jetèrent le royaume dans la plus affreuse anarchie. Antigone de Goni, fils de Démétrius, en profita pour remonter sur le trône de Macédoine, extermina les bandes gauloises, dont les débris passèrent en Asie où elles fondèrent les tétrarchies des Galates, et, renversé par Pyrrhus, recouvra le trône après la mort de ce prince aventureux (272). Dès lors il en resta maître jusqu'à sa mort, et le légua à ses descendants qui, dès qu'ils n'eurent plus de rivaux à redouter, songèrent à replacer la Grèce sous leur joug. La prise de Corinthe en 25[illegible] sembla promettre à Antigone un succès certain, mais la formation des ligues étolienne et achéenne trompa ses espérances. Démétrius II, Antigone Doson, qui vainquit le roi de Sparte Cléomène, à Sellasie (222) et Philippe III, son successeur, usèrent leurs forces dans cette lutte qui, en face de la puissance croissante de Rome, devenait chaque jour plus imprudente. Quand les Romains eurent, par la conquête de l'Illyrie, pris pied sur le continent grec, Philippe essaya de les jeter à la mer, et il fit, avec Annibal (215), un traité qui devait lui assurer la libre possession de la Grèce; mais le sénat le prévint. Valérius le vainquit sur les bords de l'Aoüs et le força à regagner précipitamment son royaume; puis, profitant des inimitiés que son ambition et ses crimes (meurtre d'Aratus) avaient soulevées en Grèce, le sénat se déclara le protecteur des peuples menacés par lui, et lui imposa une paix désavantageuse. Philippe eut l'imprudence de provoquer Rome, débarrassée d'Annibal, en attaquant Athènes. Aussitôt le sénat lui déclare la guerre (200) et un consul pénètre jusque dans la Dassarétie. Le second consul perd une année dans l'inaction, mais le troisième, Flamininus, le chasse d'une forte position sur l'Aoüs, le poursuit en Thessalie, détache de sa cause les alliés grecs, et vient enfin écraser la phalange à Cynoscéphales (197). Philippe renfermé dans son royaume y fut abreuvé d'humiliations, et prépara en secret une nouvelle guerre que son fils Persée soutint. Celui-là ne combattait plus pour faire des conquêtes, mais pour défendre l'indépendance de la Macédoine; les vœux du monde étaient pour lui, nul pourtant n'osa l'aider : il succomba. La journée de Pydna livra à Paul Émile la Macédoine, dont le roi fut traîné en triomphe à Rome (168); son fils devint greffier dans la ville d'Albe! Ce ne fut qu'en 146 que la Macédoine fut réduite en province romaine, après la vaine tentative d'un aventurier Andriscus pour la faire remonter au rang des nations.

2. Ligues étolienne et achéenne : Aratus et Philopœmen.

Les villes grecques soutenues par Ptolémée Soter avaient profité des troubles de la Macédoine, de 287 à 276, pour recouvrer, presque toutes, leur liberté, que Pyrrhus menaça en vain. Sa mort à Argos assura leur indépendance. Antigone de Goni chercha à les replacer sous le joug, et favorisa partout l'élévation des tyrans. Sparte qui lutte contre lui est accablée par deux défaites (264), et la Grèce semble prête à retomber sous le joug : mais un banni, Aratus, délivre Sicyone de son tyran (252), l'associe à l'antique confédération des douze villes de l'Achaïe, qu'il réforme et qu'il projette d'étendre sur tout le Péloponèse. Il réussit en effet à affranchir Corinthe, Mégare, Trézène, Épidaure et Mégalopolis qu'il unit à la ligue, et en 237 Démétrius II menaçant les Étoliens, il secourt ce peuple qui a également réuni toutes ses tribus en une confédération animée d'un esprit plus militaire et plus ambitieux que les Achéens. Grâce à cette intervention, les deux ligues font alliance, et une barrière formidable s'élève devant l'ambition de la Macédoine. Aratus continue son œuvre patriotique. De 233 à 229 il délivre Athènes, Argos, Hermione, Mantinée, Égée, Orchomène. La ligue achéenne va ainsi embrasser la Grèce entière. C'est alors que Sparte se relève par une réforme inattendue. Agis, mis à mort pour avoir voulu faire revivre les lois de Lycurgue, a un vengeur dans Cléomène, qui tue les éphores, met les biens en commun, rétablit les repas publics, et forme avec des étrangers un nouveau peuple spartiate. Sparte, retrempée par cette révolution énergique, reprend son esprit guerrier, et entre aussitôt en lutte avec les Achéens pour leur disputer la prépondérance dans le Péloponèse. Aratus, bon politique mais mauvais général, est plusieurs fois battu par Cléomène et contraint d'implorer l'assistance d'Antigone Doson qui bat Cléomène à Sellasie (222). Sparte était annulée et les Achéens mis dans la dépendance de la Macédoine; mais la mort d'Antigone et l'activité ambitieuse des Étoliens changent la face des choses. Unis aux Spartiates les Étoliens dévastent l'Achaïe qui, n'ayant d'espoir que dans Philippe de Macédoine, tombe de plus en plus dans sa dépendance. Philippe bat les alliés, tout fléchit devant lui; c'est alors que Rome intervient. Les violences de Philippe, le meurtre d'Aratus empoisonné par lui, donnent aux Romains de nombreux alliés, et les Étoliens contribuent puissamment au gain de la bataille de Cynoscéphales. Rome les récompense en proclamant que tous les Grecs sont libres (196). Mais les Étoliens ne se croyant pas assez payés de leurs services appellent Antiochus. La victoire des Thermopyles le rejette en Asie (191), et les Étoliens, restés seuls exposés à la vengeance du sénat, sont cruellement traités.

Les Achéens avaient à leur tête un digne successeur d'Aratus, Philopémen de Mégalopolis, excellent général et le dernier des grands citoyens de la Grèce. Sentant la supériorité des forces de Rome, il n'essaya pas de lutter contre elle; tous ses efforts tendirent à reculer le moment d'une ruine inévitable. Sparte tombée aux mains des tyrans était un foyer d'intrigues et de guerre contre la ligue achéenne; Philopémen tua de sa main, dans une bataille, le tyran Machanidas, força son successeur Nabis à lever le *siége* de Messène, et bientôt entrant dans Sparte en vainqueur l'agrégea à la ligue. Ce n'était pas le compte de Rome que le Péloponèse tout entier ne formât qu'une seule cité. Ses envoyés poussèrent Messène à la révolte; Philopémen marchant contre elle, tomba de cheval, fut pris et condamné à boire la ciguë (183). Durant la guerre contre Persée les Achéens firent pour lui des vœux secrets dont Rome leur demanda compte. Mille de leurs meilleurs citoyens furent déportés en Italie (168). Quand on leur rendit, 17 ans après, la liberté, ils rapportèrent dans leur patrie une haine imprudente. Le sénat ayant déclaré que Corinthe, Sparte et Argos cesseraient de faire partie de la ligue, les Achéens saisirent les armes, et vinrent livrer à Leucopétra, près de Corinthe, la dernière bataille de la liberté (146). Corinthe fut prise et brûlée, et la Grèce fut réduite en province sous le nom d'*Achaïe*.

XII. SYRIE,

DEPUIS LA BATAILLE D'IPSUS JUSQU'A LA CONQUÊTE ROMAINE.

1. EMPIRES DES SÉLEUCIDES; LES PARTHES. — 2. ANTIOCHUS LE GRAND ET LES ROMAINS.

1. Empire des Séleucides; les Parthes.

La bataille d'Ipsus avait donné à Séleucus la Cappadoce, l'Arménie, la Syrie et la Mésopotamie, qu'il réunit aux provinces possédées déjà par lui, de l'Euphrate à l'Indus et à l'Oxus. Des soins habiles, la fondation de Séleucie et d'Antioche, la division du royaume en soixante-douze satrapies, de nouveaux débouchés ouverts au commerce avec l'Orient par l'Oxus et les autres fleuves, rendirent son empire florissant. Cette prospérité ne fut guère que deux fois troublée par l'attaque imprudente de Démétrius, qui osa réclamer les provinces possédées autrefois par son père Antigone, et par celle de Lysimaque, que Séleucus vainquit à Cyropédion (282). L'Asie Mineure, la Thrace et la Macédoine furent le prix de la victoire. Mais sept mois plus tard, Séleucus tombait sous le poignard de Ptolémée Céraunus (281).

Antiochus Ier Soter (281-262), loin de venger la mort de son père, céda à son meurtrier la Macédoine, et lui donna en mariage sa propre tante, veuve de Lysimaque. Peu après un de ses généraux fut battu par le roi de Bithynie. Lorsqu'il voulut se venger il se trouva en face des Gaulois, appelés par Nicomède. Vaincu d'abord, puis victorieux, il ne put néanmoins les empêcher de s'établir en Galatie. Antiochus ne fut pas plus heureux en Égypte : Ptolémée Philadelphe brava toutes ses menaces. Plus tard Antiochus II (262-247), surnommé Théos par les Milésiens qu'il avait délivrés de la servitude, reprit les projets de son père contre l'Égypte et fut vaincu. Deux royaumes, celui des Bactriens et des Parthes, s'élevèrent dans ses provinces orientales. Les Parthes, peuple grossier mais brave, surtout excellents cavaliers, vivaient en petites tribus dans les steppes arides et montueuses qui s'étendent entre l'Hyrcanie et la Médie. Arsace, un de leurs chefs, sut faire parmi ces barbares la révolution que Cyrus, avait autrefois accomplie parmi les Perses. Il réunit toutes leurs tribus, et en 255 secoua le joug du faible Antiochus II, en même temps qu'un gouverneur macédonien révolté fondait le royaume de Bactriane.

Séleucus II (247-227), fut surnommé Callinicus, c'est-à-dire le victorieux, quoiqu'il ait été souvent vaincu, surtout par Ptolémée III Évergète, qui avait déjà franchi l'Euphrate, lorsque des troubles le rappelèrent en Égypte. Séleucus fut plus heureux contre son frère Antiochus Hiérax qui s'était révolté; mais ses efforts contre les rois de Pergame et de Bactriane furent impuissants, et il mourut prisonnier d'Arsace. Son fils aîné Séleucus III (227-224), surnommé Céraunus (le foudre), périt par le poison après trois ans de règne, au moment où il s'occupait des préparatifs d'une expédition contre Attale, roi de Pergame, maître alors d'une partie considérable de l'Asie Mineure.

2. Antiochus le Grand et les Romains.

Séleucus laissa le trône à Antiochus III (224-187), qui dut sans doute le surnom de Grand à la faiblesse des princes qui l'avaient précédé, et aussi à une activité qu'ils n'avaient pas montrée. Il eut d'abord à soumettre le Carien Hermias, puis la Médie et la Perse, soulevées par Molus et Alexandre. Battu à Raphia au moment où il espérait enlever la Syrie aux Ptolémées, il renversa, avec l'aide d'Attale, Achéus qui s'était révolté dans l'Asie-Mineure (216). Ce succès l'encouragea à attaquer le Parthe Arsace III et le roi de Bactriane, mais il fut obligé de leur laisser ce qu'ils possédaient. De retour d'une expédition dans l'Inde, il s'unit avec Philippe de Macédoine pour attaquer de nouveau les Ptolémées. La Syrie était conquise, l'Égypte envahie, lorsque les Romains intervinrent. Forcé de rentrer dans ses États, il fit la conquête de la Chersonèse de Thrace; puis, poussé par les conseils d'Annibal, il provoqua les Romains. Battu aux Thermopyles (191), il repassa le Bosphore, et l'année suivante L. Scipion détruisait son armée près de Magnésie. Pour obtenir la paix il abandonna toute l'Asie en deçà du mont Taurus, et se soumit à un tribut qu'il ne put payer qu'en pillant les temples. Ses sujets révoltés le tuèrent.

Séleucus IV Philopator (187-176) voulut soutenir Pharnace, roi de Pont, contre Eumène II, roi de Pergame; mais Rome lui ordonna de déposer les armes. Il périt victime de l'ambition de son ministre Héliodore. Antiochus IV Épiphane (176-164) déclara la guerre à Ptolémée

Philométor et s'empara de presque toute l'Égypte. Une seconde expédition, entreprise quelque temps après, fut arrêtée par Popilius, qui lui commanda au nom de Rome de renoncer à son entreprise. Ses violences contre les Juifs amenèrent la révolte conduite par les Machabées, qui battirent tous ses généraux. Antiochus V (164-161), son second fils, gouverna sous la tutelle de Lysias et de Philippe, jusqu'à ce que Démétrius, arrivé de Rome, les eut fait assassiner. Démétrius Ier, surnommé Soter (161-150), vassal docile des Romains, perdit la vie dans une bataille contre les partisans de l'imposteur Bala. Il n'y a plus depuis ce moment que de sanglantes tragédies qui justifient d'avance la domination de Rome. Démétrius II, renversé par Antiochus VI, que Diodote égorge (143), est ramené (130) par les Parthes. Les derniers des Séleucides sont réduits à un coin de la Syrie, car les Juifs soutenus par Rome, se sont rendus indépendants, et les Parthes sont arrivés jusqu'à l'Euphrate. Tyr, Sidon, Ptolémaïs, Gaza profitent de ces désordres pour se déclarer indépendantes. Fatigués de tant de guerres civiles les Syriens se donnent enfin à Tigrane, roi d'Arménie, qui les gouverne jusqu'au moment où Pompée réduit la Syrie en province romaine (64).

XIII. ÉGYPTE,

SOUS LES LAGIDES.

1. ALEXANDRIE; LA BIBLIOTHÈQUE. — 2. CLÉOPATRE ET LES ROMAINS.

1. Alexandrie; la bibliothèque.

L'Égypte sous Ptolémée fils de Lagus et sous ses premiers successeurs devint non-seulement un État puissant, mais le centre du commerce du monde, et l'asile des lettres et des sciences. Une partie de sa prospérité fut due à Alexandrie, grande ville admirablement bien située, entre le lac Maréotis et la mer, pour être l'intermédiaire entre l'Europe et l'Orient, et où la faveur intelligente des Ptolémées les ressources innombrables de sa riche bibliothèque, rivale de celle de Pergame, attirèrent un nombreux concours de savants et d'écrivains (Callimaque, Théocrite, etc.), dont un certain nombre furent réunis par les rois dans le musée, sorte d'académie ou de monastère scientifique. Le phare construit en avant du port passait pour une des merveilles du monde.

Le premier roi macédonien de l'Égypte, Ptolémée Soter réunit à ce royaume, qu'il sut défendre contre toutes les attaques, parce qu'il sut borner son ambition, la Cyrénaïque, Chypre, la Célésyrie et la Phénicie. Il encouragea les sciences, les lettres, et abdiqua en 284, après avoir fait jouir l'Égypte d'une paix de quarante années, tandis que tout était en feu autour d'elle. Ptolémée II Philadelphe marcha sur les traces de son père, et fit de l'Égypte la première puissance maritime du monde ancien. Il eut deux guerres, l'une contre son frère Magas, gouverneur de Cyrène, l'autre contre Antiochus II, qui ne put parvenir à entamer l'Égypte. Sous Ptolémée III Évergète (246), l'Égypte à son tour devint conquérante. Il pénétra en Asie jusqu'à la Bactriane et en Afrique dans l'intérieur de l'Éthiopie, tandis que ses lieutenants lui soumettaient les côtes de l'Arabie heureuse, et assuraient ainsi la route du commerce avec l'Inde. Il mourut en 221.

2. Cléopâtre et les Romains.

Mais les successeurs de ces trois grands princes ne songèrent qu'à jouir de leurs travaux. Dès lors commencèrent pour eux la vie de sérail et les révolutions de palais. Nous ne ferons que les nommer. Ptolémée IV Philopator (221), tyran plongé dans la débauche et qui cependant fut vainqueur à Raphia, d'Antiochus le Grand. Ptolémée V Épiphane (204), qui fut placé sous la tutelle de Rome, et qui y resta toute sa vie. Ptolémée VI Philométor (181), que Popilius sauva des coups d'Antiochus de Syrie, et qui mérite d'être mis à part dans cette liste de despotes odieux; Ptolémée VIII Physcon, monstre au physique et au moral (145), qui ne se maintint sur le trône que par sa basse servilité envers les Romains; Ptolémée IX Lathurus (116), après lequel régna la plus horrible confusion, les prétendants au trône n'étant plus que les clients de quelque noble Romain, et achetant à Rome soit un tribun, soit un général, comme Ptolémée Aulètes, à qui Gabinius se loua, lui et son armée, pour une solde de seize mille talents. Aulètes, que les Alexandrins avaient chassé, remonta ainsi sur le trône (56), où il ne resta que cinq ans. En mourant, il nomma pour ses successeurs, sous la surveillance du peuple romain, son fils Ptolémée Dionysios, âgé de treize ans, et sa fille Cléopâtre, qui en avait dix-sept. Un mariage devait unir leurs intérêts; mais un ministre de Dionysios chassa Cléopâtre, que César, gagné par ses grâces et son esprit, rétablit sur le trône. Le jeune roi, étant mort dans la guerre d'Alexandrie, Cléopâtre, pour demeurer seule maîtresse du pouvoir, fit tuer un plus jeune frère qui lui restait, et, après le meurtre de César, fit reconnaître pour roi, par les triumvirs, un fils qu'elle avait eu de lui, Césarion. Antoine céda comme César, aux charmes de cette dangereuse sirène, et lui sacrifia son honneur, sa fortune et sa vie. Octave, vainqueur à Actium, pénétra sans peine dans Alexandrie,

La reine, menacée d'être traînée à son triomphe, se fit piquer par un aspic. Octave réduisit l'Égypte en province romaine.

XIV. NOTIONS SOMMAIRES

SUR LES LETTRES, LES SCIENCES ET LES ARTS DANS LA GRÈCE ANCIENNE.

1. Notions sommaires sur les lettres.

La civilisation moderne est l'héritière et la fille de la civilisation des Grecs. Nul peuple n'a tant fait pour les arts et les lettres. Rome elle-même était tributaire d'Athènes et de Corinthe. L'histoire de la littérature grecque peut se diviser en quatre périodes :

1° Jusqu'à la guerre de Troie;
2° Jusqu'à Solon;
3° Jusqu'à Alexandre;
4° Jusqu'au IVe siècle de notre ère.

Première période. Dans la première période on trouve des chantres investis d'un caractère religieux; on les disait pour la plupart fils d'Apollon et des Muses, c'était une manière d'expliquer leur don poétique. Les plus célèbres sont Linus, Musée et surtout Orphée, que la tradition place dans la Thrace, souvenir effacé de l'antique culture de de ce pays. Orphée fut le maître de Musée qui chanta la généalogie des dieux et la guerre des Titans.

Deuxième période. La splendeur à laquelle arrivèrent rapidement les colonies grecques d'Asie Mineure expliquent comment elles devancèrent leurs métropoles dans la poésie. Dans ces villes riches et commerçantes ce n'étaient plus seulement des hymnes religieux qui s'échappaient de la bouche des poëtes, le grand événement qui avait mis aux prises la Grèce et l'Asie, et qui avait eu pour théâtre les pays voisins des colonies grecques fut le principal objet des chants de ces poëtes. Longtemps ils célébrèrent l'un après l'autre les nombreux incidents de la guerre de Troie jusqu'à ce que vint un homme qui, profitant de ces épisodes épars, sut les utiliser et les fondre dans la plus admirable épopée qui ait encore été composée. Cet homme s'appelle Homère, et ce livre, c'est l'*Iliade*. Homère, qui florissait probablement dans le Xe siècle avant J.-C., composa aussi l'*Odyssée*, c'est-à-dire les aventures d'Ulysse cherchant, après la prise de Troie, à retrouver son Ithaque. Les deux poëmes furent longtemps conservés dans la mémoire des Rhapsodes qui allaient par les villes en chanter les divers fragments. Ce ne fut que bien longtemps après, sous les Pisistratides, que ces fragments furent de nouveau réunis et que parurent enfin l'*Iliade* et l'*Odyssée*, tels à peu près que nous les possédons aujourd'hui. D'autres poëtes appelés cycliques composèrent aussi durant cette période des chants religieux. Un seul homme se place à côté d'Homère, c'est Hésiode, l'auteur de la *Théogonie* et du poëme intitulé *Les travaux et les jours*. Il faut citer encore Tyrtée, le poëte des Spartiates.

Troisième période. La troisième période, la plus brillante, celle qui renferme presque tous les chefs-d'œuvre, commence à Solon et finit à Alexandre. Dans cette période, les lettres et les arts ont pour ainsi dire une capitale, Athènes, et un protecteur, le peuple ingénieux qui applaudissait aux chefs-d'œuvre d'Eschyle, de Sophocle et de Phidias. Ici les noms et les genres se pressent; dans la poésie lyrique : il faut nommer Solon Téognis, Phocilide de Milet, Anacréon, Archiloque, surtout Pindare le Thébain qui est resté sans rival dans l'ode. Deux femmes illustrèrent aussi leur nom : Sapho et Corinne. La poésie dramatique est représentée par Eschyle, Sophocle et Euripide qui ont fondé la tragédie, par Aristophane et Ménandre, les deux grands comiques de la Grèce. A l'histoire appartiennent Hérodote, Thucydide et Xénophon. Dans l'éloquence nul ne dépassa Démosthènes; mais tous les grands hommes d'État avaient dû être en même temps orateurs pour séduire ou calmer cette orageuse démocratie. Pisistrate, Thémistocle, Cimon, Alcibiade, Périclès surtout, surent habilement diriger les passions de l'agora. D'autres réduisirent en art ce que ces grands hommes avaient trouvé dans l'inspiration de leur génie. Lysias, Isocrate, Eschine donnèrent les préceptes et l'exemple de l'art de bien dire. Les philosophes se partagent en plusieurs écoles appelées du nom de la résidence de leurs principaux chefs : Écoles d'Ionie, d'Italie et d'Élée, c'étaient celles de Thalès, de Pythagore et de Xénophane. Socrate fonda enfin la philosophie véritable en proclamant que son précepte était : Connais-toi toi-même. Socrate eut d'illustres disciples, Platon et Aristote qui ont créé les deux grands systèmes de philosophie entre lesquels le monde s'est partagé.

Quatrième période. Après le règne d'Alexandre tout décline, c'est le temps des sophistes, des grammairiens et des commentateurs; Athènes cesse d'être la capitale intellectuelle du monde. Ce rôle passe à Alexandrie où nous ne trouvons, au milieu de froids versificateurs comme Lycophron, Callimaque, Apollonius de Rhodes et Aratus, qu'un vrai poëte, Théocrite de Syracuse, créateur d'un genre nouveau, la pastorale, qu'imitent Bion et Moschus. Polybe n'est plus orateur comme Thucydide, mais il écrit l'histoire avec la profondeur de Montesquieu. Diodore de Sicile et Denys d'Halicarnasse n'ont déjà plus que de l'érudition. Flavius Josèphe, Arrien, Dion Cassius, Appien, Hérodien, dans être de grands écrivains nous ont laissé de précieux ouvrages. A la renaissance, qui a lieu au temps des Antonins, appartiennent Plutarque, Lucien, le fabuliste Babrius, le romancier Longus, le géographe Ptolémée et Pausanias (Strabon vivait sous Auguste et Tibère), le médecin Galien, les sophistes Dion Chrysostôme, Hérode Atticus, etc. Cette littérature se relève encore une dernière fois dans les pères de l'Église grecque.

2. Notions sommaires sur les arts et les sciences.

Les Grecs n'ont pas seulement doté le monde des plus beaux chefs-d'œuvre de l'intelligence humaine; c'est à eux que remonte le mouvement scientifique qui a si puissamment contribué aux merveilles de la civilisation. Dès le VIIe siècle avant notre ère, Thalès savait prédire les éclipses, et Pythagore un peu plus tard rapporta d'Égypte des connaissances mathématiques que le génie grec développa avec une grande puissance. Le plus illustre des mathématiciens grecs fut Archimède, le défenseur de Syracuse contre les Romains. Dans la médecine Hippocrate se fit aussi un grand nom.

Les arts durent davantage aux Grecs. Phidias, Polyclète, Myron, Lysippe et Praxitèle sont leurs plus célèbres sculpteurs; Polygnote, Zeuxis, Apelle furent les peintres les plus illustres. Les anciens poëtes Linus, Amphion, Orphée étaient aussi musiciens. Timothée de Milet, Archiloque et Aristoxène ont sous ce rapport un renom moins problématique.

HISTOIRE ROMAINE.

XV.

1. FONDATION DE ROME ; LES ROIS. — 2. ÉTABLISSEMENT DE LA RÉPUBLIQUE, CONSULAT, DICTATURE, TRIBUNAT. — 3. DÉCEMVIRS ; LOIS DES DOUZE TABLES. 4. LUTTE DES PATRICIENS ET DES PLÉBÉIENS.

Tous les pays qui environnent l'Italie contribuèrent à former sa population. L'Espagne lui envoya les tribus ibériennes des Sicanes et des Ligures ; la Gaule, les Celtes ombriens ; les grandes Alpes, les Étrusques de la Rhétie ; l'Illyrie, de nombreuses tribus pélasgiques ; la Grèce enfin, les colonies helléniques. A ces peuples, il faut joindre les indigènes ou autochthones de l'Italie centrale, les Osces et les Sabelliens. Les plus anciennes colonies, arrivées vers 1700 et 1600, furent celles des *Pélasges* et des *Illyriens*. Vers 1500 parurent les *Sicanes* et les *Ligures*. Vers 1400 les *Gaulois ombriens* qui dominèrent depuis la haute Italie jusqu'à l'Étrurie méridionale, et à une époque incertaine des *Tyrrhéniens* qu'on disait venus de la Lydie.

Les événements qui suivirent la guerre de Troie amenèrent de nouvelles colonies dans la Péninsule. Celle de l'Arcadien Évandre à *Pallantium*, soixante ans avant cette guerre ; celle du fils d'Amphiaraüs à Tibur, celle d'Énée dans le Latium, et la fondation d'*Albe la Longue*, par son fils Ascagne, appartiennent aux traditions mythologiques. Mais il paraît hors de doute qu'après la chute de Troie, ou du moins à une époque reculée, des Grecs abordèrent dans le sud de l'Italie où s'élevèrent, sur le golfe de Tarente, *Pétilie*, fondée, dit-on, par Philoctète ; *Métaponte*, par les Pyliens de Nestor ; *Salente*, par Idoménée. Diomède bâtit aussi plusieurs villes dans la Daunie : *Sipontum*, *Argos Hippium* (Arpi), et *Maleventum* (Bénévent). De ces premiers établissements de la race hellénique en Italie, un seul prospéra : *Cumes*, fondée en 1130 ou 1050, par une colonie venue de l'Eubée.

On a vu jusqu'ici les colonies qui s'établirent dans le sud et le nord de l'Italie ; mais au centre de la Péninsule existaient deux races : les Sabelliens et les Osces ou Opiques, appelés aussi par les Grecs *Ausones* ou Aurunces, qui habitaient, depuis le Tibre jusqu'aux montagnes de Calès et de Bénévent, la fertile contrée connue des Grecs sous

[1] Cette partie [illegible] de l'*Histoire romaine* [illegible] M. D[illegible] Paris [illegible] Hachette [illegible].

le nom d'*Opica*. Une tribu des Osces, les *Casci*, nommés plus tard *Aborigenes*, descendit des pays montagneux entre *Amiterne* et *Réate*, et s'empara des campagnes situées sur la rive droite du Tibre. Par leur melange avec des Ombriens, des Tyrrhènes, des Sicules et des Ausones, les Casci formèrent le nouveau peuple des *Latins* qui eurent pour voisins d'autres tribus ausoniennes, les *Rutules*, les *Volsques*, les *Herniques* et les *Aurunces*. Quant à la race belliqueuse des pasteurs sabelliens, elle ne formait encore qu'un seul peuple, celui des *Sabins*, qui habitaient dans le nord de la contrée nommée plus tard Samnium.

Dans le cours du onzième siècle, un nouveau peuple parut en Italie, c'étaient les *Rhasenas*, appelés aussi *Tusci* et *Etrusci*. Descendus des montagnes de la Rhétie, les Rhasénas franchirent les Apennins, et s'arrêterent dans l'Ombrie maritime, où douze villes, fortifiées avec soin et habitées par les conquérants, chacune avec un roi particulier (Lars ou Lucumon), tinrent tout le pays dans leur dépendance[1]. Une fois fermement établis dans l'Étrurie, les Rhasénas refoulèrent les Ombriens sur les bords de l'Æsis et s'emparèrent de la haute Italie. Pour conserver leurs conquêtes dans les plaines du Pô, les douze cités étrusques y construisirent chacune une ville, et un lien fédératif unit entre elles ces douze colonies, comme l'étaient déjà leurs métropoles. A une époque postérieure, huit cents ans environ avant notre ère, les Étrusques s'établirent encore dans la Campanie, à Nola et à Vulturnum (Capoue). Maîtres alors de toutes les petites îles qui s'étendent le long de sa côte occidentale, établis même en Corse et en Sardaigne, ils devinrent le peuple le plus commerçant et le plus industrieux des bords de la Méditerranée.

L'an 754 avant notre ère, époque de la fondation de Rome, les Gaulois, auxquels était réservée la vallée du Pô, les Grecs, dont les nombreux établissements allaient faire donner au sud de l'Italie le nom de Grande-Grèce n'étaient pas encore arrivés. Vers 587 les *Insubres* fondèrent Milan, et dans l'espace de soixante-six ans les *Cénomans* s'établirent à Brixia et à Vérone; les *Anamans* à Plaisance, les *Boïens* à Bononia, les *Lingons* à l'embouchure du Pô, et les *Senons* le long de l'Adriatique jusqu'à l'Æsis. Les Grecs vinrent plus tôt. Ils bâtirent vers 720, Sybaris; en 710, Crotone; en 707, Tarente; en 683, Locres; en 668, Rhégium, Élée; en 446, Thurium.

I. Fondation de Rome. — Les rois.

Énée échappé à la ruine de Troie, disaient les anciennes légendes, vint débarquer sur les côtes du Latium avec son fils Ascagne, les

[1] Les principales étaient *Arretium*, *Cortona*, *Clusium*, *Perusia*, *Volsinii*, *Falerii*, *Veii*, *Cære*, *Tarquinii*.

dieux pénates et le Palladium de Troie. Latinus, roi du pays, lui donna pour épouse sa fille Lavinia. Mais, dans une bataille contre les Rutules, Énée disparut. Ascagne continua la guerre, tua Mézence, l'allié de Turnus; et, quittant la côte insalubre où son père avait fondé Lavinium, il vint bâtir Albe la Longue sur le mont Albain. Douze rois de la race d'Énée s'y succédèrent : l'un d'eux, Procas, laissa deux fils, Numitor et Amulius. Le premier, comme l'aîné, devait hériter du royaume, mais Amulius s'en saisit, tua le fils de Numitor et plaça sa fille Sylvia parmi les vestales. Sylvia néanmoins devint mère, et quoiqu'elle rejetât sa faute sur le dieu Mars, elle fut condamnée à mort et ses deux fils jumeaux furent exposés sur le Tibre. Le fleuve était alors débordé : leur berceau, doucement porté par les eaux jusqu'au mont Palatin, s'arrêta au pied d'un figuier sauvage, et une louve, attirée par leurs cris, les nourrit de son lait. Frappé de ce prodige, Faustulus, berger des troupeaux du roi, prit les deux enfants et les donna à sa femme Acca Larentia qui les appela Romulus et Rémus. Devenus hommes, les deux frères replacèrent leur aïeul sur le trône d'Albe, puis vinrent bâtir une ville aux lieux où ils avaient été sauvés. Un présage favorable assura à Romulus l'honneur de choisir le nom de la nouvelle cité (754). Rémus, ayant, par dérision, franchi d'un saut le fossé de la nouvelle ville, Romulus le tua en s'écriant : « Ainsi périsse quiconque franchira ces murs. »

Romulus avait ouvert un asile, mais il manquait de femmes; pour en avoir il enleva les Sabines que leurs pères voulurent venger. Romulus dut, en effet, partager le pouvoir avec le roi Tatius. Ce prince mort, il fit quelques guerres heureuses. Mais il offensa le sénat, réunion de deux cents patriciens, qui, avec l'assemblée générale des trente *curies*, partageait avec lui le pouvoir, et un jour les sénateurs l'égorgèrent (714).

Numa Pompilius, qui lui succéda (714), régla les cérémonies religieuses. Il établit des Pontifes, gardiens du culte; des Flamines, ministres des grands dieux; des Augures, interprètes des volontés divines; des Féciaux, qui prévenaient les guerres injustes; des Vestales, qui conservaient le feu perpétuel de Vesta; des Saliens enfin qui gardaient le bouclier tombé du ciel (*ancile*). Son successeur (672) fut le belliqueux Tullus Hostilius, qui détruisit Albe après qu'Horace eut vaincu les Curiaces. Ancus Marcius, petit-fils de Numa (640), vainquit les Latins et fonda le port d'Ostie. Il construisit le premier pont de bois sur le Tibre (*pons Sublicius*), et en défendit les approches par une forteresse sur le Janicule. Sous son règne, le fils du Corinthien Démarate était venu s'établir à Rome. Il sut gagner la confiance d'Ancus, qui lui laissa la tutelle de ses fils, et l'affection du peuple qui le proclama roi (616). Sous ce prince, Rome s'embellit. Le forum fut desséché, la ville fut ceinte d'une muraille en pierres, le Capitole commencé, le cirque aplani, et l'on creusa les égouts souterrains qui portent Rome encore aujourd'hui. Le butin enlevé aux Sabins, aux Latins et aux Étrusques dans des guerres heureuses, pourvut à ces dépenses. Tarquin ayant été tué par des assassins qu'avaient apostés les fils d'Ancus, son gendre Servius, fils d'une esclave ou aventurier étrusque, prit le pouvoir (578).

Servius donna à Rome l'étendue qu'elle eut sous la république, en réunissant à la ville, par une muraille, le Viminal, l'Esquilin et le Quirinal. Il la partagea en quatre quartiers ou tribus urbaines, et tout le territoire en vingt-six cantons nommés aussi tribus. Le peuple, patriciens ou plébéiens, fut divisé d'après le cens, en six classes et en cent quatre-vingt-treize centuries : la première classe ayant à elle seule quatre-vingt-dix-huit centuries, c'est-à-dire, quand, après l'expulsion des rois, ces centuries représentèrent des suffrages, quatre-vingt-dix-huit votes, tandis que toutes les autres réunies n'en avaient que quatre-vingt-quinze. Au dehors, Servius conclut, avec les trente villes du Latium, une alliance qu'on célébra dans les Féries latines. Servius fut précipité du trône par son gendre Tarquin le Superbe, qui gouverna sans souci des lois, dépouillant les uns de leurs biens, bannissant les autres et punissant de mort tous ceux qui lui inspiraient des craintes. Ses succès contre les Latins et les Volsques affermirent sa tyrannie, qui pesa sur le peuple comme sur les grands, car il le condamna à de pénibles travaux pour achever les égouts et le Capitole. Au-dessous du Capitole on renferma, dans un coffre de pierre, les livres Sibyllins que la sibylle de Cumes était venue, disait-on, sous les traits d'une vieille femme, lui offrir. Un crime mit fin à cette domination odieuse. L'attentat de Sextus et la mort de Lucrèce, qui se tua pour ne point survivre à un déshonneur involontaire, excitèrent une révolution que dirigea Brutus. Il souleva Rome, montrant le corps sanglant de la victime et appelant à la vengeance le sénat et le peuple. Un sénatus-consulte, confirmé par les curies, proclama la déchéance du roi, son exil et celui de tous les siens. Puis Brutus courut au camp qu'il souleva, tandis que Tarquin, revenu à Rome en toute hâte, en trouvait les portes fermées et était réduit à se réfugier, avec ses fils Titus et Aruns, dans la ville étrusque de Céré (510). Cette même année Athènes se délivrait de la tyrannie des Pisistratides.

La domination des rois n'avait cependant pas été sans gloire. Tarquin lui-même avait porté au loin le nom et la grandeur de Rome. Cette ville n'est plus alors l'obscure cité dont le territoire s'étend à quelques milles de ses murs. Le traité avec Carthage conclu en 510, la grandeur de la ville, la splendeur de ses édifices, et ses cent cinquante mille combattants, attestent qu'elle formait alors un des plus puissants États de l'Italie. Jusqu'à Aurélien, elle resta renfermée dans l'enceinte que Servius lui avait bâtie. Le Tibre était déjà contenu par des quais, et le Capitole avait été commencé. Ce temple formait un carré de deux cents pieds sur chaque face; une double colonnade l'entourait de trois côtés. Mais le péristyle du midi, qui regardait le Palatin et le Forum, avait un triple rang de colonnes. Il faut citer encore parmi ces grands ouvrages la *Cloaca maxima*.

2. Établissement de la république. — Consulat, dictature, tribunat.

Pour prix de son concours, le peuple réclama les lois du roi Servius et l'établissement du gouvernement consulaire : le sénat y consentit, et les comices centuriates proclamèrent *consuls*, c'est-à-dire chefs annuels de l'armée et du peuple, Junius Brutus et Tarquin Collatin. Une conspiration formée pour le rappel du roi fut découverte par l'esclave Vindex. Les coupables furent saisis, et parmi eux les fils et des parents de Brutus, qui ordonna et vit froidement leur supplice. Tarquin se vengea en armant contre Rome les Véiens, puis Porsenna qui prit Rome, mais la perdit bientôt, les Sabins et enfin les Latins qui livrèrent la sanglante bataille du lac Rhégille (496). Le vieux roi vaincu alla mourir l'année suivante à Cumes. Rome était délivrée, mais un mal intérieur la minait : le poids des dettes accru par les dépenses et les pillages des dernières guerres. La loi romaine était singulièrement partiale pour les créanciers; ceux-ci abusèrent de leurs droits, et les pauvres, irrités, refusèrent de se laisser enrôler. Le sénat créa alors la *dictature*, magistrature sans appel et dont le pouvoir fut plus illimité que ne l'avait été celui des rois, mais qui ne devait durer que six mois. Le peuple effrayé céda. Les violences des créanciers s'accrurent alors au point que les pauvres préférèrent abandonner la ville; ils se retirèrent sur le mont Sacré et n'en descendirent que quand on leur eut accordé des *tribuns*, chefs annuels des plébéiens, armés d'un véto qui arrêtait les décisions injustes. Ils se servirent d'abord de ce droit d'opposition comme d'un bouclier pour défendre le peuple; plus tard ils s'en servirent pour attaquer les grands et devenir les maîtres de la république (493).

3. Décemvirs. — Lois des douze tables.

Les quarante-deux années qui s'écoulent entre l'établissement du tribunat et celui du décemvirat sont remplies au dehors par la guerre de Coriolan et les exploits de Q. Capitolinus et de Cincinnatus contre les

Èques, les Volsques et les Sabins; au dedans par la catastrophe de Spurius Cassius qui proposa la première loi agraire (486); par la mort des Fabius qui périrent sous les coups des Veiens (477); par le droit que les tribuns du peuple conquirent à cette occasion d'accuser les consuls, par celui dont ils s'emparèrent en 471 de n'être élus que dans les comices populaires par tribus, lesquelles purent aussi dès lors faire des plébiscites. En 461 le tribun Terentillus Arsa demanda que dix hommes fussent nommés pour rédiger et publier un code de lois. Pendant dix années les patriciens résistèrent, opposant parfois la violence, comme fit Céson, quelquefois cédant, comme en 454 où le sénat fit distribuer au peuple les terres publiques de l'Aventin. Enfin la proposition passa; trois commissaires furent envoyés en Grèce pour en rapporter les meilleures lois, et à leur retour on élut dix personnages pour rédiger un code. A la fin de la première année, dix tables de lois furent affichées au forum, et comme le code n'était pas complet, on nomma de nouveaux décemvirs. Parmi eux était Appius Claudius qui essaya de s'emparer du pouvoir. Une dure oppression pesa dès lors sur la ville; la fortune, l'honneur et la vie des citoyens furent à la merci des maîtres qu'ils s'étaient donnés. Un crime amena enfin la chute des tyrans.

Appius avait aposté un de ses clients pour réclamer, comme son esclave, Virginie, fille d'un des plus distingués d'entre les plébéiens. En vain son père Virginius, son fiancé Icilius, ancien tribun, et de nombreux témoins offrirent de prouver sa naissance libre. Appius, au mépris d'une loi qu'il avait lui-même portée, adjugea la jeune fille à son complice. Mais Virginius saisit un couteau sur l'étal d'un boucher, la frappe au cœur, et, tout couvert du sang de sa fille, court à l'armée campée sur l'Algide. Les soldats se soulèvent, marchent sur Rome, et les décemvirs sans force contre l'insurrection abdiquent. Ils avaient publié les deux dernières tables. Dans cette législation les attaques contre la propriété sont cruellement punies. La nuit le voleur peut être tué impunément; le jour, s'il se défend. « Celui qui mettra le feu à un tas de blé sera lié, battu avec des verges et brûlé. — Le débiteur insolvable sera vendu ou coupé par morceaux. » Pour les délits estimés moins graves, on retrouve les deux systèmes de pénalité en usage chez tous les peuples barbares : le *talion* ou représailles corporelles, et la composition. « Celui qui rompt un membre payera trois cents as au blessé : s'il ne compose pas avec lui, qu'il soit soumis au talion. »

Cependant il s'y rencontrait des dispositions favorables aux plébéiens, le taux de l'intérêt fut diminué et des garanties furent données à la liberté individuelle. « Que le faux témoin, ajoutait la loi, et le juge corrompu soient précipités. — Qu'il y ait toujours appel au peuple des sentences des magistrats. — Que le peuple seul, *dans les comices centuriates*, ait le pouvoir de rendre des sentences capitales, » c'est-à-dire attribution au peuple de la juridiction criminelle, enlevée en même temps aux curies et aux tribuns. C'est à l'assemblée des centuries où, tous, patriciens et plébéiens sont confondus d'après l'ordre de leur fortune, que passent et le pouvoir et les titres.

Un autre avantage pour les plébéiens était le caractère général de la loi. « Plus de lois personnelles. » La législation civile des douze tables ne connaît que des citoyens romains. Ses dispositions ne sont faites ni pour un ordre ni pour une classe, et sa formule est toujours, *si quis*, — si quelqu'un : [illegible] le patricien et le plébéien, le sénateur, le pontife et le prolétaire sont égaux à ses yeux. Ainsi est enfin proclamée, par cette [illegible] des distinctions autrefois si profondes, la définitive union des deux peuples, et c'est ce peuple nouveau, c'est l'universalité des citoyens [illegible] l'autorité souveraine, qui est la source [illegible] de tout droit. « Ce que le peuple aura ordonné en dernier lieu, sera la loi. » Le peuple avait donc obtenu par les douze tables quelques améliorations matérielles, et sinon l'égalité politique, qui n'est qu'un leurre pour les pauvres, parce qu'elle ne profite qu'à leurs chefs, du moins l'égalité civile, qui donne même au plus misérable le sentiment de sa dignité d'homme, et qui l'élève au-dessus des vices honteux de la servitude.

4. Lutte des patriciens et des plébéiens.

La révolution de 510, faite par les patriciens, n'avait profité qu'à l'aristocratie; celle de 448, faite par le peuple, ne profita qu'au peuple. Les nouveaux consuls, Horatius et Valerius défendirent, sous peine de mort, qu'on créât jamais une magistrature sans appel, donnèrent force de loi aux plébiscites, et renouvelèrent l'anathème prononcé contre quiconque porterait atteinte à l'inviolabilité tribunitienne. Mais deux choses maintenaient [illegible] la distinction des deux ordres, l'exclusion [illegible] des magistratures [illegible] l'abolition de la défense relative aux [illegible] le mariage [illegible]. C'était [illegible] les plébéiens [illegible] cette demande, mais le peuple [illegible] il se [illegible] seraient plus [illegible] par la loi [illegible]. Ces barrières tombées, il n'était plus possible [illegible] aux plébéiens [illegible] des charges curules. Cependant, à force d'habileté, le patriciat [illegible] vaincu se défendit quarante-cinq ans encore. Au lieu d'accorder le consulat aux plébéiens, le sénat le démembra. Deux nouveaux magistrats, les censeurs, créés en 444, pour cinq ans d'abord, pour dix-huit mois ensuite, héritèrent du droit des consuls de faire le cens, d'administrer les domaines et les finances de l'État, de régler les classes, de dresser la liste du sénat et des chevaliers, d'avoir enfin la haute police de la ville. Restaient aux consuls les fonctions militaires, la justice civile, la présidence du sénat et des comices, la garde de la ville et des lois; on les donna, mais divisées entre plusieurs, et sous le nom de tribunat militaire, à trois, quatre ou six généraux.

La constitution de 444 autorisait à nommer des plébéiens au tribunat militaire; jusqu'en 400 pas un seul n'y parvint. A cette époque Rome tenait depuis cinq ans Véies assiégée, et la grande ville étrusque résistait victorieusement. Le peuple, fatigué de ces lenteurs, crut devoir enfin user de son droit et élever des plébéiens au tribunat militaire. La fortune ne changea pas, et ce fut un patricien, Camille, qui prit Véies (395). Les désordres commis par l'invasion gauloise suspendirent quelque temps la lutte, qui recommença plus vive quand les inquiétudes eurent cessé. Les tribuns Licinius Stolon et Sextius reprirent, en 376, la demande du partage du consulat, et proposèrent une nouvelle loi agraire qui limitait à 500 arpents (*jugera*) l'étendue de terres domaniales qu'un citoyen pouvait posséder.

Le moment de la lutte suprême était donc arrivé. Dix années de suite les tribuns se firent réélire. En vain le sénat gagna leurs collègues dont le véto les arrêta, et recourut deux fois à la dictature. Camille, menacé d'une amende de cinq cent mille as, abdiqua. On leur opposa aussi la sainteté de la religion: pas un plébéien n'était dans le sacerdoce. Pour détruire ce motif, ils ajoutèrent cette quatrième rogation, que le sénat accepta, afin de mettre de son côté les apparences de la justice: « Au lieu de duumvirs pour les livres sibyllins, on nommera à l'avenir des décemvirs dont cinq seront plébéiens. » Le sénat dut céder sur tous les points, et l'année 366 vit pour la première fois un consul plébéien. Les patriciens essayèrent encore d'enlever à ce consulat partagé une partie de ses prérogatives, en donnant à un préteur qu'on créa alors les fonctions judiciaires des consuls. Mais cette nouvelle charge fut elle-même envahie par les plébéiens en 337. Ils avaient obtenu l'accès de la dictature en 356, de la censure en 351, ils arrivèrent au proconsulat en 326, à l'augurat en 302. Les lois de Publilius Philo en 339, qui rendirent les plébiscites obligatoires pour les deux ordres, et permirent de nommer à la fois deux plébéiens au consulat; celles du dictateur Hortensius qui, en 286, rappelèrent et confirmèrent toutes les conquêtes antérieures des plébéiens, assurèrent l'égalité et fondèrent cette union au dedans, cette force au dehors qui firent triompher Rome de tous les obstacles.

XVI. GUERRES ET CONQUÊTES DES ROMAINS EN ITALIE.

1. INVASION DES GAULOIS; GUERRE DES SAMNITES. — 2. GUERRE DE PYRRHUS; SOUMISSION DE LA GRANDE GRÈCE. — 3. SOUMISSION DE LA GAULE CISALPINE.

1. Invasion des Gaulois; guerre des Samnites.

La prise de Véies avait donné à Rome la prépondérance dans l'Italie centrale, quand les Gaulois menacèrent d'étouffer cette fortune à son berceau. Arrêtés au siége de Clusium, qui leur refusait des terres, les Sénons furent provoqués par des députés romains, et laissant aussitôt la ville étrusque ils marchèrent sur Rome, dispersèrent sur les bords de l'Allia l'armée qui tenta de les arrêter, et, trouvant les portes ouvertes, pénétrèrent jusqu'au pied du Capitole, où le sénat et les plus braves parmi la jeunesse romaine s'étaient enfermés. Ils y restèrent sept mois, jusqu'à ce que, rappelés dans leur pays par une invasion des Vénètes, ils consentirent à recevoir la rançon du Capitole. Camille, nommé dictateur, battit pourtant quelques-uns de leurs détachements, et la vanité romaine profita de ces légers succès pour les changer en une complète victoire (390).

Rome était en ruines, et sa domination était encore une fois détruite. Elle mit presque un demi-siècle à la relever, aidée surtout par Camille, Manlius Torquatus, Valérius Corvus, qui vainquirent à plusieurs reprises les peuples du Latium révoltés, les Gaulois venus fréquemment à leur secours, et quelques-unes des cités étrusques. En 343, ce travail était accompli, une partie de l'Étrurie était soumise, tout le Latium semblait dompté, et les Romains étaient devenus les voisins des Samnites. C'est alors qu'éclata une guerre qui devait durer 78 ans (de 343 à 265), désoler toute l'Italie centrale, et placer la Péninsule entière sous le joug de Rome. C'est la guerre dite du Samnium, et qu'on devrait appeler la guerre de l'indépendance italienne; celle de Tarente ou de Pyrrhus n'en est que le dernier incident

La guerre du Samnium peut se diviser en cinq périodes, et en six, si l'on y comprend la guerre de Pyrrhus: 1° de 343 à 341, les Samnites menacent Téanum Sidicinum; Capoue veut défendre cette place, mais attaquée à son tour, elle demande des secours aux Romains, et sur leur refus, se donne à eux. Les Romains acceptent alors, et attaquent les Samnites dans leurs montagnes et dans la Campanie, où Valérius Corvus les bat près du mont Gaurus. Mais effrayée des dispositions des Latins, Rome traite avec les Samnites, auxquels elle abandonne les Sidicins. — 2° Guerre latine, 340-338. Les Latins continuent seuls la guerre contre les Samnites; puis encouragés par le succès de la révolte des garnisons romaines laissées dans la Campanie, qui avaient marché sur la capitale, et arraché au sénat de larges concessions, ils demandent eux-mêmes le partage du commandement et l'établissement entre eux et Rome d'une parfaite égalité. La sévérité de Manlius Torquatus, qui fit mourir son fils vainqueur pour avoir combattu sans son ordre, et le dévouement de Decius Mus, qui se sacrifia pour les légions, donnèrent aux Romains l'avantage dans cette guerre difficile. Des conditions différentes faites aux villes latines assurèrent leur obéissance. — 3° de 326 à 311. La paix dura dix ans environ; mais en 327, les Samnites, pour chasser les Romains de la Campanie, soulevèrent la ville grecque de Palépolis; vaincus par Papirius Cursor et Fabius Maximus, les deux héros de cette guerre, ils se vengèrent aux Fourches-Caudines, où ils enveloppèrent toute l'armée romaine, qui fut contrainte de passer sous le joug, et de signer la paix. Le sénat ne voulut point ratifier le traité et livra les consuls aux Samnites qui refusèrent de les recevoir.

La fortune récompensa l'iniquité. Publilius Philo battit une armée dans le Samnium, et dans l'Apulie, Papirius reprit Lucérie, ce qui replaça cette province dans l'alliance de Rome; en 318, l'ennemi demanda lui-même une trêve de deux ans. Ainsi, depuis les premières hostilités, les Samnites n'avaient rien perdu, mais Rome avait conquis deux provinces, la Campanie et l'Apulie, et affermi sa domination sur le Latium. A l'expiration de la trêve, les Samnites envahirent soudainement la Campanie, et se montrèrent aux portes du Latium (315). Rien ne bougea. Le sénat eut le temps de réunir ses forces, et une victoire qui coûta aux Samnites, non loin de Caudium, trente mille hommes, rendit aux Romains la Campanie (314). Rejetés encore une fois dans l'Apennin, ils y furent renfermés à l'est et à l'ouest par une ligne de places fortes. Suessa-Aurunca, Intéramna du Liris, Casinum et Lucérie, dans l'Apulie, reçurent des colonies romaines. — 4° Les peuples du nord de la Péninsule prêtent secours à ceux du centre : 311-305. Depuis seize ans les Samnites luttaient seuls. Les autres peuples à la fin s'émurent. Des émissaires samnites entraînèrent les Étrusques, et tandis que les légions étaient retenues dans le Samnium, cinquante ou soixante mille Étrusques vinrent fondre sur la colonie romaine de Sutrium : Fabius y courut, traversa la forêt Ciminienne, tua, près de Pérouse, soixante mille Étrusques ou Ombriens, et contraignit Pérouse, Cortone et Arrétium à demander une trêve de trente ans. Dans le même temps Papirius que Fabius avait, malgré sa haine, proclamé dictateur, taillait en pièces une armée de Samnites (309). L'année suivante,

Fabius cerna une autre armée, et la força de mettre bas les armes sous les yeux des ambassadeurs tarentins qui voulaient s'imposer comme médiateurs. Une dévastation systématique du Samnium, et de nouvelles défaites décidèrent les Samnites, les Marses, les Péligniens, les Marrucins et les Vestins à se délivrer du fléau d'une guerre qui avait duré plus d'une génération d'hommes. Ils conservèrent leur territoire et tous les signes extérieurs de l'indépendance; mais ils reconnurent la majesté du peuple romain. Les circonstances devaient expliquer ce que le sénat entendait par la majesté romaine (303). — 5° Seconde et troisième coalition des peuples italiens : 300-280. La paix n'était encore qu'une trêve. En 299, les chefs samnites préparèrent un soulèvement général. Les Sabins, en paix avec Rome depuis un siècle et demi, ne voulurent pas abandonner à sa dernière heure un peuple frère; les Étrusques étaient tout décidés, et les Ombriens marchaient avec eux. Le sénat fit recommencer la dévastation du Samnium. Ces ravages inspirèrent aux Samnites une résolution désespérée. Quittant leur pays, qu'ils ne peuvent pas défendre, ils se jettent en Étrurie, soulèvent les villes qui hésitaient encore, entraînent les Ombriens et appellent les Gaulois. A Rome, les tribunaux se fermèrent, on enrôla tous les hommes valides. Quatre-vingt-dix mille hommes au moins furent mis sur pied. Le massacre de toute une légion, près de Camérinum, livra aux Sénons le passage de l'Apennin; s'ils parvenaient à opérer leur jonction avec les Ombriens et les Étrusques, c'en était fait sans doute de l'armée consulaire; mais Fabius rappelle, par une diversion, les Étrusques à la défense de leurs foyers, et court chercher l'armée gallo-samnite dans les plaines de Sentinum (295). Le choc fut terrible : sept mille Romains de l'aile gauche, commandée par Décius, avaient déjà péri, quand le consul se dévoua, à l'exemple de son père. Entourés de toutes parts, les Barbares reculèrent, mais sans désordre, et regagnèrent leur pays. Fabius battit encore une armée sortie de Pérouse, puis alla triompher à Rome. La destruction de la légion du Lin à Aquilonie, en 293, et la défaite de Pontius Herennius, le vainqueur des Fourches Caudines, arrachèrent enfin à ce peuple l'aveu de sa défaite. Un traité, dont nous ignorons les clauses, les rangea parmi les alliés de Rome (290). Pour les contenir, Venouse fut occupée par une colonie de vingt mille Romains.

Tout [illegible] l'Italie [illegible] ou l'alliance de Rome [illegible] et les Gaulois [illegible] des bandes [illegible] les Lucaniens [illegible] la domination romaine s'appesantir [illegible] croissant [illegible] succès de Rome. Heureusement l'union était impossible entre tant de peuples, et il n'y eut qu'un retour de lutte sérieux au nord, de la part des Étrusques qui détruisirent une armée romaine. Le sénat y répondit par l'extermination du peuple senon tout entier. Les Boïes qui voulurent venger les Senons furent eux-mêmes écrasés avec les Étrusques près du lac Vadimon (283). Le nord de la Péninsule reconnut alors, comme les peuples du centre, la domination romaine.

2. Guerre de Pyrrhus. — Soumission de la grande Grèce

Tarente, restée seule en armes, reconnut trop tard sa faiblesse, et appela à son aide Pyrrhus, roi d'Épire. Arrivé à Tarente, Pyrrhus ferma les bains et les théâtres, et força les citoyens de s'armer. Ce fut auprès d'Héraclée que se livra la première bataille. Les éléphants, que les Romains ne connaissaient pas, jetèrent le désordre dans leurs rangs : ils laissèrent quinze mille hommes sur le champ de bataille. Mais Pyrrhus en avait perdu treize mille. « Encore une pareille victoire, disait-il, et je retournerai sans armée en Épire. » Aussi envoya-t-il à Rome son ministre Cinéas pour proposer la paix. « Que Pyrrhus, s'écrie le vieil Appius, sorte d'abord d'Italie, et l'on verra ensuite à traiter avec lui. » Cinéas reçut l'ordre de quitter Rome le jour même. « Le sénat, disait-il au retour, m'a paru une assemblée de rois. »

Pyrrhus tenta un coup de main hardi, une surprise sur Rome ; mais dans la ville tous les citoyens étaient soldats, il ne put que ramasser quelque butin. Une seconde bataille près d'Asculum, où un troisième Décius se dévoua, lui prouva qu'il usait vainement contre Rome toute son armée ; aussi passa-t-il en Sicile, où les Grecs l'appelaient contre les Mamertins et les Carthaginois qui assiégeaient Syracuse. Pyrrhus la délivra, et refoula [illegible] les Africains jusqu'à Lilybée. Bientôt il se fatigua de cette entreprise, et repassa en Italie où la défaite de Bénévent le força à se retirer en Épire. Il tenta de reconquérir la Macédoine, en fut proclamé roi pour la seconde fois, puis alla périr misérablement à l'attaque d'Argos (272). Tarente délaissée ouvrit ses portes (272). Les Salentins et les Messapiens se soumirent en 267. La destruction de Vulsinies en 265 fut le dernier acte de la guerre de l'indépendance italienne (265). La Grande-Grèce était soumise, comme l'étaient le nord et le centre de la Péninsule. Annibal parviendra bien à y réveiller, dans un demi-siècle, la haine contre Rome, mais pour quelques jours seulement.

3. Soumission de la Gaule Cisalpine.

Pour achever la conquête de l'Italie tout entière, il fallait soumettre la Cisalpine. Rome s'en occupa après la première guerre punique. En 226 les Boies, irrités de la proposition du tribun Flaminius pour l'établissement de colonies sur les terres des Sénons, appelèrent d'au delà des Alpes une armée de Gésates. Toute la Péninsule s'effraya à la nouvelle de cette invasion formidable. Le sénat déclara qu'il y avait tumulte et tint sous les armes 770 000 soldats, dont 500 000 fournis par les Italiens. La victoire de Télamone, en 225, dissipa le danger, et en 223, Flaminius, passant le Pô, gagna la victoire de l'Adda. Marcellus remporta peu après les troisièmes dépouilles opimes en tuant de sa main le roi des Gésates; Milan fut prise, et des colonies romaines envoyées sur les bords du Pô commencèrent l'asservissement de la Cisalpine. Ce fut alors que ces peuples appelèrent Annibal; mais, contents d'être délivrés par ses victoires, ils ne se levèrent pas en masse pour l'aider à écraser Rome. Après la bataille de Zama, Rome reprit ses projets sur la Cisalpine (200). Une guerre obscure, marquée par la défection des Cénomans qui trahirent la cause commune, par la résistance acharnée des Ligures qui luttèrent jusqu'en 163, par l'émigration de toute la nation des Boies, qui allèrent chercher une autre patrie sur les bords du Danube, livra aux Romains cette riche contrée et la barrière des Alpes. Des colonies à Plaisance, Crémone, Bologne, Parme, Modène en assurèrent la possession.

XVII. GUERRES PUNIQUES.

1. PREMIÈRE GUERRE PUNIQUE : CARTHAGE, SES INSTITUTIONS, SA PUISSANCE — 2. SECONDE GUERRE PUNIQUE EN ITALIE, EN ESPAGNE, EN AFRIQUE ; ANNIBAL ET LES SCIPIONS. — 3. TROISIÈME GUERRE PUNIQUE ; SCIPION ÉMILIEN ; RUINE DE CARTHAGE.

1. Première guerre punique : Carthage, ses institutions, sa puissance.

Colonie de Tyr, Carthage avait forcé les autres établissements phéniciens sur la côte d'Afrique à reconnaître au moins sa suprématie, organisé dans l'intérieur de ce continent un immense commerce de caravanes et saisi l'empire de la Méditerranée occidentale. Sur terre, elle avait étendu sa domination depuis la Numidie jusqu'aux frontières de Cyrène. Mais à la différence de Rome, elle conquérait pour exploiter, et les vaincus restaient ses ennemis. Elle démantelait avec soin toutes leurs places de peur qu'elles ne devinssent des points d'appui pour une révolte, de sorte que si les sujets de Carthage ne pouvaient rien contre elle ils étaient sans défense aussi contre ses ennemis. Deux cents villes s'étaient données à Agatocles dès qu'il avait mis le pied en Afrique. Les Carthaginois ne faisaient pas non plus la guerre par eux-mêmes, mais avec des mercenaires qu'ils allaient acheter partout.

Le gouvernement, au moins, valait-il mieux que les armées? C'était une constitution mêlée d'éléments divers : royauté, aristocratie, démocratie, mais sans qu'il y eût entre ces pouvoirs l'équilibre qui fait seul l'excellence de ces sortes de gouvernements. Deux suffètes choisis dans des familles privilégiées étaient les premiers magistrats de la république. Après eux venait le sénat, où toutes les grandes familles avaient des représentants. Mais, pour faciliter l'action du gouvernement en le concentrant, on avait tiré du sénat le conseil des centumvirs. Ceux-ci usurpèrent peu à peu le pouvoir, et les suffètes, autrefois nommés à vie, maintenant annuels et privés du commandement des armées, ne furent plus que les présidents de ce conseil. Les centumvirs pouvaient appeler les généraux à leur rendre compte; ils se servirent de ce droit pour mettre dans leur dépendance toutes les forces militaires de la république. Avec le temps, les autres magistrats et le sénat lui-même se trouvèrent soumis à leur contrôle. Mais la populace, si nombreuse dans les grandes villes marchandes, ne devait pas toujours consentir à cette usurpation. Les guerres contre Rome développèrent l'élément démocratique. Chez les Carthaginois, dit Polybe, avant la seconde guerre punique, c'était le peuple qui dominait dans les délibérations : à Rome, c'était le sénat.

Tant que Rome avait eu à combattre les Étrusques et les Grecs italiens, rivaux des Carthaginois, ceux-ci avaient applaudi à ses succès. Dès l'an 510 ils avaient signé avec les consuls un traité de commerce et d'alliance, plusieurs fois renouvelé, et tout récemment dans la guerre de Tarente, ils avaient offert des secours qu'on refusa. Ce refus, surtout la victoire trop complète de Rome sur les Italiens irritèrent Carthage qui vit avec effroi une seule puissance dominer maintenant sur le beau pays que baignent les trois mers Tyrrhénienne, Adriatique et Ionienne. En quittant la Sicile, Pyrrhus s'était écrié : « Quel beau champ de bataille nous laissons-là aux Romains et aux Carthaginois! » Ni Rome ni Carthage ne pouvaient en effet abandonner à une puissance rivale cette grande île située au centre de la Méditerranée, qui touche à l'Italie et d'où l'on aperçoit l'Afrique. Carthage y était depuis longtemps, Rome y fut appelée par les Mamertins, maîtres de Messine, que Hiéron de Syracuse et les Carthaginois assiégeaient. Les Romains délivrèrent la ville (264), battirent Hiéron et lui imposèrent un traité auquel il resta fidèle cinquante ans, puis chassèrent les Carthaginois de l'intérieur de l'île.

Mais ils gardèrent les ports qu'on ne leur pouvait enlever sans être maître de la mer. Une flotte construite par les Romains et armée du redoutable *Corbeau*, battit dès la première rencontre la flotte carthaginoise. Ce succès encouragea les Romains à passer en Afrique. La victoire d'Ecnome leur en ouvrit la route (256), et Régulus y réduisit bientôt Carthage à ses seules murailles. L'arrivée du Lacédémonien Xantippe changea la face des choses. Cet habile homme de guerre fatigua Régulus par une foule de petits combats, et le défit enfin dans une grande bataille. Régulus fut fait prisonnier. La perte de cette armée, la destruction par les tempêtes de plusieurs flottes romaines reportèrent la guerre en Sicile, où les hostilités languirent pendant plusieurs années. La victoire de Métellus à Panorme (251) ranima le courage et les espérances des Romains, qui refusèrent la paix que Carthage fit demander par Régulus; mais un grand général venait d'arriver en Sicile, Hamilcar, le père d'Annibal. Cantonné à Éryx, dans un poste inexpugnable, il tint pendant six années les Romains en échec. La guerre eût pu durer ainsi de longues années encore; mais le patriotisme romain ayant donné au sénat une nouvelle flotte, Lutatius Catulus surprit, près des îles Ægates, une flotte carthaginoise. Cette victoire rendait les Romains maîtres de la mer. Dès lors Drepane, Lylibée et Hamilcar pouvaient être affamés. Carthage se résigna à mettre fin à cette guerre ruineuse. La paix fut signée aux conditions suivantes: Carthage n'attaquera ni Hiéron ni ses alliés; elle abandonnera la Sicile et les îles voisines, rendra sans rançon tous les prisonniers, et payera en dix ans trois mille deux cents talents euboïques.

2. Seconde guerre punique, en Italie, en Espagne et en Afrique; Annibal et les Scipions.

Carthage échappée au danger que lui avait fait courir la guerre des mercenaires, envoya Hamilcar, qui l'avait sauvée, faire la conquête de l'Espagne, en dédommagement de la perte de la Sicile. Hamilcar, puis son gendre Asdrubal, soumirent tout le pays jusqu'à l'Èbre, où Rome, alarmée de ces progrès, l'arrêta par le traité de 227. Le sénat avait eu soin de stipuler la liberté de Sagonte, ville gréco-latine au sud de l'Èbre. Annibal, fils d'Hamilcar, qui voulait à tout prix recommencer la guerre avec Rome, attaqua et détruisit cette place sans même attendre l'ordre de Carthage, et prépara un immense armement. Quand il eut tout pacifié en Espagne, il franchit les Pyrénées et le Rhône, derrière lequel il battit les Gaulois (218) et s'ouvrit une route jusqu'en Italie à travers les Alpes. Expédition audacieuse qui lui coûta la moitié de son armée, mais qui l'amenait au milieu des Cisalpins, ses alliés. Le consul Scipion, qui avait espéré l'arrêter en Espagne, accourut pour le combattre à la descente des Alpes et fut vaincu près du Tésin dans une rencontre de cavalerie. Une affaire plus sérieuse, sur les bords de la Trébie, chassa les Romains de la Cisalpine. L'année suivante ils perdirent encore en Étrurie, près du lac de Trasimène, une sanglante bataille, et Annibal put pénétrer dans le centre et le sud de l'Italie. Grâce à la sage temporisation du prodictateur Fabius, quelques mois se passèrent sans nouveaux désastres; mais, en 216, le consul Varron perdit la désastreuse bataille de Cannes, où cinquante mille Romains périrent. Une partie des peuples de l'Italie méridionale et Capoue croyant Rome perdue, firent défection. Rome fut un prodige de constance. Renonçant à la guerre offensive elle fortifia les places fortes et enferma Annibal et Capoue dans un cercle de camps retranchés qui forcèrent bientôt le général, jusqu'alors si heureux dans les batailles, à sortir de la Campanie.

Carthage laissait Annibal à peu près abandonné à ses seules forces. Comme elles ne suffisaient pas à triompher de l'opiniâtreté des Romains, il essaya de soulever contre eux la Sardaigne, la Sicile, Philippe de Macédoine, et d'appeler d'Espagne, par la route qu'il avait tracée, son frère Asdrubal avec une nouvelle armée d'Espagnols et de Gaulois. Mais la Sardaigne fut contenue; Syracuse révoltée fut prise par Marcellus, malgré les machines d'Archimède; et Philippe, vaincu sur les bords de l'Aoüs, contraint de brûler sa flotte et attaqué par plusieurs peuples grecs à l'instigation de Rome, ne put accomplir la promesse qu'il avait faite de conduire sa phalange à Annibal.

Pendant ces vains efforts, Rome armait vingt légions, resserrait chaque jour davantage Annibal dans l'Apulie et la Lucanie, et s'acharnait sur Capoue, afin de faire un exemple terrible de cette cité qui avait donné la première le signal de la défection. Annibal, pour la sauver, pénétra jusque sous les murs de Rome, mais inutilement; Capoue tomba, et tout son peuple fut vendu. Il ne restait plus à Annibal qu'un espoir : son frère Asdrubal lui amenait soixante mille hommes. Arrêté sur les bords du Métaure par les deux consuls Livius et Néron, Asdrubal y périt avec toute son armée (207). Annibal, réfugié dans le Brutium, y tint cinq années encore, jusqu'à ce que Scipion l'arrachât d'Italie en assiégeant Carthage.

Deux Scipions, Cnéus et Cornélius, luttaient depuis l'année 218 en Espagne. Après de brillants succès, ils furent accablés par des forces supérieures et périrent. Un jeune chevalier, Marcius, sauva les débris de leurs troupes, et la confiance renaissait déjà, quand le fils de Cornélius Publius Scipion vint, à peine âgé de vingt-quatre ans, prendre le commandement de l'armée d'Espagne (211). Dès les premiers jours, il se signala par une grande entreprise, la surprise de Carthagène, l'arsenal des Carthaginois dans la Péninsule (210). Sa douceur envers les otages espagnols qu'il y trouva lui valut la reconnaissance et le dévouement de ces peuples. Avec leur secours il battit Asdrubal, qu'il laissa pourtant échapper. Les autres généraux carthaginois, vaincus par ses lieutenants ou par lui-même, furent contraints de reculer jusqu'à Gadès, qu'il prit au retour d'un voyage en Afrique, où il décida Syphax, roi des Numides, à signer une alliance avec Rome (205). Ces succès lui valurent le consulat et lui donnèrent la confiance d'attaquer Carthage elle-même. Malgré l'opposition de Fabius, qu'effrayait cette témérité, il fit voile de Syracuse et débarqua en Afrique, où des deux rois numides sur lesquels il comptait, l'un, Syphax, était ennemi, l'autre, Massinissa, dépouillé. Mais il dispersa toutes les armées qui lui furent opposées, et réduisit Carthage, menacée d'un siége, à rappeler Annibal.

Avant de livrer la bataille qui allait décider des destinées du monde, Annibal demanda la paix. Mais la paix, sans une défaite d'Annibal, aurait été sans gloire et sans durée; Scipion refusa. Tout ce qu'enseignait l'art de la guerre et une vieille expérience fut de part et d'autre appliqué (202). Annibal, vaincu, s'enfuit du champ de bataille de Zama, que couvraient vingt mille de ses soldats, jusqu'à Adrumète, et de là à Carthage, où il rentra trente-cinq ans après en être sorti.

Scipion ne demanda pas l'extradition d'Annibal, et fixa les conditions suivantes: Carthage gardera ses lois et ce qu'elle possède en Afrique; elle livrera les prisonniers, les transfuges, tous ses navires excepté dix, tous ses éléphants, sans pouvoir en dompter d'autres à l'avenir; elle ne fera point de guerres, même en Afrique, sans la permission de Rome, et elle ne pourra lever des mercenaires étrangers; elle payera dix mille talents en cinquante ans, indemnisera Massinissa et le reconnaît pour allié. Scipion reçut quatre mille prisonniers, d'assez nombreux transfuges qu'il fit mettre en croix ou périr sous la hache, et cinq cents vaisseaux qu'il fit brûler en pleine mer. Carthage était désarmée. Pour qu'elle ne pût se relever, Scipion plaça près d'elle un ennemi irréconciliable, Massinissa, qu'il reconnut comme roi de Numidie (201).

Le retour de Scipion à Rome fut le plus magnifique triomphe. On lui donna le nom d'Africain; le peuple lui offrit le consulat et la dictature à vie. Ainsi Rome oubliait ses lois pour mieux honorer son heureux général. Elle offrait à Scipion ce qu'elle laissera prendre à César; c'est que Zama n'était pas seulement la fin de la seconde guerre punique, mais le commencement de la conquête du monde.

3. Troisième guerre punique; Scipion Émilien; ruine de Carthage.

Depuis Zama, l'existence de Carthage, livrée sans défense aux coups de Massinissa, n'avait été qu'une lente agonie. En 193, ce prince lui avait pris le riche territoire d'Emporie ; onze ans après, des terres considérables, en 174, toute la province de Tysca et soixante-dix villes. Cette fois, les Carthaginois réclamèrent à Rome. C'était à la veille de la guerre contre Persée, le sénat promit justice. Massinissa n'en garda pas moins le territoire contesté. Caton, envoyé comme arbitre, avait trouvé, avec surprise et colère, Carthage riche, peuplée, prospère. Aussi, depuis ce temps, ne cessa-t-il de répéter à la fin de chaque discours : « Et, de plus, je pense qu'il faut détruire Carthage, « *delenda est Carthago* ». L'occasion s'en présenta bientôt. Carthage ayant repoussé une attaque de Massinissa, le sénat se plaignit de cette prise d'armes comme d'une violation du traité. En vain Carthage proscrivit les auteurs de la guerre et envoya des ambassades à Rome. « Donnez satisfaction au peuple romain, » disaient les pères conscrits; et quand les députés demandaient quelle satisfaction : « Vous devez le savoir. » Ils ne purent obtenir d'autre réponse (149). Quand les consuls débarquèrent en Afrique avec quatre vingt mille soldats, ils demandèrent qu'on leur livrât les armes et les machines de guerre, et, lorsqu'ils eurent tout reçu, ils dirent : « Maintenant, vous abandonnerez votre ville et vous irez vous établir à dix milles dans les terres. » L'indignation réveilla ce peuple immense. Nuit et jour on fabriqua des armes et Asdrubal réunit dans son camp de Néphéris jusqu'à soixante-dix mille hommes. La position n'était pas sans danger pour les Romains, et plus d'une fois, sans la valeur de Scipion Émilien, alors tribun, plusieurs corps se seraient trouvés dans un danger imminent. La discipline aussi s'altérait. Heureusement Scipion obtint, sans l'avoir demandé, le consulat et la direction de cette guerre. Il rendit aux soldats l'habitude de l'obéissance, du courage et des travaux pénibles. Carthage était située sur un isthme, il le coupa d'un fossé et d'un mur. Pour affamer ses sept cent mille habitants, il ferma le port avec une digue immense. Les Carthaginois creusèrent dans le roc une nouvelle sortie vers la haute mer; et une flotte, bâtie avec les débris de leurs maisons, faillit surprendre les galères romaines. Mais il la repoussa, et, laissant la famine faire d'affreux ravages dans la ville, il alla, durant l'hiver, forcer le camp de Néphéris. Au retour du printemps, il enleva la muraille que baignait le port Cothon. Les Romains étaient dans la ville. Pour atteindre la citadelle Byrsa, placée au centre, il fallut traverser de longues rues étroites, où les Carthaginois, retranchés dans les maisons, firent une résistance acharnée. L'armée mit six jours et six nuits à atteindre la citadelle. Sur la promesse qu'ils auraient la vie sauve, cinquante mille hommes en sortirent ; à leur tête était Asdrubal. Sa femme, après avoir insulté, du haut des murs, à sa lâcheté, égorgea ses deux enfants et se précipita elle-même dans les flammes. Scipion abandonna au pillage ces ruines fumantes, et des commissaires envoyés par le sénat firent du territoire carthaginois une province romaine, l'*Afrique* (146).

XVIII. GUERRES EXTÉRIEURES DES ROMAINS PENDANT LA PÉRIODE DES GUERRES PUNIQUES.

1. GUERRE D'ILLYRIE. — 2. GUERRE CONTRE ANTIOCHUS. — SCIPION L'ASIATIQUE — GUERRES CONTRE PHILIPPE ET PERSÉE. — T. QUINTIUS FLAMININUS ET PAUL ÉMILE. — GUERRE CONTRE LES ACHÉENS. — RUINE DE CORINTHE. — 3. GUERRES EN ESPAGNE. — VIRIATHE. — RUINE DE NUMANCE.

1. Guerre d'Illyrie.

Cette guerre eut lieu dans l'intervalle qui sépare la première de la seconde guerre punique. L'Adriatique était alors infestée de pirates illyriens. Sur les plaintes qui s'élevaient de toutes parts, le sénat envoya des ambassadeurs à la veuve de leur dernier roi, Teuta, qui gouvernait au nom de son fils Pineus. Elle répondit en faisant égorger deux députés qui lui avaient trop fièrement parlé. Le sénat déclara aussitôt la guerre; il envoya deux cents vaisseaux et vingt mille légionnaires avec les deux consuls (229). Corcyre leur fut livrée par Démétrius de Phares, chef illyrien dont les intrigues favorisèrent leurs succès. Aucune place ne put tenir devant eux; et Teuta, effrayée, accorda tout ce qu'on voulut : un tribut, la cession d'une grande partie de l'Illyrie et la promesse de ne pas mettre en mer au delà du Lissus plus de deux navires, encore seraient-ils désarmés (228). Les villes grecques soumises par les Illyriens, Corcyre et Apollonie furent rétablies dans leur pleine indépendance. Une révolte du roi Pinéus et de Démétrius, à qui les Romains avaient donné l'île de Pharos, ne fit qu'appesantir le joug sur les Illyriens (219). Rome avait donc acquis sur le continent grec de bons ports et une province, poste avancé qui couvrit l'Italie et menaça la Macédoine.

Deux ans auparavant les Romains avaient occupé l'Istrie. Là ils étaient maîtres d'une des portes de l'Italie et ils s'établissaient au nord de la Macédoine, qu'ils menaçaient déjà du côté de l'Illyrie.

2. Guerre contre Antiochus. — Scipion l'Asiatique. — Guerres contre Philippe et Persée. — T. Quintius Flamininus. — Paul Émile. — Guerre contre les Achéens. — Ruine de Corinthe.

Ces guerres ont été déjà racontées. Nous renvoyons, pour la première, à la page 64; pour les deux suivantes, à la page 61; et pour la quatrième, à la page 62 et 63. Scipion l'Asiatique, le vainqueur d'Antiochus à Magnésie, était le frère de Scipion l'Africain, qui l'accompagna comme lieutenant. De retour à Rome, les deux frères furent accusés, par les tribuns, d'avoir reçu de l'argent pour accorder la paix à Antiochus. L'Africain indigné refusa de répondre, et sortit de Rome ; l'Asiatique, dégradé par Caton de sa dignité de chevalier, fut condamné à rembourser ce qu'on prétendait qu'il avait reçu ; sa pauvreté prouva son innocence. T. Quintius Flamininus est le vainqueur de Philippe à Cynocéphales, et le fondateur de la politique romaine en Grèce, où il demeura longtemps après son commandement, pour organiser dans toutes les villes un parti romain, et en faire chasser les ennemis du sénat. Ainsi il contraria tous les projets de Philopémen et causa le soulèvement de Messène qui coûta la vie à ce grand citoyen. Ce fut lui aussi qui alla demander, au roi de Bithynie, Prusias, la tête d'Annibal réfugié dans ses États ; le héros s'empoisonna. Paul Émile, qui vainquit Persée à Pydna, s'était illustré dans les guerres de Lusitanie et de Ligurie. Son triomphe, où il étala les dépouilles de la Macédoine, fut le plus riche qu'on eût encore vu. Mais de ses deux fils qui devaient être sur son char à ses côtés, l'un venait de mourir ; l'autre expira trois jours après. Dans sa mâle douleur, Paul Émile se félicitait encore de ce que la fortune l'avait choisi pour expier la prospérité publique. « Mon triomphe, disait-il, placé entre les deux convois de mes enfants, aura suffi aux jeux cruels du sort. A soixante ans je retrouve mon foyer solitaire, après y avoir vu une nombreuse postérité ; mais le bonheur de l'État me console. » Il vécut quelques années encore, fut censeur en l'an 160, et mourut dans cette charge.

Mummius, qui vainquit les Achéens et prit Corinthe, est célèbre par sa rudesse. Il ne garda rien pour lui-même du pillage de cette riche cité ; mais il fit cette condition à ceux qui se chargèrent de transporter à Rome les statues et les tableaux, chefs-d'œuvre de l'art, qu'ils les recommenceraient s'ils les détérioraient ou les perdaient en route

3. Guerres en Espagne. — Viriathe. — Ruine de Numance

Les Espagnols, durant la seconde guerre punique, avaient soutenu les Romains par haine de Carthage, mais Rome ne leur apportait pas la liberté. Quand ils virent arriver des préteurs, pour gouverner leur pays comme provinces romaines, ils se soulevèrent (197), et le sénat eut à recommencer la conquête de l'Espagne. Caton y fit, en 195, une campagne brillante, durant laquelle il fit démanteler, en un seul jour, quatre cents villes. Les Espagnols, sans union entre eux, ne pouvaient résister. Tibérius Gracchus leur imposa, en 178, un traité équitable, après lequel ils se tinrent en repos, durant plus de vingt-cinq années. Lorsque Carthage se vit menacée, à l'approche de la troisième guerre punique, un de ses émissaires souleva les Lusitaniens (153), et le général romain Galba perdit neuf mille hommes contre eux. Mais il feignit de traiter avec les Lusitaniens, leur offrit des terres fertiles, puis en massacra trente mille. Accusé à Rome par Caton, il fut acquitté. Dans la Celtibérie, Lucullus, qui n'avait trouvé de soldats à enrôler à Rome qu'après que Scipion Émilien eut donné le premier son nom, n'osa enfreindre la paix signée par son prédécesseur, Marcellus, le fondateur de *Corduba* (Cordoue); mais il attaqua les Vaccéens et assiégea Cauca; les habitants, vivement pressés, ouvrirent leurs portes: il en tua vingt mille et vendit le reste. Aussi les gens d'Intercatia ne se rendirent que sous la garantie de la parole de Scipion (150).

Tant de perfidies devaient porter leurs fruits. Un pâtre, Viriathe, échappé du massacre des Lusitaniens, fit aux Romains une guerre de surprises et d'escarmouches, où ils perdirent leurs meilleurs soldats (149). Pendant cinq années, il vainquit tous les généraux envoyés contre lui. Il parvint même à soulever les Celtibériens. Cette union rendait la guerre plus sérieuse qu'elle ne l'avait encore été. On envoya contre eux Métellus le Macédonique, qui les battit pendant deux ans (143-142), et prit presque toutes leurs villes. Cette puissante diversion n'en servit pas moins Viriathe, en laissant Fabius exposé seul à ses coups. Il l'enferma dans un défilé, et l'obligea à signer un traité où il était dit : « Il y aura paix entre le peuple romain et Viriathe. » (141) Le frère de Fabius, Cépion, se chargea de le venger. Il gagna deux des officiers du héros lusitanien qui l'assassinèrent (140). Son peuple se soumit: Cépion en transporta une partie sur les bords de la Méditerranée, où Brutus, son successeur, leur fit bâtir Valence. Ce général eut encore à vaincre quelques résistances partielles. Des bandes nombreuses couvraient le pays, les femmes elles-mêmes combattaient. Il les détruisit, et pénétra chez les Gallaïques, jusqu'au bord du Grand Océan.

La guerre d'Espagne, terminée au sud par la mort de Viriathe, et à l'ouest par l'expédition de Brutus, se concentrait au nord, vers Numance. En 141, Pompéius fit avec les Numantins un traité qu'il n'osa avouer dans le sénat, et son successeur n'approcha de la ville que pour essuyer une défaite (138). L'année suivante, le consul Mancinus se laissa enfermer par vingt-quatre mille Numantins, et promit la paix si l'on ouvrait les passages. L'ennemi exigea que le traité fût juré par son questeur Tibérius Gracchus (137). Comme aux Fourches caudines, le sénat déchira le traité et livra le consul. Ses successeurs ne surent pas effacer cette honte. Pour abattre cette petite cité espagnole qui ne comptait pas plus de huit cents habitants, mais où sans doute accoururent tous les braves qui ne pouvaient plus combattre ailleurs, il ne fallut pas moins que celui qui avait renversé Carthage (134). Scipion commença par bannir du camp la mollesse et l'oisiveté. Il refoula peu à peu les Numantins dans leur ville et les y enferma par quatre lignes de retranchements. Pressés bientôt par une horrible famine, ils lui demandèrent une bataille. Il ne quitta point son camp et les réduisit à s'entr'égorger (133). Cinquante Numantins seulement suivirent à Rome son char de triomphe. L'Espagne, épuisée de sang, rentra enfin dans le repos. Mais les montagnards du nord, Astures, Cantabres, Vascons, n'étaient pas domptés. La pacification de l'Espagne ne s'achèvera que sous Auguste. — En 124, Métellus prit possession des Baléares, après en avoir presque exterminé les habitants. Et en 133 Attale céda aux Romains son royaume de Pergame, qu'ils eurent pourtant à reconquérir sur un prétendant, Aristonic.

XIX. TRIBUNAT DES GRACQUES.

1. DISCORDES CIVILES AU SUJET DES LOIS AGRAIRES. — 2. CONSÉQUENCES DE CES DISCORDES.

1. Discordes civiles au sujet des lois agraires.

La conquête de tant de provinces avait eu sur les mœurs et par contre-coup sur la constitution des Romains un désastreux effet. L'antique simplicité était abandonnée, et les descendants de Fabricius, de Curius Dentatus et de Régulus affichaient un luxe ruineux. Pour retrouver les trésors perdus dans la débauche ou d'inutiles dépenses on pillait les alliés, on pillait le trésor; et les censeurs, gardiens des mœurs publiques, étaient forcés de chasser du sénat les plus nobles personnages. Si les grands étaient avides, le peuple était vénal. La classe moyenne avait disparu, décimée par la continuité des guerres, ruinée par la décadence de l'agriculture et par la concurrence que les esclaves faisaient aux travailleurs libres. De sorte qu'au lieu de cette population robuste, fière et énergique qui avait fondé la liberté et conquis l'Italie, il n'y avait plus à Rome qu'une foule oisive, affamée, mendiante, recrutée par les affranchissements et qui n'avait pas plus les idées qu'elle n'avait dans les veines le sang des anciens plébéiens. « Il n'y a pas, disait un tribun, il n'y a pas dans Rome deux mille individus qui aient une propriété. » Telle était donc la situation :

deux ou trois cents familles riches à millions, et au-dessous d'elles, bien loin, trois cent mille mendiants; entre eux, rien. C'est-à-dire l'aristocratie la plus orgueilleuse et la plus oppressive et une multitude sans force ni dignité. Les Gracques se proposèrent deux choses : ramener au respect des lois ces grands qui ne respectaient plus rien, et rappeler aux sentiments de citoyens ces hommes qu'on appelait encore le peuple roi, mais que Scipion Émilien qui connaissait leur origine nommait les faux fils de l'Italie.

Tibérius élu tribun commença par le peuple. Pour le ramener à ses anciennes vertus, il fallait lui rendre ses anciennes mœurs; il voulut faire de tous ces pauvres des propriétaires et les régénérer par la vertu du travail. L'État avait des propriétés immenses qui avaient été envahies par les grands. Tibérius songea à reprendre ces terres usurpées pour les distribuer aux pauvres par petits lots inaliénables. Il fit une loi défendant de posséder plus de 500 arpents de terres conquises, et promit une indemnité aux détenteurs dépouillés pour les dépenses faites par eux sur les fonds qu'ils restitueraient. Mais les grands firent à cette proposition la plus vive résistance : et Tibérius, pour briser le véto d'un de ses collègues, Octavius, fut contraint de le déposer. C'était fouler aux pieds l'inviolabilité tribunitienne. Exemple dangereux dont on profita contre lui-même! Les grands, en effet, armèrent leurs esclaves, attaquèrent les partisans du tribun et le tuèrent sur les marches du Capitole (133).

Les amis de Gracchus furent bannis ou exécutés. Mais le peuple se repentit d'avoir laissé tuer son tribun, et le sénat dut exiler son meurtrier, Scipion Nasica. Quand Scipion Émilien revint de Numance la lutte avait recommencé. Ce grand citoyen s'interposa : lui-même cependant il songeait aussi à guérir le mal dont se mourait la république, mais ses adversaires ne lui laissèrent pas le temps de faire connaître ses desseins : une nuit, ils l'assassinèrent (129). Les Italiens, qu'il voulait peut-être faire citoyens de Rome, furent aussitôt chassés de la ville, et une révolte ayant éclaté à Frégelles, on la réprima durement.

Caïus Gracchus, élu tribun en 123, reprit les projets de son frère, fit confirmer de nouveau la loi agraire, établit des distributions de blé au peuple, fonda des colonies pour les citoyens pauvres et porta un coup fatal à la puissance du sénat, en lui enlevant l'administration de la justice pour la donner aux chevaliers. Pendant deux années, Caïus, aimé du peuple, des chevaliers et des Italiens, fut tout-puissant dans la ville. Mais le sénat, pour ruiner son crédit, fit à chaque mesure qu'il proposait ajouter par un tribun à lui, des dispositions plus populaires; et il ne put obtenir sa réélection à un troisième consulat. Cet échec fut comme le signal qu'attendait le consul Opimius; Caïus eut le sort de son frère dont il n'avait peut-être pas l'ambition désintéressée. Trois mille de ses partisans périrent avec lui (121).

2. Conséquences de ces désordres.

Ainsi la première tentative faite par les voies pacifiques, pour réorganiser l'État, avait échoué; les grands avaient appelé à leur aide la violence, résisté à toute réforme, et par conséquent rendu une révolution inévitable. Un État comme un individu vit et se transforme sans cesse. C'est l'obligation de ceux qui sont placés à la tête du gouvernement d'étudier sans relâche les besoins nouveaux qui surgissent, et d'y faire droit en temps utile. Les nobles ne voulurent pas céder aux pauvres les terres usurpées que les Gracques leur redemandaient; dans un siècle ils céderont à Octave leur pouvoir avec leur liberté après avoir passé par les sanglantes tragédies de Marius et de Sylla.

Ce moment unique où la république pouvait être sauvée, une fois passé, ne revint plus. Les violences s'enchaînèrent aux violences. Ceux qui désormais réclameront au nom du peuple, se rappelant quel faible appui les Gracques avaient trouvé dans la multitude du forum chercheront leur force ailleurs. Ils la demanderont aux Italiens comme Cinna, aux provinciaux comme Sertorius, aux légions surtout comme Marius, César et Auguste. Toute réforme sera désormais présentée à la pointe du glaive, ou plutôt il n'y aura plus de réforme poursuivie, mais la vengeance du sang versé; et les chefs du peuple devenus les chefs de l'armée saisiront pour eux-mêmes le pouvoir.

Les conséquences immédiates de la double tragédie que nous venons de raconter furent l'abolition accomplie en 108 de la loi agraire, la restitution, en 106, de la moitié des places de juges aux sénateurs, enfin la crainte inspirée aux tribuns qui, muets de terreur pendant douze années, ne retrouvèrent la voix qu'à la faveur des scandales de la guerre de Numidie.

XX.

1. GUERRE DE JUGURTHA. — 2. INVASION DES CIMBRES ET DES TEUTONS. — 3. MARIUS.

1. Guerre de Jugurtha.

Micipsa, fils de Massinissa et roi de Numidie, avait, à sa mort (118), partagé ses États entre ses deux fils et son neveu Jugurtha. Celui-ci se débarrassa d'un de ses rivaux en l'assassinant; de l'autre, ne pouvant le surprendre, en l'attaquant à force ouverte, malgré la protection de Rome, et en le faisant périr dans les supplices, quand la famine l'eut forcé d'ouvrir les portes de Cirtha, son dernier refuge (112). Le sénat avait vainement envoyé deux ambassades pour le sauver. Tant d'audace appelait un châtiment, mais le premier général qu'on envoya, Calpurnius, lui vendit la paix (111). Un tribun cita le roi à Rome; Jugurtha osa comparaître, et quand le tribun lui ordonna de répondre, un autre qu'il avait acheté lui défendit de parler.

Un compétiteur au trône de Numidie était dans la ville; il le fit tuer (110). Le sénat lui commanda de sortir à l'instant de Rome. « Ville à vendre! s'écria-t-il lorsqu'il en franchit les portes, il ne te manque qu'un acheteur. » Albinus le suivit en Afrique; mais, rappelé par les comices, il laissa à son frère Aulus ses légions, qui, enfermées par les Numides, renouvelèrent la honte essuyée devant Numance, et passèrent sous le joug.

Cette guerre, dont on s'était joué d'abord, devenait inquiétante, parce qu'une autre plus terrible, celle des Cimbres, s'approchait de l'Italie. On envoya en Numidie un homme intègre et sévère, Cæcilius Métellus, qui rétablit la discipline, puis poursuivit, sans treve ni relâche, son infatigable adversaire. Il le battit près du Muthul (109), lui prit Sicca, Vacca, sa capitale, Cirta et toutes les villes de la côte. Le roi, effrayé, demanda la paix et livra deux cent mille livres d'argent avec ses éléphants et tous les transfuges. Mais quand il reçut l'ordre de venir lui-même se rendre au consul, il ne put s'y résoudre. Metellus recommença les hostilités en gardant ce qu'il avait reçu. Jusqu'alors Marius, un de ses lieutenants, l'avait loyalement secondé. Mais Marius voulait le consulat. Il alla le briguer à Rome, promit, s'il était nommé, de ramener bientôt Jugurtha captif, et fut élu (107). Le plus rude de la tâche était fait. Marius n'eut qu'à continuer, en menant plus vivement la guerre. Il battit les Gétules, faillit, même près de Cirtha, tuer de sa main Jugurtha, et lui enleva ce qui lui restait de villes et de châteaux. Le roi des Numides, rejeté sur la Mauritanie, décida son beau-père Bocchus à risquer une grande bataille; elle fut malheureuse. Une seconde rencontre n'eut pas plus de succès. La fidélité de Bocchus ne survécut pas à ce double désastre. Cinq jours après la bataille, il demanda à traiter. Marius confia à Sylla son questeur la dangereuse mission d'aller conférer avec le roi maure. Jugurtha, appelé à une conférence, fut chargé de liens et remis à Sylla, qui lui fit traverser, enchaîné, tout son royaume (106). Marius l'emmena à Rome. Après le triomphe, Jugurtha fut jeté dans le *Tullianum*. « Par Dieu, s'écria-t-il en riant, que vos étuves sont froides. » Il y lutta six jours contre la faim (104). La province d'Afrique fut agrandie d'une partie de la Numidie.

2. Invasion des Cimbres et des Teutons.

Pour s'assurer une route d'Italie en Espagne, les Romains avaient fait la conquête de la Narbonnaise (125); dix ans plus tard, ils commencèrent par la soumission des Carnes, l'asservissement des montagnards des Alpes. Mais ils furent tout à coup arrêtés dans cette œuvre par une formidable invasion. Trois cent mille Cimbres et Teutons, reculant devant un débordement de la Baltique, franchirent le Danube, battirent un consul (113), et dévastèrent, durant trois années, le Norique, la Pannonie et l'Illyrie; quand il n'y resta plus rien à prendre, la horde traversa le pays des Helvètes, dont une partie consentit à les suivre, et tous ensemble ils pénétrèrent en Gaule (110). Arrivés sur les bords du Rhône, ils écrasèrent une seconde armée romaine. En 107, deux autres furent encore exterminées. Heureusement les Barbares passèrent une année à jouir de leurs victoires; ils laissèrent même le consul Cépion saccager Toulouse.

L'année suivante, le sénat envoya une nouvelle armée et un autre consul, Manlius, qui dut partager avec Cépion le commandement. Cette mesure mauvaise amena un épouvantable désastre : les deux camps, attaqués l'un après l'autre, furent forcés; quatre-vingt mille légionnaires, quarante mille esclaves ou valets d'armée tombèrent sous le glaive; tout le reste fut pris. C'était la sixième armée romaine détruite par les Barbares (6 octobre 105). Cependant, au lieu de franchir les Alpes, ils tournèrent vers l'Espagne. Ce retard fut le salut de Rome. Elle eut le temps de rappeler Marius d'Afrique, et de l'envoyer garder les portes de l'Italie. Pour aguerrir ses soldats, il les soumit aux plus pénibles ouvrages, et quand les Barbares revinrent, les Cimbres prirent à gauche par l'Helvétie et le Norique, pour descendre par le Tyrol et la vallée de l'Adige. Les Teutons marchèrent à Marius qui, afin d'habituer ses soldats à voir de près les Barbares, leur refusa longtemps de combattre. L'action s'engagea près d'Aix; les Romains firent un horrible carnage (102).

Restaient encore les Cimbres. Catulus, qu'on avait chargé de défendre contre eux le passage des Alpes, s'était réfugié derrière l'Adige, et bientôt derrière le Pô. Marius, fut envoyé en toute hâte au secours de son collègue. Les Cimbres attendaient pour combattre l'arrivée des Teutons; ils ne voulaient pas croire à leur défaite et ils firent demander à Marius des terres pour eux et pour leurs frères. « Ne vous inquiétez pas de vos frères, leur dit le consul, ils ont la terre que nous leur avons donnée, et qu'ils conserveront à jamais. » Les Cimbres lui demandèrent alors de fixer le jour et le lieu du combat. Il leur proposa la plaine de Verceil. Ce fut, comme à Aix, un immense massacre. Les femmes barbares, plutôt que de se rendre, égorgerent elles-mêmes leurs enfants, puis se tuèrent: on fit pourtant plus de soixante mille prisonniers, mais on massacra deux fois autant de Barbares (101).

3. Marius.

Le héros de ces deux guerres, Marius, était un citoyen d'Arpinum, rude et illettré, soldat intrépide, bon général, mais aussi irrésolu au forum qu'il était ferme dans les camps. Au siége de Numance, Scipion l'avait remarqué; l'appui des Métellus qui avaient toujours protégé sa famille le fit arriver, en 119, au tribunat. Son premier acte fut une proposition contre la brigue. Toute la noblesse se récria contre cette audace d'un jeune homme inconnu; mais, dans le sénat, Marius menaça le consul de la prison, et appela son viateur pour y traîner Métellus. Le peuple applaudissait; quelques jours après, le tribun fit rejeter une distribution gratuite de blé. Cette prétention de faire la leçon aux deux partis tourna tout le monde contre lui. Aussi échoua-t-il, quand il brigua l'une après l'autre les deux édilités. En 117, il n'obtint la préture que le dernier. Cette difficulté à se faire jour ralentit son zèle; il passa obscurément sa préture à Rome et sa propréture en Espagne. A son retour, le paysan d'Arpinum scella sa paix avec les nobles par un grand mariage: il épousa la patricienne Julia, grand'tante de César; et Métellus, oubliant, en faveur de ses talents militaires, la conduite qu'il avait tenue dans son tribunat, l'emmena, comme son lieutenant, en Numidie. D'abord Marius le seconda loyalement, puis il le décria parmi les soldats et brigua sa place. « Il sera temps pour toi, lui répondit dédaigneusement Métellus, de songer au consulat quand mon fils sera en âge de l'avoir; » et il n'accorda de congé à son lieutenant que douze jours avant les comices. Marius fit une telle hâte, qu'il arriva à temps. Mais il regarda son élection comme un triomphe contre les nobles, et dès lors il commença à les attaquer avec violence. La prise de Jugurtha et les dangers de Rome le firent continuer quatre années de suite dans le consulat. Son ambition n'en fut pas rassasiée. Quand il rentra dans Rome, il voulut être une sixième fois nommé consul. Mais les grands trouvaient que le paysan d'Arpinum avait eu assez d'honneurs; ils lui opposèrent son ennemi personnel, Métellus le Numidique. Marius fut réduit cette fois à acheter les suffrages. Il ne le leur pardonna pas, et les laissa attaquer par un démagogue de bas étage, Saturninus. Il briguait, en 102, le tribunat; un ami des nobles fut élu: Saturninus l'égorgea et prit sa place. Aussitôt il proposa une loi agraire pour les vétérans de Marius. Métellus s'étant opposé à cette loi, il le fit exiler.

Marius avait satisfait son ambition et sa haine; il était tout-puissant; mais il ne sut que faire de ce pouvoir; et Saturninus enhardi par sa faiblesse prit le premier rôle. Ses desseins sont mal connus; peut-être qu'il n'en eut pas. Cependant les Italiens, les étrangers l'entouraient; et une fois on les entendit le saluer du nom de roi. Pour faire arriver au consulat un de ses complices, le préteur Glaucia, il fit tuer un des consuls élus; mais le peuple s'indigna, et Marius fut contraint d'assiéger, dans le Capitole, puis de laisser lapider ceux qu'il avait peut-être secrètement soutenus. Ce jeu double tourna tout le monde contre lui; on rappela Métellus, et, pour ne pas voir son retour triomphant, Marius, sous prétexte d'aller accomplir des sacrifices qu'il avait voués à Cybèle, partit pour l'Asie dans la secrète espérance d'amener, entre Mithridate et la république, une rupture que Saturninus avait déjà provoquée par ses insultes (98). Il avait besoin d'une guerre pour se relever aux yeux de ses concitoyens. Il disait lui-même : « Ils me regardent comme une épée qui se rouille dans la paix. »

XXI.

1. GUERRE SOCIALE. — SYLLA. — 2. PREMIÈRE GUERRE CONTRE MITHRIDATE. — 3. GUERRE CIVILE ET PROSCRIPTIONS.

1. Guerre sociale. — Sylla.

La guerre de Jugurtha et celle des Cimbres avaient fait la fortune de Marius, les trois guerres qui sont l'objet de ce chapitre firent la fortune de Sylla. Sylla, de l'illustre maison *Cornélia*, fut d'abord questeur de Marius, dans la guerre de Numidie. Avide de gloire, brave, éloquent, et d'un zèle, d'une activité que rien n'arrêtait, Sylla fut bientôt cher aux soldats et aux officiers. Marius lui-même aima ce jeune noble qui ne comptait pas sur ses ancêtres, et il lui donna la dangereuse mission d'aller traiter avec Bocchus. Ce fut aux mains de Sylla que Jugurtha fut livré. Marius l'associa à son triomphe, et l'employa encore dans la guerre contre les Cimbres; mais une mésintelligence survenue entre eux fit passer Sylla dans l'armée de Catulus. Plus tard, Sylla commanda en Asie. La guerre sociale fit éclater ses talents.

Les Italiens, associés à tous les dangers des Romains, voulaient depuis longtemps être associés aussi à leurs privilèges, et réclamaient le droit de cité. Scipion Émilien, Gracchus, peut-être Marius, Saturninus, et, en dernier lieu, le tribun Drusus, en 91, le leur firent espérer. Mais les chevaliers assassinèrent Drusus, et les alliés, fatigués d'une si longue attente, résolurent de se faire rendre justice par les armes. Les Marses se mirent à la tête du mouvement, et l'âme de la guerre fut leur compatriote Pompedius Silo. Huit peuples, les Picentins, les Vestins, les Marses, les Marrucins, les Péligniens, les Samnites, les Lucaniens et les Apuliens, se donnèrent des otages et concertèrent un soulèvement général. Ils ne devaient tous former qu'une même république organisée à l'image de Rome, ayant un sénat de cinq cents membres, deux consuls, douze préteurs, et pour capitale la forte place de Corfinium, qu'ils appelèrent du nom significatif d'Italica. Les Latins, les Étrusques, les Ombriens et les Gaulois restèrent fidèles. Le signal partit d'Asculum où le consul Servilius fut massacré avec tous les Romains qui se trouvaient dans la ville; les femmes même ne furent pas épargnées. Les alliés eurent d'abord l'avantage. La Campanie fut envahie, un consul fut battu, un autre tué. Marius, qui avait un commandement, ne fit rien qui fût digne de sa réputation; il se contenta de se défendre sans prendre jamais l'offensive, et bientôt même, il se retira en prétextant des infirmités. Ses anciennes relations avec les Italiens ne lui permettaient pas un rôle plus actif. Sylla n'avait pas de ces ménagements à garder. Aussi porta-t-il la plus grande énergie dans cette guerre dont tout l'honneur lui revint. Il reconquit d'abord la Campanie, pendant que Pompéius prenait Asculum, et pénétra au cœur du pays samnite où il enleva Bovianum. Les lois Julia et Plautia-Papiria, qui accordèrent le droit de cité aux alliés restés fidèles, amenèrent des défections, et à la fin de la seconde année de cette guerre courte, mais extrêmement meurtrière, il ne restait plus en armes que les Samnites, les Lucaniens et la ville de Nole. On forma de tous les nouveaux citoyens huit tribus qui votèrent les dernières (89). Sylla reçut, en récompense de ses services, le consulat et le commandement de l'armée destinée à agir contre Mithridate.

2. Première guerre contre Mithridate.

Mithridate le Grand, roi de Pont, avait soumis un grand nombre de nations scythiques au delà du Caucase, le royaume du Bosphore Cimmérien, et, dans l'Asie Mineure, la Cappadoce, la Phrygie et la Bithynie. Le sénat, alarmé de ses progrès, ordonna au préteur d'Asie de rétablir les rois de Bithynie et de Cappadoce (90). Mais il fit en silence d'immenses préparatifs; et quand il sut l'Italie en feu, il inonda l'Asie de ses armées. Telle était la haine qu'avait excité partout l'avidité des publicains romains, que quatre-vingt mille Italiens furent égorgés dans les villes asiatiques sur un ordre de Mithridate. L'Asie soumise, le roi de Pont envahit la Grèce et s'empara d'Athènes (88).

Il fallait arrêter au plus tôt cette guerre qui s'approchait de l'Italie. Heureusement la guerre sociale finissait. Au printemps de l'an 87, Sylla arriva en Grèce avec cinq légions, et commença aussitôt le siége d'Athènes. Il dura dix mois; Athènes fut noyée dans le sang. Sylla marcha alors contre l'armée pontique, qu'il rencontra près de Chéronée. Ses soldats s'effrayaient de la multitude des ennemis. Comme Marius, il les accabla de travaux jusqu'à ce qu'ils demandassent eux-mêmes le combat. Des cent vingt mille Asiatiques, dix mille seulement se sauvèrent.

Sylla était encore à Thèbes, célébrant sa victoire, lorsqu'il apprit qu'un consul, Valérius Flaccus, passait l'Adriatique avec une armée pour lui enlever l'honneur de terminer cette guerre et exécuter un décret de proscription lancé à Rome contre lui. Dans le même temps, un général de Mithridate, Dorylaüs, arrivait d'Asie avec quatre-vingt mille hommes. Entre deux périls, Sylla choisit le plus glorieux, il marcha contre Dorylaüs. Les deux armées se rencontrèrent en Béotie, près d'Orchomène. Cette fois la lutte fut plus vive; Sylla paya de sa personne; cependant les hordes asiatiques furent encore une fois dispersées. Thèbes et trois autres villes de la Béotie eurent le sort d'Athènes.

Tandis qu'il gagnait cette seconde victoire, Flaccus le devançait en Asie, et Mithridate, menacé par deux armées, fit demander secrètement la paix à Sylla, donnant à entendre qu'il pouvait obtenir d'assez douces conditions de Fimbria. Ce général avait tué Flaccus à Nicomédie, pris le commandement de son armée et fait la guerre pour son compte. Mithridate espérait profiter de la rivalité de ces deux chefs, mais Sylla feignit l'indignation : « Je lui laisse cette main qui a signé la mort de tant de nos citoyens, et il ose réclamer! Dans quelques jours je serai en Asie, et il tiendra alors un autre langage. » Le roi s'humilia et demanda une entrevue. Elle eut lieu à Dardanum dans la Troade. Quand Mithridate, s'avançant à la rencontre de Sylla, lui tendit la main : « Avant tout, dit celui-ci, acceptez-vous les conditions que j'ai faites? » Le roi gardant le silence : « C'est aux suppliants à parler, aux vainqueurs d'attendre et d'écouter les prières. » Mithridate, subjugué, se soumit à tout, restitua ses conquêtes, livra les captifs, les transfuges, deux mille talents et soixante-dix galères. Fimbria était en Lydie; Sylla marcha aussitôt sur lui, entraîna son armée et le réduisit à se donner la mort (84).

3. Guerre civile et proscriptions.

Pendant que Sylla triomphait en Asie, il était proscrit à Rome. Marius, qui avait voulu se faire charger du commandement de la guerre contre Mithridate, s'était entendu avec le tribun Sulpicius, et une émeute avait forcé Sylla à sortir de Rome (88); mais il y était rentré à la tête de ses soldats, et Marius, à son tour, avait dû fuir. Sauvé par les habitants de Minturnes, il se réfugia en Afrique. Là, apprenant que Sylla était parti pour la Grèce après avoir promulgué des lois pour diminuer le pouvoir des tribuns du peuple, et qu'un nouveau consul, Cinna, chassé de Rome pour avoir voulu renverser les lois de Sylla, avait commencé la guerre contre le sénat, il revint et s'unit à lui. Tous deux, avec une armée d'esclaves fugitifs et d'Italiens accourus en foule sous les drapeaux d'hommes qui promettaient de leur livrer les comices, ils battirent les troupes du sénat et forcèrent les portes de Rome. Marius se vengea des grands, amis de Sylla, en proscrivant tous ceux qui lui étaient suspects.

Pendant cinq jours et cinq nuits, on tua sans relâche, jusque sur les autels des dieux. De Rome, la proscription s'étendit à l'Italie entière; on tuait dans les villes, sur les chemins, et comme défense était faite, sous peine de mort, d'ensevelir les cadavres, ils restaient aux places où ils étaient tombés jusqu'à ce que les chiens et les oiseaux de proie les eussent dévorés.

Le 1er janvier 86, Marius prit, avec Cinna, possession du consulat sans élection; mais d'indignes débauches hâtèrent sa fin: le 13 janvier il expira. Il avait mis à prix la tête de Sylla; Valérius Flaccus se chargea d'aller la chercher; on a vu comme il y réussit. Cinna, resté seul, se continua, pendant les deux années suivantes (85 et 84), dans le consulat. Les Italiens répartis dans les trente-cinq tribus, livraient la république à Cinna, qui, consul quatre années de suite, sans élections, exerçait une véritable royauté. Ce parti, formé de toutes les classes inférieures de l'État, montrait déjà avec quelle facilité il accepterait un maître, même indigne.

Cependant Sylla arrivait pour venger ses amis, et lui-même, à la tête de 40 000 vétérans dévoués à sa personne jusqu'à lui offrir leur pécule pour remplir sa caisse militaire. Avant qu'il eût débarqué, Cinna fut égorgé par ses propres soldats. Carbon, son collègue, organisa la résistance. Mais Sylla pénétra sans obstacle jusqu'en Campanie (83), vainquit Norbanus, débaucha une seconde armée qui lui était opposée et vainquit le jeune Marius à Sacriport (82). Cette action lui ouvrit la route de Rome; il y courut, mais arriva trop tard pour empêcher de nouveaux meurtres; les plus illustres sénateurs venaient d'être massacrés dans la curie même. Sylla ne fit que traverser Rome pour aller en Étrurie combattre l'autre consul, Carbon. Il lui livra une bataille acharnée, qui dura tout un jour, sans résultat. Métellus et Pompée, qui s'étaient déclarés pour Sylla, l'attaquèrent et furent plus heureux. La défection de la Cisalpine le décida à fuir en Afrique. Sertorius, un autre chef du parti populaire, était déjà parti pour l'Espagne; il ne restait plus, en Italie, que le jeune Marius, enfermé dans Préneste. Les Italiens, ses alliés, tentèrent alors un coup hardi : un chef samnite essaya de surprendre Rome et de la détruire. Sylla eut le temps d'accourir. On se battit près de la porte Colline tout un jour et une nuit entière; l'aile gauche, que Sylla commandait fut mise en déroute. Mais Crassus, avec l'aile droite, dispersa l'ennemi. Le champ de bataille fut couvert de cinquante mille cadavres, dont la moitié étaient Romains.

Le lendemain de ce combat, Sylla haranguait le sénat dans le temple de Bellone: tout à coup on entend des cris de désespoir, les sénateurs se troublent : « Ce n'est rien, dit-il, seulement quelques factieux que je fais châtier, » et il continua son discours : en ce moment, huit mille prisonniers samnites et lucaniens périssaient égorgés. Quand il revint de Préneste, qui avait ouvert ses portes et dont toute la population fut massacrée, les proscriptions commencèrent dans Rome. Chaque jour une liste de proscrits était affichée.

Du 1er décembre 82 au 1er juin 81, pendant six longs mois, on put tuer impunément; on tua encore après, car les familiers de Sylla vendaient le droit de faire placer un nom sur la liste fatale. « Celui-ci, disait on, c'est sa belle villa qui l'a fait périr; celui-là, ses bains dallés de marbre; cet autre, ses magnifiques jardins. » Les biens des proscrits étaient confisqués et vendus à l'encan : ceux de Roscius valaient six millions de sesterces, Chrysogonus les eut pour deux mille. Quel fut le nombre des victimes? Appien parle de quatre-vingt-dix sénateurs, de quinze consulaires et de deux mille six cents chevaliers; Valère Maxime de quatre mille sept cents proscrits. « Mais qui pourrait compter, dit un autre, tous ceux qu'immolèrent les haines privées? » La proscription ne s'arrêta pas aux victimes, les fils et les petits-fils des proscrits furent déclarés indignes d'occuper jamais une charge publique. Dans l'Italie, des peuples furent proscrits en masse; les plus riches cités, Spolete, Interamna, Préneste, Terni, Florence, furent comme vendues à l'encan. Dans le Samnium, Bénévent resta seul debout.

Après avoir tué les hommes par le glaive, Sylla essaya de tuer le parti par des lois. Pour les donner, il voulut bien prendre un titre légal, il se fit nommer dictateur et prit toutes les mesures qu'il crut propres à donner tout pouvoir dans Rome à l'aristocratie. Il rendit au sénat les jugements et la discussion préalable des lois, c'est-à-dire le veto législatif, et il ôta aux tribuns le droit de présenter une rogation au peuple; leur veto fut restreint aux seules affaires civiles, et l'exercice du tribunat ôta le droit de briguer une autre charge. Ainsi le pouple et les grands étaient ramenés de quatre siècles en arrière, les uns à l'obscurité du rôle qu'ils jouaient le lendemain de la retraite au mont Sacré, les autres à l'éclat, à la puissance des premiers jours de la république.

Quand Sylla eut accompli son œuvre, il se retira. Son abdication (79), parut un défi jeté à ses ennemis et une audacieuse confiance dans sa fortune. Retiré dans sa maison de Cumes, il y vécut une année encore. Il avait écrit lui-même son épitaphe; elle était véridique : « nul n'a jamais fait plus de bien à ses amis, ni plus de mal à ses ennemis. »

XXII.

1. SECONDE ET TROISIÈME GUERRE CONTRE MITHRIDATE ; VICTOIRES DE LUCULLUS ET DE POMPÉE. — 2. SERTORIUS. — 3. SPARTACUS ; VICTOIRES DE CRASSUS. — 4. CONJURATION DE CATILINA ; CICÉRON.

1. Seconde et troisième guerre contre Mithridate ; Victoires de Lucullus et de Pompée.

Sylla n'avait pas permis, en 82, que Muréna renouvelât les hostilités avec Mithridate, et cette seconde guerre de peu de durée avait aussi été sans importance. Mais quand le roi de Pont apprit la mort du dictateur (78), il excita sous main le roi d'Arménie, Tigrane, à envahir la Cappadoce. La cession que Nicomède III fit au sénat de la Bithynie (75), le décida à entrer lui-même en lice. Tous les peuples barbares, du Caucase au mont Hœmus, lui fournirent des auxiliaires, des Romains proscrits dressèrent ses troupes, et Sertorius lui envoya des officiers (74).

Lucullus, proconsul de Cilicie, fut chargé de cette guerre. Il marchait sur le Pont, quand il apprit que Cotta, après deux défaites, était bloqué dans Chalcédoine. Il courut le délivrer, et rejeta l'ennemi dans Cyzique ; Mithridate y eût été pris, sans la négligence d'un lieutenant qui le laissa échapper.

Lucullus pénétra alors dans le Pont, enleva Amisus (72), et, l'année suivante, cerna encore une fois l'ennemi et l'affama par d'habiles manœuvres. Mithridate n'échappa qu'en semant ses trésors sur sa route pour arrêter la poursuite ; il se réfugia auprès de Tigrane, roi d'Arménie. Lucullus demanda son extradition. Maître de l'Arménie et vainqueur des Parthes, Tigrane avait encore soumis la Syrie; c'était alors le plus puissant monarque de l'Orient ; aussi avait-il contraint les Parthes à lui laisser prendre le nom de roi des rois. Au temps de sa prospérité, Mithridate n'avait pas voulu reconnaître cette suprématie; aussi avait-il été froidement reçu; l'ambassade de Clodius changea ces dispositions. Tigrane, irrité d'une telle sommation, congédia avec colère l'envoyé de Lucullus. Celui-ci commença aussitôt les hostilités, franchit le Tigre et marcha à la rencontre de deux cent cinquante mille Arméniens avec onze mille soldats et quelque cavalerie. Ce fut assez pour dissiper l'innombrable armée des Barbares, et prendre leur capitale, Tigranocerte.

Lucullus hiverna dans la Gordyène, d'où il invita le roi des Parthes à se joindre à lui. Ce prince hésitant, il résolut de l'attaquer. Mais ses officiers et ses soldats étaient trop riches; ils refusèrent de le suivre, il ne put que dissiper une seconde armée de Tigrane, et prendre Nisibe (67), où il apprit que Pompée le remplaçait.

Pompée, un des lieutenants de Sylla, avait terminé la guerre de Sertorius, détruit les dernières bandes des gladiateurs et les pirates qui couvraient la Méditerranée et affamaient Rome. Ces services, surtout le rétablissement du tribunat dans tous ses droits, mesure qu'il avait provoquée et soutenue, le rendaient, a ce moment, le favori du peuple, et il avait eu peu de peine à se faire donner la charge d'achever ce que Lucullus avait si bien commencé. Mithridate s'était refait une armée; dès la première rencontre, elle fut détruite. Tigrane à son tour, menacé et affaibli par la trahison d'un fils rebelle qui se réfugia auprès de Pompée, fut contraint de venir s'humilier lui-même. L'Arménie soumise, Pompée alla chercher Mithridate dans le Caucase, vainquit les Albaniens et les Ibériens; mais le roi fuyant toujours devant lui, il abandonna cette poursuite infructueuse, et, au printemps de 64, après avoir organisé dans le Pont l'administration romaine, il descendit en Syrie, réduisit ce pays et la Phénicie en province, et alla prendre Jérusalem où il rétablit Hyrcan, qui promit un tribut annuel.

Durant ces opérations, Mithridate, qu'on avait cru mort, avait reparu avec une armée dans le Bosphore, et forcé son fils Machares à se tuer. Là, malgré ses soixante ans, cet infatigable ennemi voulait pénétrer dans la Thrace, entraîner les Barbares sur ses pas et descendre en Italie à la tête de leurs hordes innombrables; mais ses soldats, épouvantés de la grandeur de ses desseins, se révoltèrent à la voix de son fils Pharnace. Pour ne pas être livré vivant aux Romains, il se fit tuer par un Gaulois (63). Pompée n'eut plus qu'à régler le sort de l'Asie. Pharnace garda le Bosphore. Le roi galate Déjotarus obtint quelques accroissements de territoire. Un certain Attale et Pylæménès reçurent une partie de la Paphlagonie; Ariobarzane avait recouvré la Cappadoce, Pompée y joignit la Sophène et la Gordyène; puis des villes furent fondées, d'autres repeuplées. La formule des nouvelles provinces, le Pont, la Cilicie, la Syrie et la Phénicie, fut écrite. Toute l'Asie antérieure, du Pont-Euxin à la mer Rouge, se trouva reconstituée.

2. Sertorius.

Sertorius était un des chefs du parti populaire qui s'était retiré en Espagne, dès qu'il avait vu les fautes et l'inévitable défaite de Carbon en Italie. Chassé par un lieutenant de Sylla, puis rappelé par les Lusitaniens, il associa à ses projets les Espagnols, qui croyaient combattre pour leur indépendance, et tint tête, pendant huit années, aux meilleurs généraux du sénat (80-72). Métellus, son premier adversaire, fatigué par la guerre d'escarmouches et de surprises que lui faisait Sertorius, fut contraint d'appeler à son aide le gouverneur de la Narbonaise, puis Pompée (76), qui fut battu en plusieurs rencontres; malheureusement, l'habile chef était mal secondé. Partout où il n'était pas, ses lieutenants étaient battus; un d'eux, Perpenna, le trahit même et l'assassina dans sa tente (72); mais, incapable de soutenir le rôle que sa victime avait si bien joué, il tomba entre les mains de Pompée, qui employa une année à pacifier la Péninsule.

3. Spartacus ; victoires de Crassus.

Soixante-dix-huit gladiateurs échappés de Capoue, où l'on en dressait un grand nombre, s'étaient emparés d'un poste naturellement fort, d'où sous la conduite d'un esclave thrace, Spartacus, ils repoussèrent quelques troupes envoyées contre eux. Ce succès leur attira un grand nombre de bouviers et de pâtres des environs. Un second général ne fut pas plus heureux; Spartacus se saisit de ses licteurs et voulut conduire son armée vers les Alpes pour franchir ces montagnes et rendre chaque esclave à son pays. Mais les siens, avides de butin et de vengeance, refusèrent de le suivre, et se répandirent dans l'Italie pour la ravager. Le sénat se vit réduit à diriger contre eux les deux consuls : Spartacus les battit. Crassus, à qui on remit le commandement suprême, vit un de ses lieutenants écrasé; il parvint cependant à enfermer les gladiateurs à l'extrémité du Brutium, où leur chef les avait conduits pour les faire passer en Sicile; mais, avant que l'ouvrage fût terminé, Spartacus profita d'une nuit neigeuse pour combler les travaux et s'échapper. La division se mit alors parmi les siens, et Crassus battit quelques corps détachés. Spartacus, seul, semblait invincible; la confiance que ses succès inspirèrent aux gladiateurs finit par le perdre. Ils l'obligèrent à livrer une action décisive où il succomba après avoir montré un courage héroïque (71).

4. Conjuration de Catilina. — Cicéron.

Cicéron était d'Arpinum comme Marius. Son élocution, abondante et fleurie, révéla de bonne heure en lui l'orateur disert. Après quelques succès au barreau, il eut le courage d'aller encore étudier en Grèce. Il débuta dans les charges publiques par la questure, et accusa, au nom des Siciliens, Verrès, leur ancien gouverneur, dont le nom est resté celui du pillard le plus éhonté et le plus avide que Rome ait connu. Ce procès, qui eut un immense retentissement, porta très haut la renommée de l'accusateur, dont aujourd'hui encore nous admirons *les Verrines*. Mais Cicéron, homme nouveau, avait besoin d'un appui : il rechercha celui de Pompée, et contribua à lui faire décerner des pouvoirs extraordinaires. Cependant il reconnut bientôt à quoi tendait ce personnage qui osait se vanter de n'avoir jamais eu d'autre général que lui-même ; et entre tous ces ambitieux, Pompée, César, Catilina, il chercha à former le parti des honnêtes gens, qui se donna pour mission de défendre la république. Son consulat parut être la réalisation de ce dessein (63).

Le gouvernement était alors sérieusement menacé par une vaste conspiration. Catilina s'était signalé durant les proscriptions parmi les meurtriers les plus féroces ; il avait tué son beau-frère ; il égorgea son épouse et son fils pour décider une femme à lui donner sa main. Propréteur en Afrique, il y commit de terribles concussions (66). A son retour, il brigua le consulat ; mais une députation de la province l'accusait ; le sénat raya son nom de la liste des candidats. Il y avait longtemps qu'il s'était uni à tout ce que Rome renfermait de gens infâmes et coupables ; un premier complot fut formé pour égorger les consuls. Deux fois le coup manqua. La partie fut remise à l'année 63. Cicéron avait alors les faisceaux consulaires. Il reconnut combien le danger était grand. Catilina, en effet, avait réuni des forces en divers lieux. Les vétérans de l'Ombrie, de l'Étrurie et du Samnium s'armaient pour lui, et la flotte d'Ostie paraissait gagnée. Sittius, en Afrique, promettait de soulever cette province et peut-être l'Espagne. A Rome même, Catilina croyait pouvoir compter sur le consul Antonius. Un des conjurés était tribun désigné, un autre préteur. En plein sénat il avait osé dire : « Le peuple romain est un corps robuste, mais sans tête, je serai cette tête ». Bientôt on apprit que des rassemblements se formaient dans le Picénum et l'Apulie, et qu'un ancien officier de Sylla, Mallius, était devant Fésules avec une armée. Les consuls furent aussitôt investis par le sénat d'un pouvoir discrétionnaire ; mais Catilina restait dans Rome ; Cicéron l'en chassa par un véhément discours où il dévoilait tous ses plans. Alors débarrassé du chef qui, en allant rejoindre Mallius, se déclarait lui-même ennemi public, il se saisit de ses complices, les fit condamner par le sénat et aussitôt exécuter. Cette énergie intimida le reste des conjurés, et Antonius marcha lui-même contre Catilina, qui fut tué près de Pistoia après avoir vaillamment combattu. Lorsqu'en sortant de charge Cicéron voulut haranguer le peuple, un tribun factieux lui ordonna de se borner au serment d'usage, qu'il n'avait rien fait de contraire aux lois. « Je jure, s'écria Cicéron, je jure que j'ai sauvé la république! » A ce cri éloquent, Caton et les sénateurs répondirent en le saluant du nom de Père de la patrie, que le peuple entier confirma par ses applaudissements.

XXIII.

1. PREMIER TRIUMVIRAT. — CONSULAT DE CÉSAR. — 2. GUERRE DES GAULES. — 3. CRASSUS DÉFAIT PAR LES PARTHES. — 4. GUERRE CIVILE ENTRE CÉSAR ET POMPÉE. — 5. DICTATURE ET MORT DE CÉSAR.

1. Consulat de César.

César, d'une des plus illustres familles de Rome, avait, dès l'âge de dix-sept ans, bravé Sylla. Nommé édile en 64, il avait, malgré le sénat, relevé au capitole les trophées de Marius, son grand oncle. Il s'était ruiné pour acheter la faveur du peuple et le titre de souverain pontife. En l'an 62, il devait déjà huit cent cinquante talents, et il fallut que le riche Crassus le cautionnât pour que ses créanciers le laissassent aller prendre possession de son gouvernement de l'Espagne ultérieure. Quand il en revint, en 60, il trouva Pompée et Crassus mécontents du sénat : l'un, parce qu'on ne ratifiait pas ses actes en Asie; l'autre, parce qu'on le laissait sans influence dans l'État. César les rapprocha et les amena à former une secrète union, qu'on a désignée sous le nom de *triumvirat*. Tous trois se jurèrent de mettre en commun leur crédit et leurs ressources, et de ne parler, de n'agir en toute affaire que conformément aux intérêts de l'association. Mais ce fut César qui recueillit les premiers et les plus sûrs profits de l'alliance : ses deux collègues s'engagèrent à le porter au consulat. Son premier soin fut de proposer une loi agraire, qu'il fit passer malgré le sénat et malgré son collègue Bibulus. Le peuple ainsi gagné, il s'attacha l'ordre équestre en diminuant d'un tiers le prix des fermes de l'Asie. Il put alors faire confirmer les actes de Pompée en Asie. Pour lui-même, il se fit donner par le peuple le gouvernement pendant cinq années de la Gaule cisalpine et de l'Illyrie, avec trois légions. Caton eut beau s'écrier d'une voix prophétique : « C'est la tyrannie que vous armez, et vous la mettez dans un fort au-dessus de vos têtes. » le sénat, tremblant, se hâta d'ajouter à ce don, en gage de réconciliation, une quatrième légion et une troisième province, la Gaule Transalpine, où la guerre était imminente (59). Avant de s'éloigner, César eut soin de faire arriver au tribunat un homme sur qui il pouvait compter, pour tenir en bride, pendant son absence, et le sénat et Pompée. Clodius le débarrassa d'abord de deux personnages qui le gênaient, de Caton, dont l'austère vertu ne capitulait jamais avec le devoir, et de Cicéron, dont on redoutait le patriotisme et l'éloquence. Sous prétexte que le grand orateur avait illégalement fait mourir les complices de Catilina, Clodius le fit exiler à quatre cents milles de Rome. Pour Caton, Clodius lui fit ordonner d'aller réduire Chypre en province.

2. Guerre des Gaules.

Les Romains avaient depuis l'an 125 une province en Gaule et ils avaient noué des relations d'amitié avec les Édues. Ceux-ci avaient pour voisins les Séquanes dont une partie des terres fut envahie par un chef germain, Arioviste, qui passa le Rhin avec 120 000 guerriers, battit les Séquanes qui l'avaient appelé, les Éduens qui avaient secouru ce peuple, et fit peser sur la Gaule orientale une dure oppression. C'était le commencement de l'invasion germanique. Rome devait veiller sur ce mouvement. Un autre fait appela de ce côté l'attention de César. Les Helvètes fatigués des incursions des Suèves voulaient quitter leurs montagnes pour aller chercher aux bords de l'Océan un climat moins rude et une existence moins troublée. On ne pouvait prévoir ce qu'il adviendrait de tous ces changements. César résolut de s'y opposer. Les Helvètes ayant franchi le Jura il les atteignit aux bords de la Saône, en extermina une partie et obligea le reste de regagner ses montagnes. Il se trouva ensuite en face d'Arioviste. Après un choc meurtrier les Barbares furent jetés dans le Rhin (58). La Gaule était délivrée, mais les Belges s'alarmèrent de voir les Romains si près d'eux. Une vaste ligue se forma, mais la trahison des Remes et une diversion faite par les Éduens rompit la coalition. Chaque peuple attaqué à part se soumit, hors les Nerviens qui faillirent exterminer l'armée romaine, et les Atuatiques qui furent tous vendus après la prise de leur ville. Durant cette expédition au nord-est le jeune Crassus avait parcouru l'Aquitaine (57).

La troisième campagne fut employée à soumettre l'Armorique et les Aquitains; la quatrième et la cinquième à faire deux expéditions au-delà du Rhin pour ôter aux Barbares l'envie de passer ce fleuve et d'aider les Gaulois dans leur résistance: deux descentes en Bretagne pour isoler aussi la Gaule de cette île, foyer de la religion druidique. Sauf quelques soulèvements partiels qui éclatèrent en 54 et 53 et dont l'Éburon Ambiorix et le Trévire Indutiomar étaient l'âme, la Gaule entière semblait résignée au joug. Cependant une révolte générale se préparait de la Garonne à la Seine. Un jeune chef Arverne proclamé Vercingétorix ou généralissime, dirigea le mouvement (52). Les légions étaient dispersées, César accourut au milieu d'elles les mena contre Génabum (Orléans), où tous les Romains qui s'y trouvaient avaient été égorgés, et enleva Avaricum (Bourges) la seule ville des Bituriges qu'ils n'eussent pas incendiée. Une attaque contre Gergovie (Clermont) réussit mal: César se hâta de rejoindre son lieutenant Labiénus qui venait de se dégager par une victoire près de Paris. Trois peuples seulement restaient fidèles, les Lingons, les Rèmes et les Trévires, et 200 000 Gaulois venaient lui demander le combat. Il les vainquit et les rejeta en désordre dans Alésia qu'il entoura en quelques jours de travaux formidables. La Gaule entière vint se briser contre ses lignes et le Vercingétorix fut réduit à se livrer lui-même (52). Il n'y eut plus que quelques mouvements partiels terminés en 51 par la prise d'Uxellodunum. César passa une année encore à organiser sa conquête qu'il traita doucement.

3. Crassus défait par les Parthes

Tandis que César soumettait la Gaule à force d'activité et de génie, un des triumvirs, Crassus, entreprenait une expédition contre les Parthes. Après avoir pillé les temples de Syrie et celui de Jérusalem, il franchit l'Euphrate avec sept légions, s'enfonça dans les immenses plaines de la Mésopotamie, et bientôt rencontra l'innombrable cavalerie des Parthes conduite par le suréna ou généralissime. Quand ces cavaliers se précipitèrent sur les légions, les rangs serrés résistèrent au choc; mais les armes des Romains leur devinrent inutiles. S'ils avançaient, les Parthes fuyaient; s'ils s'arrêtaient, les escadrons tournaient autour de cette masse immobile et la criblaient de traits. Le jeune Crassus chargea à la tête de treize cents chevaux. Les ennemis cédèrent, l'attirèrent loin du champ de bataille, puis ils firent volte-face et l'entourèrent. Crassus, criblé de blessures, se fit tuer par son écuyer pour ne pas être pris vivant. Les Parthes coupèrent sa tête et vinrent la promener en face des légions qui reculèrent jusqu'à Carrhes, abandonnant quatre mille blessés. Le lendemain on continua la retraite, mais le triumvir fut bientôt rejoint par les Parthes, et ses soldats effrayés le forcèrent à accepter une entrevue avec le suréna. C'était un guet-apens. Crassus et son escorte furent massacrés. Quelques faibles débris purent passer l'Euphrate, que les Parthes à leur suite franchirent. Mais Cassius, parti de Carrhes avant son général et heureusement arrivé en Syrie, avait eu le temps d'organiser la défense ; il les repoussa (53).

4. Guerre civile entre César et Pompée. — Dictature et mort de César.

Durant la guerre des Gaules, Pompée était resté à Rome. Insulté chaque jour par Clodius, il rappela d'abord Cicéron, puis suscita contre le tribun, Milon qui tint tête à Clodius avec une bande de gladiateurs. La violence de ces deux hommes troubla la ville jusqu'à l'année 52 où Milon en finit en tuant Clodius. Ces désordres rapprochèrent Pompée du sénat, qui le gagna tout à fait en le faisant nommer seul consul (52), avec un pouvoir absolu. C'était une royauté déguisée ; mais, en face de César, dont la gloire devenait chaque jour plus menaçante, le sénat avait besoin d'un général et d'une armée. Caton lui-même avait approuvé ces concessions. Pompée arrivait donc comme il l'avait toujours souhaité, à l'usurpation par les voies légales ; mais ce pouvoir il s'agissait maintenant de le défendre contre son ancien associé du triumvirat. Aussitôt les attaques contre César commencèrent. En vain le tribun Curion demanda que, si l'on dépossédait César, il fallait que Pompée abdiquât. Le 1er janvier 49, un décret du sénat traita César d'ennemi public s'il n'abandonnait pas ses troupes et ses provinces. Deux tribuns qui faisaient opposition furent menacés par les pompéiens, et s'enfuirent vers lui. Il n'hésita pas plus, franchit le Rubicon, limite de son gouvernement, et, en soixante jours, chassa d'Italie Pompée et les sénateurs qui voulurent le suivre (49). Pompée avait une armée en Espagne, il courut l'attaquer, l'enveloppa et la força de mettre bas les armes. Au retour, il prit Marseille, et retourna à Rome avec le titre de dictateur, que le peuple lui avait décerné.

Pompée s'était retiré vers Pyrrachium en Épire, où il appelait à lui toutes les forces de l'Orient. César, en janvier 48, passa l'Adriatique, essaya d'envelopper son adversaire, bien qu'il eût des forces très-inférieures. Repoussé dans une attaque contre des positions trop fortes, et manquant de vivres, il passa dans la Thessalie, où Pompée eut l'imprudence de le suivre. La bataille de Pharsale, la défaite et la fuite de Pompée jusqu'en Égypte où il fut tué en trahison au moment où il débarquait sur une terre qu'il croyait amie, laissèrent César sans rival, sinon sans danger. Avec son activité ordinaire, il suivit Pompée comme à la piste, et arriva en Égypte quelques jours après lui. Les ministres du jeune Ptolémée comptaient sur une récompense, il ne leur témoigna que de l'horreur, et rappela Cléopâtre, la sœur du roi, de Syrie où elle s'était réfugié, et voulut qu'elle régnât conjointement avec son frère. Les ministres soulevèrent alors l'immense peuple d'Alexandrie, et le vainqueur de Pharsale se vit assiégé pendant sept mois avec quatre mille légionnaires dans le palais des rois. Des secours qui lui arrivèrent d'Asie, le dégagèrent; il prit l'offensive et défit l'armée royale. Le jeune roi se noya dans le Nil en fuyant, et Cléopâtre resta seule maîtresse de l'Égypte. La bibliothèque d'Alexandrie avait été incendiée durant la lutte (48). César revint à Rome par l'Asie, où il battit Pharnace. *Veni, vidi, vici*, écrivit-il au sénat (47). Une autre guerre l'attendait : les débris de Pharsale, réfugiés en Afrique, formaient maintenant une armée formidable, qui soutenait Julia, roi des Numides. César vainquit encore à Tapsus, prit Utique, où Caton se tua lui-même pour ne pas survivre à la liberté (46).

Les fils de Pompée soulevèrent encore l'Espagne l'année suivante, et cette dernière lutte ne fut pas la moins difficile. A Munda, César combattit lui-même. Là encore les républicains furent battus; un fils de Pompée fut tué, mais l'autre échappa à toutes les poursuites. Tous les honneurs que la flatterie peut inventer, furent décernés au vainqueur. On le déclara à peu près dieu : il va sans dire qu'on lui abandonna toutes les prérogatives. Au reste, nul ne fit jamais un plus noble usage de son pouvoir. Point de proscription, et l'oubli de toutes les injures : la discipline sévèrement maintenue dans les armées; le peuple repu de festins et de jeux, mais contenu avec fermeté, et l'agriculture italienne encouragée, comme l'avaient voulu les Gracques. Pour son autorité, point de noms nouveaux.

Le sénat, les comices, les magistratures subsistèrent comme par le passé; seulement il concentra en lui seul toute l'action publique, en réunissant dans ses mains toutes les charges républicaines. Comme dictateur à vie et consul pour cinq ans, il eut la puissance exécutive, avec le droit de puiser dans le trésor; comme *imperator*, la puissance militaire; comme tribun, le veto sur le pouvoir législatif. Prince du sénat, il dirigeait les débats de cette assemblée; préfet des mœurs, il la composait à son gré; grand pontife, il faisait parler la religion selon ses intérêts et surveillait ses ministres. Les finances, l'armée, la religion, le pouvoir exécutif, une partie du pouvoir judiciaire, et, indirectement, presque toute la puissance législative étaient donc réunis dans ses mains.

Pour légitimer son usurpation, César avait conçu de grands desseins. Il voulait écraser les Daces et les Gètes, venger Crassus, pénétrer jusqu'à l'Indus, et revenir à travers les Scythes et les Germains domptés, ceindre dans sa Babylone de l'Occident la couronne d'Alexandrie. Alors, maître du monde, il fera couper l'isthme de Corinthe, dessécher les marais pontins, percer le lac Fucin, et jeter par-dessus l'Apennin une grande route de l'Adriatique à la mer de Toscane. Puis il multipliera le droit de cité pour préparer l'unité de l'empire; tous les médecins, les professeurs d'arts libéraux l'ont déjà reçu; et il rassemblera en un seul code les lois romaines, dans une bibliothèque publique tous les produits de la pensée humaine. Quatre-vingt mille colons sont allés porter au delà des mers les coutumes et la langue de Rome; la Sicile entière a reçu le *jus Latii;* les Transpadans, la légion de l'Alouette, tous ceux qui l'ont fidèlement servi, le *jus civitatis;* les grandes injustices de la république sont réparées; Corinthe et Carthage sortent de leurs ruines.

Mais, depuis plusieurs mois, une conjuration était formée; Cassius en était le chef. Il avait entraîné Brutus, neveu et gendre de Caton, qui semblait avoir hérité de ses vertus, mais aussi de son dévouement aveugle et inintelligent aux vieilles institutions. Les tentatives imprudentes faites par César pour se faire donner le titre de roi accrurent le nombre des conjurés qui, le jour des ides de mars (15 mars 44), le poignardèrent en plein sénat.

XXIV.

1. SECOND TRIUMVIRAT; PROSCRIPTIONS. — 2. GUERRE CIVILE. — 3. ANTOINE ET OCTAVE. — 4. OCTAVE EMPEREUR.

1. Second triumvirat; proscriptions.

César mort, les conjurés croyaient que la liberté renaîtrait d'elle-même; mais Antoine, alors consul, ameuta le peuple contre eux aux funérailles du dictateur, et les chassa de la ville. César n'avait point de fils, seulement un neveu qu'il avait adopté, Octave. Quand ce jeune homme, âgé de dix-huit ans, vint à Rome, Antoine, qui croyait pouvoir hériter de la puissance de son ancien chef, dédaigna ce prétendant sans appui; mais le nom de César ralliait autour d'Octave tous ses vétérans, et comme il s'engagea à accomplir les legs faits par son père au peuple et aux soldats, il se créa, par cette seule déclaration, un parti nombreux. Le sénat, conduit alors par Cicéron qui essayait d'arracher encore une fois la liberté aux mains furieuses qui voulaient l'étouffer, le sénat avait besoin d'une armée pour tenir tête à Antoine, et cette armée, Octave seul pouvait la lui donner. Cicéron flatta ce jeune homme, qu'il espérait de conduire, et lui fit décerner des honneurs qui semblaient peu dangereux. On l'envoya avec les deux consuls, au secours de Décimus Brutus, un des meurtriers de César qu'Antoine assiégeait dans Modène. Ce fut dans ces circonstances que Cicéron prononça contre Antoine ses éloquentes *Philippiques*. La guerre de Modène fut courte et sanglante (43). Antoine fut vaincu, mais les deux consuls périrent. Octave demanda alors pour lui-même une des places vacantes. Le sénat, débarrassé d'Antoine, croyait n'avoir plus besoin d'Octave, et sa demande fut dédaigneusement rejetée. Il conduisit aussitôt huit légions jusqu'aux portes de Rome, y entra aux applaudissements du peuple, qui le proclama consul, fit ratifier son adoption, et distribua à ses troupes, aux dépens du trésor public, les récompenses promises.

Maintenant, il pouvait traiter avec Antoine, sans craindre d'être éclipsé par lui. Il était consul, il avait une armée, il était maître de Rome, et autour de lui s'étaient ralliés tous ceux des césariens qu'avaient éloignés les violences de son rival. Les négociations allèrent vite; Antoine, Lépide, ancien général de la cavalerie du dictateur, et Octave, se réunirent près de Bologne, dans une île du petit fleuve Réno. Ils y passèrent trois jours à former le plan du second triumvirat. Une magistrature nouvelle était créée, sous le titre de *triumviri reipublicæ constituendæ* : Lépide, Antoine et Octave s'attribuaient la puissance consulaire pour cinq ans, avec le droit de disposer, pour le même temps, de toutes les charges. Leurs décrets auraient force de loi, et ils se réservaient chacun deux provinces autour de l'Italie : Lépide, la Narbonnaise et l'Espagne ; Antoine, les deux Gaules ; Octave, l'Afrique, la Sicile et la Sardaigne. Pour s'assurer des soldats, les triumvirs leur promirent cinq mille drachmes par tête, et les terres de dix-huit des plus belles villes d'Italie. Ils se firent précéder à Rome par l'ordre envoyé de mettre à mort dix-sept des plus considérables personnages de l'État ; Cicéron était de ce nombre. Quand ils furent eux-mêmes arrivés, ils affichèrent : « Si ceux que César, dans sa clémence, avait sauvés, enrichis et comblés d'honneurs après leur défaite, n'étaient pas devenus ses meurtriers; nous aussi nous oublierions ceux qui nous ont fait déclarer ennemis publics. Éclairés par l'exemple de César, nous préviendrons nos ennemis avant qu'ils nous surprennent.... Prêts à entreprendre, au delà des mers, une expédition contre les parricides, il nous a semblé nécessaire de ne point laisser d'ennemis derrière nous. C'est pourquoi nous avons dressé une liste de proscrits. Que personne ne cache aucun de ceux dont les noms suivent : celui qui aidera à l'évasion d'un proscrit sera proscrit lui-même. Que les têtes nous soient apportées. En récompense, l'homme de condition libre recevra vingt-cinq mille drachmes attiques, l'esclave dix mille, plus la liberté avec le titre de citoyen. » Suivait une liste de cent trente noms, une seconde de cent cinquante parut presque aussitôt ; à celles-là d'autres encore succédèrent. En tête de la première, on lut les noms du frère de Lépide, de L. César, oncle d'Antoine, et de C. Toranius, un des tuteurs d'Octave. Chacun des chefs avait livré un des siens pour avoir le droit de n'être point gêné dans ses vengeances. Les scènes des jours néfastes de Marius et de Sylla recommencèrent, et la tribune eut encore ses hideux trophées de têtes sanglantes. On présente une tête à Antoine. « Je ne le connais pas, répond-il, qu'on la porte à ma femme. » C'était celle, en effet, d'un riche particulier qui jadis avait refusé de vendre à Fulvie une de ses villas. Plusieurs échappèrent, grâce aux navires de Sextus Pompée qui venait de s'emparer de la Sicile, ou gagnèrent l'Afrique, la Syrie et la Macédoine. Cicéron, qu'Octave avait abandonné aux rancunes de son collègue, fut moins heureux, il fut tué dans sa villa de Gaëte. On lui coupa la tête et la main et on les apporta à Antoine pendant qu'il était à table. A cette vue, il montra une joie féroce, et Fulvie, prenant cette tête sanglante, perça d'une aiguille la langue qui l'avait poursuivie de tant de sarcasmes mérités. Ces tristes restes furent ensuite attachés aux rostres.

2. Guerre civile.

En quittant l'Italie, Brutus s'était rendu à Athènes. Dès qu'on sut qu'il rassemblait des soldats, les débris des légions pompéiennes, restés en Grèce après Pharsale, accoururent autour de lui, et le gouverneur de la Macédoine lui remit son commandement. Antoine avait envoyé son frère Caïus pour lui disputer la Grèce, il fut fait prisonnier. De l'Adriatique à la Thrace, tout obéit au général républicain.

Cassius, qui s'était aussi rendu dans son gouvernement de Syrie, avait entraîné toutes les légions d'Orient. Les deux chefs s'occupèrent d'abord de réduire les peuples qui tenaient pour les triumvirs. Brutus attaqua Xanthe, Cassius Rhodes, qu'il pilla cruellement. La province d'Asie dut payer en une seule fois l'impôt de dix années. La dernière armée et les derniers chefs de la république semblaient ainsi prendre à tâche de légitimer à l'avance, aux yeux des populations, le triomphe du gouvernement monarchique.

Chargées du butin de l'Asie, les deux armées se mirent en marche pour rentrer en Europe, et s'avancèrent jusqu'à Philippes en Macédoine. Les triumvirs y arrivèrent bientôt. Antoine se posta en face de Cassius; Octave en face de Brutus. Les deux armées étaient à peu près égales en nombre. Mais les républicains avaient une flotte formidable qui interceptait aux césariens tous les arrivages par mer. Aussi Antoine, menacé de la disette, hâtait de ses vœux la bataille que Cassius, par la raison contraire, voulait différer. Brutus, pressé de mettre fin à la guerre civile, opina pour le combat. Octave malade avait été emporté hors de son camp, quand Messala, attaquant avec impétuosité, pénétra dans ses lignes. Brutus croyait la victoire gagnée. Mais à l'autre aile, Antoine avait dispersé l'ennemi et pris son camp. Cassius, croyant son parti ruiné, se tua lui-même.

Vingt jours après cette première action, une autre s'engagea. Les troupes de Brutus, enveloppées, furent mises en fuite; leur chef, échappé avec peine, s'arrêta sur une hauteur pour accomplir ce qu'il appelait sa délivrance. Il se jeta sur son épée en s'écriant : « Vertu, tu n'es qu'un mot! » Antoine montra quelque douceur envers les captifs et fit honorablement ensevelir Brutus. Mais Octave fit décapiter son cadavre et porter sa tête aux pieds de l'image de César. Il fut sans pitié envers ses prisonniers et assista froidement à leur supplice. Plus de quatorze mille hommes s'étaient rendus; mais toute la flotte réunie sous Domitius Ahénobarbus, alla rejoindre Sextus Pompée.

Les deux vainqueurs firent alors entre eux un nouveau partage. Octave prit l'Espagne et la Numidie; Antoine la Gaule chevelue et l'Afrique. La Cisalpine, trop voisine de Rome, devait cesser d'être province. Quant à Lépide, déjà on l'excluait du partage, parce qu'on le croyait d'intelligence avec Pompée. Plus tard, il eut l'Afrique. La part des chefs arrêtée, restait à faire celle des soldats. Antoine se chargea d'aller lever en Asie les deux cent mille talents nécessaires. Octave, malade, prit la tâche, en apparence plus ingrate, de donner, en Italie, des terres aux vétérans.

3. Antoine et Octave.

Antoine traversa la Grèce et l'Asie au milieu des fêtes, foulant horriblement les peuples pour subvenir à ses profusions. En Asie, il exigea d'un coup l'impôt de neuf années, sans compter les confiscations particulières. Pour un bon plat, il donna à son cuisinier la maison d'un citoyen de Magnésie. Cléopâtre avait fourni quelques troupes et de l'argent à Cassius. Antoine lui demanda raison de cette conduite. Elle vint elle-même à Tarse, en Cilicie, où il se trouvait, dans l'espérance de le gagner, comme César, par ses charmes. Antoine ne résista pas, et, quand il vit cette femme élégante et lettrée, qui parlait six langues, lui tenir tête dans ses orgies et dans ses propos de soldats, il oublia Rome et Fulvie et les Parthes, pour la suivre, dompté et docile, à Alexandrie (41).

Pendant qu'il perdait, en d'indignes débauches, un temps précieux, sa femme et son frère, en Italie, déclaraient la guerre à Octave. Celui-ci avait distribué des terres aux vétérans mais le jeune

César avait irrité Fulvie, femme ambitieuse qui poussa son beau-frère Antonius, alors consul, à profiter des inextricables difficultés que soulevait le partage des terres. Les vétérans réclamaient les dix-huit villes promises. De leur côté, les habitants s'emportaient en vives plaintes contre l'injustice qui les forçait à payer pour toute l'Italie. En outre, ceux-ci demandaient une indemnité et ceux-là de l'argent. Les nouveaux colons dépassaient sans cesse leurs limites et les propriétaires dépossédés, n'ayant pas, comme Virgile, de beaux vers pour racheter leurs domaines, accouraient à Rome criant misère et ameutant le peuple. Antonius, promit sa protection aux Italiens expropriés, et réunit dix-sept légions, avec lesquelles il s'empara de Rome, où il annonça le prochain rétablissement de la république. Mais Agrippa, le meilleur officier d'Octave, le chassa et le serra de si près, qu'il le força à se jeter dans Pérouse, dont une affreuse disette décima la garnison. Le consul fut contraint de se rendre (40). Fulvie s'enfuit en Grèce avec tous les amis d'Antoine, et Octave resta seul maître de l'Italie. Ces nouvelles tirèrent pourtant le triumvir de sa honteuse torpeur; il vint à Brindes, mais les soldats commandèrent la paix, et les deux adversaires firent un nouveau partage qui donna à Antoine l'Orient jusqu'à la mer Adriatique, avec l'obligation de combattre les Parthes, et l'Occident à Octave avec la guerre contre Sextus Pompée, qui cependant signa aussi, quelques jours après, le traité de Misène. On lui laissa la Sicile, la Corse, la Sardaigne et l'Achaïe; Lépide eut l'Afrique (39).

La paix de Misène n'était qu'une trêve; car il n'était pas possible qu'Octave consentît à laisser les approvisionnements de Rome et de ses légions à la merci de son adversaire. La lutte éclata en l'an 38, la trahison de l'affranchi Ménas qui lui livra la Corse et la Sardaigne, avec trois légions et une forte escadre, surtout les talents d'Agrippa qui créa le port Jules en joignant le Lucrin au lac Averne et réorganisa l'armée et la flotte, assurèrent le succès d'Octave, que la victoire de Nauloque proclama (3 sept. 36). Sextus s'enfuit vers l'Asie, il y fut mis à mort dans Milet par un officier d'Antoine (35). Les troupes qu'il avait laissées en Sicile s'étaient réunies à Lépide, dont Octave avait exigé le secours, et qui se trouva alors à la tête de vingt légions. Il crut l'occasion venue de reprendre une position plus haute dans le triumvirat, et voulut d'abord garder la Sicile. Mais Octave lui débaucha ses troupes et le contraignit de venir se jeter à ses pieds et de lui demander la vie. Il lui laissa ses biens avec sa dignité de grand pontife et le relégua à Circéii, où il vécut encore vingt-trois ans.

Quand Octave revint à Rome, le peuple qui voyait renaître soudainement l'abondance, l'accompagna au Capitole, couronné de fleurs. On voulait l'accabler d'honneurs. Commençant déja son rôle de désintéressement et de modestie, il n'accepta que l'inviolabilité tribunitienne, supprima quelques impôts et déclara qu'il abdiquerait sitôt qu'Antoine aurait terminé sa guerre contre les Parthes. En attendant, son administration énergique rétablissait l'ordre dans la Péninsule. Les bandits étaient traqués; les esclaves fugitifs rendus à leurs maîtres, ou mis à mort quand ils n'étaient point réclamés; en moins d'une année la sécurité régna dans la ville et dans les campagnes. Enfin donc, Rome était gouvernée.

Après le traité de Brindes, Antoine était resté plusieurs années à Athènes, auprès d'Octavie, sœur du jeune César, qu'il avait épousée, en gage de réconciliation. En l'année 36 il vint à Tarente, renouveler, pour cinq ans, le triumvirat, et enfin réveillé par les victoires de ses lieutenants, il se montra un instant en Asie, au siége de Samosate. Il échoua devant la place et consentit à recevoir trois cents talents pour s'éloigner. Sosius qu'il laissa en Syrie renversa du trône de Judée le protégé des Parthes, Antigone, au profit de l'Iduméen Hérode. Le dernier représentant de l'héroïque famille des Maccabées, traîné à Antioche, y fut battu de verges et décapité. Antoine se décida pourtant à prendre lui-même la conduite de la guerre contre les Parthes. Mais à peine eut-il touché le sol de l'Asie que sa passion pour Cléopâtre se réveilla plus insensée que jamais. Il la fit venir à Laodicée, reconnut les enfants qu'il avait eus d'elle, et ajouta à son royaume la Phénicie, la Cœlésyrie, Chypre et une partie de la Cilicie, de la Judée et de l'Arabie; c'est-à-dire presque tout le littoral du Nil au mont Taurus. Ces pays étaient, pour la plupart, des provinces romaines. Mais est-ce qu'il y avait encore une Rome, un sénat, des lois, autre chose que le caprice du tout-puissant triumvir?

Antoine avait soixante mille hommes, dix mille cavaliers et trente mille auxiliaires. Il prit par l'Arménie dont le roi Artavasde était son allié, et pénétra jusqu'à Phraata, à peu de distance de la mer Caspienne. Mais il n'avait pas amené ses machines de siége, il fallut reculer. Au bout de vingt-sept jours de marche pendant lesquels ils avaient livré dix-huit combats, les Romains atteignirent l'Araxe, frontière de l'Arménie. Leur route depuis Phraata était marquée par les cadavres de vingt-quatre mille légionnaires! La fortune offrit à Antoine une occasion de réparer sa défaite; une querelle s'était élevée entre le roi des Parthes et celui des Mèdes, au sujet du partage des dépouilles, et le Mède irrité faisait savoir qu'il était prêt à se réunir aux Romains. Cléopâtre l'empêcha de répondre à cet appel d'honneur et l'entraina, à sa suite, à Alexandrie.

Dans les années 35 et 34, Antoine fit quelques préparatifs et une courte expédition en Arménie, dont le roi, attiré dans son camp, fut saisi et traîné, chargé de chaînes d'or, à Alexandrie, où Antoine donna le titre de rois aux deux fils qu'il avait eus de Cléopâtre. Lui-même quitta la toge pour une robe de pourpre; et on le vit couronné d'un diadème et portant un sceptre d'or.

Tandis qu'Antoine se déshonorait en Orient, Octave donnait à l'Italie ce repos dont elle était affamée, domptait les nombreux pirates de l'Adriatique et les remuantes tribus placées au nord des deux péninsules, les Japodes, les Liburnes, les Dalmates. A l'attaque de Metulum, il monta lui-même à l'assaut, et reçut trois blessures. Il pénétra jusqu'à la Save, dompta une partie des Pannoniens et les Salasses. Ainsi des deux triumvirs, l'un donnait des pays romains à une reine barbare, et l'autre accroissait le territoire de l'empire. Cependant Antoine se plaignait et il réclama au commencement de l'année 32, une part dans les dépouilles de Sextus et de Lépide. Octave répondit par d'amères récriminations sur sa conduite en Orient et lut dans le sénat le testament d'Antoine, qui assurait à Cléopâtre et à ses enfants la plupart des provinces qu'il avait en son pouvoir. Octave voulait ainsi accréditer le bruit qu'Antoine, dès qu'il serait le maître, ferait don à Cléopâtre de Rome même. Un décret du sénat déclara la guerre à la reine d'Égypte.

Antoine réunit cent mille fantassins, douze mille chevaux et cinq cents gros navires de guerre. Octave n'avait que quatre-vingt mille fantassins, douze mille cavaliers et seulement deux cent cinquante vaisseaux d'un rang inférieur. Leur légèreté et l'expérience des matelots et des soldats, formés dans la guerre difficile contre Sextus, compensaient et au delà l'infériorité du nombre. L'action s'engagea à Actium, sur la côte d'Acarnanie, le 2 septembre 31. Cléopâtre prit la fuite au milieu de l'action avec soixante navires égyptiens. Antoine lui-même suivit lâchement ses traces, et sa flotte abandonnée se rendit. L'armée résista sept jours à toutes les sollicitations. Cette fois Octave ne souilla pas sa victoire par des vengeances; aucun de ceux qui demandèrent la vie ne rencontra un refus. Le vainqueur rappelé en Italie pour y apaiser quelques troubles ne fut que l'année suivante en mesure de poursuivre son rival. Antoine essaya de défendre Alexandrie; mais, trahi par Cléopâtre, il se tua. La reine elle-même après avoir vainement cherché à toucher le vainqueur se fit piquer par un aspic (30). Octave réduisit l'Égypte en province romaine.

4. Octave empereur

Antoine mort et l'Égypte rattachée au domaine de l'empire, Octave regagna l'Asie Mineure, où il employa tout l'hiver à régler les affaires de l'Orient. Pendant ce temps Mécène et Agrippa veillaient pour lui dans la capitale, où ils venaient d'arrêter et de punir le complot formé par le jeune Lépide, pour assassiner Octave à son retour. Le sénat, d'ailleurs, se prêtait à tout. Quand, au commencement de l'an 29, Octave prit possession, en Asie, de son cinquième consulat, à Rome, les sénateurs et les magistrats firent serment d'obéir à ses actes, et lui offrirent la puissance tribunitienne pour sa vie durant. Au mois de Sextilis qui plus tard prit son nom (août 29), il rentra enfin dans Rome, et il triompha trois fois pour les Dalmates, pour Actium et pour l'Égypte. Les soldats reçurent mille sesterces par tête, les citoyens quatre cents. Octave, pour annoncer solennellement l'ère nouvelle qui commençait, ferma lui-même le temple de Janus, ouvert depuis deux siècles; il supprima les ordonnances triumvirales. Mais qu'allait-il faire? Rompre avec le passé et fonder un gouvernement nouveau. Il n'y songea pas; il connaissait assez l'histoire de son pays, pour savoir qu'il trouverait aisément dans les prérogatives mal définies des anciennes magistratures, de quoi déguiser la monarchie sous des oripeaux républicains, et qu'il pourrait défrayer le pouvoir absolu avec les lois de la liberté. Depuis l'an 31 il était consul; il gardera pendant six ans encore cette charge qui le fait chef officiel de l'État et qui lui donne légalement presque tout le pouvoir exécutif. Avant tout, il lui fallait l'armée; pour rester à sa tête il se fit décerner par le sénat le nom d'*imperator*, avec le commandement suprême de toutes les forces militaires de l'empire. Les généraux devinrent ainsi ses lieutenants et les soldats lui jurèrent fidélité.

Le sénat subsistait; il le conserva et résolut d'en faire le pivot de son gouvernement, mais auparavant il se fit donner, avec Agrippa pour collègue, sous le titre de *préfecture des mœurs*, la censure, qui lui permit de chasser de ce corps tous les membres indignes ou ennemis du nouvel ordre de choses. Lorsque les anciens censeurs fermaient le cens, celui dont ils avaient mis le nom en tête de la liste des sénateurs, ordinairement l'un d'entre eux, s'appelait le premier du sénat, *princeps senatus*, et cette place toute d'honneur lui était laissée sa vie durant. Agrippa donna à son collègue ce titre républicain, et plaça ainsi les délibérations du sénat sous la direction d'Octave; car, d'après l'ancien usage, le *princeps* opinait le premier, et ce premier avis exerçait une influence qui maintenant sera décisive.

Le commandement des armées entraînait le commandement dans les provinces, et le sénat les avait toutes placées sous son autorité en l'investissant du proconsulat; Octave voulut qu'au moins le sénat partageât avec lui. Il lui laissa les régions calmes et prospères de l'intérieur, et prit pour lui celles qui remuaient encore ou que les Barbares menaçaient. Dans la ferveur de sa reconnaissance, le sénat l'appela d'un nom qu'on ne donnait qu'aux dieux, celui d'Auguste, qu'il a conservé (17 janv., 27 av. J. C.). Trois ans après on lui donna la puissance tribunitienne pour sa vie durant : c'est-à-dire qu'à l'autorité militaire qu'il avait déjà, on ajoutait la puissance civile que les tribuns, grâce à la nature indéterminée de leur charge, avaient plus d'une fois envahie tout entière, et on la lui donnait avec l'inviolabilité. En l'an 19, il eut le consulat à vie et la préfecture des mœurs. Il n'avait accepté que pour dix ans le commandement des provinces et des armées; en l'année 18, il se fit renouveler pour cinq ans ses pouvoirs; ce temps devait suffire, disait-il, pour qu'il terminât son ouvrage. Mais quand il fut écoulé, il demanda une nouvelle prorogation de dix années et continua ainsi jusqu'à sa mort, en protestant chaque fois contre la violence qu'on faisait à ses goût au nom de l'intérêt public. Cinq ans plus tard, à la mort de Lépide, il se fit nommer souverain pontife. Ce fut sa dernière usurpation, il ne restait plus rien à prendre qui en valût la peine.

XXV.

1. GOUVERNEMENT D'AUGUSTE. — 2. GUERRES EN GERMANIE; DÉFAITE DE VARUS. — 3. NAISSANCE DE JÉSUS-CHRIST. — PRÉDICATION DE L'ÉVANGILE; LES APÔTRES; LES PREMIÈRES ÉGLISES.

1. Gouvernement d'Auguste. — Administration des provinces.

Octave, devenu maître du monde romain, parut ne rien changer au gouvernement républicain. Il y eut toujours le consulat, la censure, le pontificat, le tribunat, etc. Mais toutes ces charges furent réunies dans ses mains : il eut la censure sous le nom de préfecture des mœurs; il eut à perpétuité la puissance tribunitienne, proconsulaire et consulaire, le grand pontificat, la surintendance des chemins et des vivres; il eut le titre d'*imperator* avec le commandement des armées, et les titres d'Auguste et de prince du sénat. Ainsi, comme préfet des mœurs, il dressait la liste des sénateurs et des chevaliers, c'est-à-dire qu'il pouvait chasser ses ennemis de l'ordre équestre et du sénat. Comme grand pontife, il avait la surveillance du culte et de ses ministres; comme tribun, il était inviolable; comme prince du sénat, il dirigeait ses délibérations; comme *imperator*, il commandait les armées. La puissance proconsulaire lui livrait les provinces, la puissance consulaire la ville et l'Italie. Il avait donc tous les pouvoirs. Pourtant son règne ne rentre dans aucune des classifications ordinaires des gouvernements. Rome n'était ni une république, ni une monarchie : Auguste n'était ni roi ni tyran. Cette autorité qui n'a pas de nom dans la langue politique, montre assez que le principat d'Octave fut une transition entre la constitution républicaine et le gouvernement despotique des empereurs qui vont suivre.

Son règne de quarante-quatre ans fut employé à organiser doucement la monarchie. Le *sénat* subsista comme conseil suprême de l'État, mais épuré, et Auguste augmenta ses attributions en le chargeant du jugement de toutes les causes politiques et des procès importants. Le *peuple* garda aussi ses assemblées, mais seulement pour la forme, les élections publiques n'étant que la confirmation des choix faits par le prince.

Le pouvoir d'Auguste reposant sur les soldats, il voulut une armée permanente; mais cette armée, composée de quatre cent mille hommes, il la rangea le long des frontières dans des camps retranchés (*castra stativa*) pour faire face aux Barbares. Des règlements déterminèrent la durée du service, la vétérance et la solde. Une garde particulière, cohortes prétoriennes, veilla à la sûreté du prince. Des flottes à Fréjus, Misène et Ravenne faisaient la police de la Méditerranée. Des flottilles stationnant sur le Danube et l'Euxin, Auguste étant chef de toutes les légions et les généraux combattant sous les auspices de l'*imperator*, aucun d'eux, suivant les idées romaines, ne pouvait désormais obtenir le triomphe.

L'administration civile dut être réorganisée comme l'administration militaire. Le sénat continua d'envoyer chaque année des proconsuls dans les provinces intérieures que l'empereur lui laissait. Les provinces frontières furent gouvernées par des légats impériaux qui restèrent en place tant qu'il plut au prince : innovation salutaire, car ces officiers retenus longtemps en charge purent étudier les besoins de leurs administrés, et placés sous la surveillance jalouse du prince, ils ne purent les opprimer impunément comme avaient fait les gouverneurs républicains. Les proconsuls du sénat n'avaient dans leurs provinces que l'autorité civile, les légats impériaux eurent à la fois l'autorité civile et militaire. Les hautes fonctions étaient auparavant gratuites : elles furent désormais payées : nouvelle garantie contre des exactions que les anciens gouverneurs se permettaient comme un dédommagement légitime.

Des peuples, des rois alliés, sans être sujets de l'empire, étaient placés dans une demi-servitude ; ils dépendaient tous de l'empereur seul, qui pour traiter les importantes affaires qu'il s'était réservées, se forma peu à peu un conseil privé dont les attributions ne furent régularisées que sur la fin de son règne.

Comme il y avait deux sortes de provinces, il y eut deux administrations financières : le trésor public, *ærarium*, surveillé par le sénat, et le trésor du prince, *fiscus*, qui fut à sa disposition immédiate. L'*ærarium* que remplissaient les tributs des provinces sénatoriales lui était au reste ouvert par le sénat, de sorte qu'il disposait réellement de toutes les ressources financières de l'empire, comme il disposait de ses forces militaires. Ces ressources étaient trop faibles pour couvrir les nouvelles dépenses; il fallut rétablir les douanes et créer de nouveaux impôts, le vingtième sur les héritages, le centième sur les denrées vendues, les amendes de la loi *Julia-Poppæa* contre les célibataires. Tous ces revenus joints aux tributs des provinces donnèrent peut-être quatre à cinq cents millions.

Si tout appartenait à Auguste, son temps aussi, ses soins, sa fortune même appartenaient à tous. Pendant ses longs voyages, dans toutes les provinces, il soulageait les villes obérées et rebâtissait celles que quelque fléau avait détruites. Tralles, Laodicée, Paphos, renversées par des tremblements de terre, sortirent plus belles de leurs ruines. Une année même il paya de ses deniers tout l'impôt de la province d'Asie. Les mesures générales de l'administration impériale s'accordaient avec cette conduite du prince, qui était pour les gouverneurs un exemple et une leçon. Dans l'ordre des intérêts religieux, nulle violence. Excepté en Gaule où les sacrifices humains furent défendus et le druidisme vivement attaqué. Pour le service militaire, Rome était peu exigeante, et cet impôt du sang ne tombait guère que sur les nouvelles provinces. Il ne s'agissait plus de tirer le plus d'or possible des sujets, mais de les régir au double point de vue de leur intérêt propre et de l'intérêt de l'empire. Afin que l'impôt fût établi avec équité il était nécessaire de dresser un cadastre général, Auguste le fit exécuter. Trois géomètres parcoururent tout l'empire et en mesurèrent les distances. Ce travail servit à un autre but. L'empire reconnu et mesuré, il fut aisé d'y percer des routes. Auguste répara celles de l'Italie, fit faire celles de la Cisalpine et couvrit de chemins toute la Gaule et la péninsule Ibérique. Puis sur toutes ces routes un service de poste régulier fut organisé. Les messagers du prince et les armées purent se porter rapidement d'une province à l'autre; le commerce, la civilisation y gagnèrent; et une vie nouvelle circula dans cet empire si admirablement disposé pour une grande et longue existence.

Auguste donna une attention particulière à tenir le peuple de Rome toujours repu de jeux et de distributions; il lui embellit sa ville par de nombreuses constructions, créa un préfet et des cohortes urbaines pour y veiller à la tranquillité publique, des gardes nocturnes pour prévenir ou arrêter les incendies, et il put se vanter de laisser de marbre une ville qu'il avait trouvée de briques. Dans les provinces occidentales encore barbares, il fit de nouvelles divisions territoriales pour effacer les habitudes des jours de l'indépendance, et il fonda de nombreuses colonies pour multiplier, au milieu de ces populations, l'élément romain.

Pendant le triumvirat, Octave s'était montré souvent cruel. Auguste pardonna presque toujours (Cinna). Il vécut moins en prince, qu'en simple particulier, sans faste, avec décence, au milieu d'amis, Mécène, Horace, Virgile, Agrippa, qui n'étaient pas toujours courtisans.

2. Guerres en Germanie. — Défaite de Varus.

Un empire aussi vaste, et qui de tout côté touchait aux Barbares, ne pouvait avoir jamais la paix. Après Actium, Auguste y avait cru, et en fermant pour la troisième fois les portes du temple de Janus, il avait déclaré que la nouvelle monarchie renonçait à l'esprit de conquête qui avait animé la république. Cependant, l'empire n'avait pas encore trouvé ses limites naturelles. Pour mettre l'Italie, la Grèce et la Macédoine à l'abri de toute invasion, il fallait être maître du cours du Danube; pour ne pas être inquiété sur la rive gauche du Rhin, il fallait chasser loin de la rive droite les tribus Germaniques. Une guerre contre les Astures fut sans danger, mais opiniâtre. Contre les Parthes, Auguste arma une fois, mais ils le prévinrent en lui restituant les drapeaux de Crassus. Une expédition dans l'Arabie heureuse échoua; une autre contre les Éthiopiens réussit, sans amener toutefois d'autre résultat que de rendre la sécurité à la frontière méridionale de l'Égypte. Les guerres sérieuses de ce règne furent toutes sur le Rhin et le Danube. Drusus et Tibère soumirent, en l'an 16, les montagnards des Alpes, les Rhétiens et les Vindéliciens. En l'an 9, Drusus pénétra jusque sur les bords de l'Elbe, et après sa mort Tibère, son frère, prit ses quartiers d'hiver au cœur même de la Germanie. De ces camps, l'influence romaine allait gagner de proche en proche les tribus voisines. Pendant que ce travail s'accomplissait au nord, le Marcoman Marbod fondait dans la Bohême un royaume que défendaient soixante-dix mille fantassins et quatre mille cavaliers, disciplinés à la romaine. Auguste s'alarma, et une armée formidable s'apprêtait à franchir le Danube, quand les Pannoniens et les Dalmates se soulevèrent, croyant les légions déjà aux prises avec les Marcomans. La fortune de Rome éloigna ce danger. Marbod consentit à traiter, et Tibère put tomber sur les rebelles. Aidé de Germanicus et soutenu de quinze légions, il vint à bout, après trois campagnes, de leur résistance acharnée. Il était temps; car cinq jours seulement après la soumission définitive des Pannoniens et des Dalmates on apprit à Rome que trois légions, attirées dans une embuscade par un jeune chef des Chérusques, Hermann, y avaient péri avec leur général Varus. C'était la Germanie du nord qui se soulevait et refoulait sur le Rhin la domination romaine (9 de J. C.). « Varus! Varus! rends-moi mes légions, » s'écriait douloureusement Auguste. Par bonheur Marbod, jaloux d'Hermann, ne fit aucun mouvement, et Auguste, tranquille du côté du Danube, put envoyer Tibère en Gaule. Il fortifia tous les châteaux du Rhin, rétablit la discipline, et pour ramener un peu de confiance, il risqua même les aigles au delà du fleuve. Après lui, Germanicus resta à la tête de huit légions qui garnissaient la rive gauche du Rhin. L'ennemi, content d'avoir vaincu, ne passait pas encore de la résistance à l'attaque. L'empire était sauvé, mais la gloire d'un long règne pacifique était ternie par ce désastre.

2. Naissance de Jésus-Christ; prédication de l'Evangile. — Les Apôtres. — Les premières Eglises.

Nous avons précédemment raconté (p. 16) la naissance de Jésus-Christ et son ministère public. Pour répandre sa doctrine, il avait fait choix, parmi les disciples, de douze apôtres, c'est-à-dire, envoyés, dont voici les noms : Pierre, André, frère de Pierre, Jean l'Évangéliste, Philippe, Jacques le Majeur, Barthélemy, Thomas, Matthieu, Simon, Thadée ou Jude, Jacques le Mineur et Judas l'Iscariote, qui, après sa trahison, fut remplacé par Mathias. Saint Paul, qui ne se convertit qu'après la première persécution, est appelé l'apôtre des gentils.

Les apôtres prêchèrent d'abord à Jérusalem la parole du maître, et cette prédication amena une première persécution; le grand prêtre fit emprisonner les apôtres. Mais un pharisien, Gamaliel, les sauva en disant aux prêtres : « Ne vous mêlez point de ce qui regarde ces gens-là et laissez-les faire. Si leur œuvre vient des hommes elle se détruira, si elle vient de Dieu vous ne pourrez la renverser, et vous serez en danger de combattre le Seigneur lui-même. » Cependant les douze apôtres ne pouvant suffire à tous les soins de leur ministère engagèrent les disciples à élire sept diacres pour avoir soin des tables. Étienne qui se trouva dans le nombre, fut la première victime des prêtres. Ils produisirent de faux témoins qui disaient : « Cet homme ne cesse de proférer des blasphèmes contre le lieu saint et contre la loi » Et le peuple ameuté entraîna le diacre hors de la ville où il fut lapidé. Ils avaient mis leurs vêtements aux pieds d'un jeune homme nommé Saul qui consentit ainsi à la mort d'Étienne. En ce même temps, il s'éleva une grande persécution contre l'Église de Jérusalem; Saul entrait de force dans les maisons et faisait emprisonner les hommes et les femmes. Tous les fidèles, excepté les apôtres, furent dispersés; mais ils annonçaient dans tous les lieux où ils passaient la *bonne nouvelle* (évangile), et la persécution ne faisait que répandre au loin leur parole. Philippe étant ainsi venu à Samarie y prêcha le nom de Jésus et baptisa sur le chemin de Gaza le surintendant des trésors de Candace, reine d'Éthiopie. Saul, disent les actes des apôtres que nous copions pour tout ce récit en les abrégeant, respirant toujours la haine contre le Seigneur vint trouver le grand prêtre et lui demanda des lettres pour les synagogues de Damas. Il voulait amener prisonniers à Jérusalem tous les chrétiens qu'il rencontrerait. Mais près des murs de Damas, il fut tout d'un coup environné d'une lumière céleste: il tomba la face contre terre et entendit une voix qui disait : « Saul, Saul, pourquoi me persécuter? — Qui êtes-vous, Seigneur? — Je suis Jésus, lève-toi, et entre dans la ville; on te dira là ce qu'il faut que tu fasses. » A Damas, en effet, il trouva des disciples qui l'instruisirent et bientôt il prêcha lui-même le nouvel Évangile. Quelques juifs irrités voulurent le faire mourir, mais il leur échappa. A Jérusalem, les disciples hésitèrent d'abord à le compter parmi les leurs, mais quand les apôtres eurent appris de Barnabé la vision de Saul près de Damas et ses prédications courageuses, ils le retirent au milieu d'eux. L'Église était en paix par toute la Judée, la Galilée et la Samarie. A Césarée, Pierre avait converti un centenier romain. C'était le premier gentil auquel la foi nouvelle était communiquée: mais Dieu avait approuvé par un signe éclatant que la loi fût ainsi portée aux nations étrangères. Pendant que Pierre parlait, le Saint-Esprit était descendu sur le centurion.

Cet apostolat des gentils fut surtout la mission de Saul. Avec l'apôtre Barnabé il convertit d'abord dans Chypre le proconsul Paul dont il prit le nom. De là il passa à Antioche de Pisidie, et s'étant assis dans la synagogue, au jour du sabbat, il rappela la vie de Jésus et sa résurrection glorieuse annoncée par les prophètes. Le sabbat suivant presque toute la ville s'assembla pour entendre la parole de Dieu; mais les Juifs voyant ce concours de peuple, furent remplis d'envie et de colère, et s'opposèrent avec des blasphèmes à ce que Paul disait. Alors Paul et Barnabé s'écrièrent : « Vous étiez les premiers [illegible] de Dieu; mais puisque vous la rejetez, nous allons vers les gentils. » La parole du Seigneur se répandit en effet dans tout le pays; mais les Juifs excitèrent une persécution contre les deux disciples et les chassèrent. Paul et Barnabé, secouant alors contre eux la poussière de leurs pieds, se rendirent à Iconium, et de là à Lystre en Lycaonie, où des Juifs venus d'Antioche et d'Iconium, parvinrent à exciter le peuple et accablèrent Paul d'une grêle de pierres. Mais il ne mourut pas, et quelques jours après il continua ses prédications. Il visita encore Derbé, revint à Lystre, à Iconium et à Antioche de Pisidie, ordonnant des prêtres dans chaque Église, et fortifiant le courage des disciples. Après avoir traversé la Pisidie et la Pamphylie, Pergé et Attalie, il reprit, avec Barnabé, le chemin d'Antioche de Syrie, et tous deux ayant réuni l'assemblée des fidèles, ils racontèrent combien Dieu avait accompli par eux de grandes choses, et comme il avait ouvert aux gentils les portes de la foi.

Quelques pharisiens convertis voulaient qu'on imposât aux nouveaux fidèles les pratiques extérieures du culte mosaïque. Mais un concile réuni à Jérusalem dispensa les chrétiens de ce joug pesant. Dès lors la prédication aux gentils rencontra moins d'obstacles et Paul, qui avait contribué beaucoup à cette décision, reprit en Asie Mineure le cours de ses travaux apostoliques. Il traversa la Phrygie, la Galatie, la Mysie, pour gagner la Macédoine; il aborda avec Silas à Philippes, où après avoir opéré quelques conversions, ils furent battus de verges et jetés en prison. Ils y baptisèrent le geolier même avec toute sa famille et gagnèrent, quand les magistrats les eurent délivrés, la ville d'Amphipolis. Là quelques Juifs crurent, ainsi qu'une multitude de Grecs et plusieurs femmes de qualité; mais la plus grande partie des Juifs ameutèrent la lie du peuple contre les disciples et voulurent les mettre à mort. Paul cependant trouva les moyens de fuir avec Silas et se rendit à Bérée. Les Juifs de cette ville reçurent sa parole avec beaucoup d'ardeur. Mais quand ceux de Thessalonique apprirent que Paul avait porté dans Bérée la parole de Dieu, ils vinrent soulever le peuple. Les frères se hâtèrent d'emmener Paul et le conduisirent à Athènes. — Au milieu de cette ville pleine d'idolâtrie, saint Paul allait chaque jour commenter les Écritures dans la synagogue et sur les places. Conduit devant l'aréopage, Paul dit : « Athéniens, il me semble qu'en toutes choses vous êtes religieux à l'excès : car ayant regardé en passant les statues de vos dieux, j'ai trouvé même un autel sur lequel il était écrit : *Au dieu inconnu!* C'est ce Dieu que vous adorez sans le connaître que je vous annonce. Le Dieu qui a créé le monde n'habite point des temples faits par la main des hommes, lui qui [illegible] le [illegible] et le mouvement n'est pas semblable à l'or, à l'argent ou à la pierre dont l'industrie des hommes a formé des figures. Il fait annoncer maintenant la pénitence a tous les hommes, parce qu'il a fixé le jour où il jugera le monde, parce qu'il a marqué le juge en le ressuscitant d'entre les morts.... » A ces mots les uns se moquèrent, et les autres lui dirent : « Nous vous entendrons un autre jour. » Plusieurs néanmoins se joignirent à lui et embrassèrent la foi : parmi ceux-ci était Denys, sénateur de l'aréopage.

D'Athènes, Paul vint à Corinthe où il demeura un an et demi, prêchant et convertissant, et d'où il écrivit ses premières épîtres. A Éphèse, il fit de nombreux miracles, mais il faillit y périr. Car un orfévre qui gagnait beaucoup à fabriquer des idoles et de petits modèles en argent du temple de Diane, ameuta contre le disciple ceux qui travaillaient à ces sortes d'ouvrages. La ville fut remplie de confusion, et l'on entendait de tous côtés ces cris : « Vive la grande Diane des Éphésiens ! » Cependant le greffier de la ville parvint à apaiser la sédition ; il fit craindre aux habitants la colère de Rome : « Nous ne pourrions, dit-il, alléguer aucune raison pour justifier ce concours ; nous sommes en danger d'être accusés de révolte. » Quand le tumulte eut cessé, Paul retourna en Macédoine pour affermir dans leur foi les disciples qu'il y avait laissés et il revint à Jérusalem. Les Juifs irrités des succès de son apostolat parmi les gentils voulurent le tuer, le tribun qui commandait dans la ville le sauva et l'envoya sous escorte au gouverneur qui résidait à Césarée et qui le retint deux ans en prison. A la fin, Paul en appela à César et il fut expédié à Rome sur un navire qui fit naufrage près de Malte. Au bout de trois mois, il parvint à Rome où il put prêcher en liberté, mais où il trouva dans les Juifs la même opposition qu'il avait partout rencontrée. Absous de l'accusation portée contre lui, il retourna au bout de deux ans en Orient, puis revint à Rome. Mais il y offensa Néron en gagnant à la foi et par conséquent à la pureté une femme de la cour, et, le 29 juin 65, il fut décapité. D'après la tradition de l'Église, saint Pierre fut crucifié le même jour, la tête en bas. Mais, comme dit Tertullien, le sang des martyrs était une semence de chrétiens : et la religion chrétienne, dont les apôtres avaient, dans leurs *épîtres*, expliqué la doctrine, était maintenant répandue dans tout le monde romain, surtout dans les provinces orientales. Les Épîtres des apôtres nous montrent quelles furent, jusqu'au temps de Néron, les plus importantes Églises. Celles de saint Paul sont adressées aux Romains, aux Corinthiens, aux Galates, aux Éphésiens, aux fidèles de Philippes et de Thessalonique en Macédoine, de Colosses en Phrygie, et aux Hébreux. Saint Jacques écrivit aux douze tribus dispersées ; saint Pierre aux gentils fidèles du

Pont, de la Galatie, de la Cappadoce, de l'Asie (ancien royaume de Pergame) et de la Bithynie. L'Apocalypse de saint Jean fut écrite pour les sept Églises de la province d'Asie, Éphèse, Smyrne, Pergame, Thyatire, Sardes, Philadelphie et Laodicée. Édesse, Antioche surtout étaient au premier rang des Églises d'Orient.

XXVI.

1. TIBÈRE ET GERMANICUS. — 2. CALIGULA ET CLAUDE. — 3. NÉRON. — PREMIÈRE PERSÉCUTION CONTRE LES CHRÉTIENS. — 4. GUERRES EN ORIENT ET DANS LA GRANDE-BRETAGNE.

1. Tibère et Germanicus.

Tibère, que l'impératrice Livie avait eu de son premier époux, Domitius, se trouvait, par la mort d'Agrippa, gendre d'Auguste, et par celle de tous les petits-fils de l'empereur, le seul héritier de sa puissance (14 de J. C.). Deux révoltes, qui éclatèrent parmi les légions de Pannonie et du Rhin, furent apaisées : l'une, par Drusus, son fils, l'autre, par Germanicus, son neveu. Les soldats offraient à celui-ci l'empire. Il refusa, et dans sa douleur il avait tiré son épée comme pour s'en frapper lui-même : « Frappe donc, » lui crièrent les soldats; ses amis lui arrachèrent le glaive. Pour apaiser cette sédition dangereuse, il supposa une lettre de Tibère qui accordait tout et doublait le legs d'Auguste.

Pour occuper ces esprits remuants, leur général les conduisit chez les Marses, où un espace de cinquante milles fut mis à feu et à sang. Au printemps suivant (15 de J. C.), Germanicus passa encore le Rhin, et pénétra jusqu'à la forêt Teuteberg : des ossements blanchis indiquaient les lieux où les trois légions de Varus avaient péri. Les soldats rendirent à la terre ces restes mutilés. Les Germains ne tenaient nulle part, Germanicus regagna l'Ems et remonta sur la flotte qui l'avait amené, tandis que Cécina regagnait le Rhin par la route des *Longs-Ponts*. Hermann l'y précéda, et le désastre de Varus fut sur le point de se renouveler ; heureusement Cécina était un vieux capitaine : il gagna une position forte d'assiette, où les Romains campèrent, et parvint à se rouvrir la route du Rhin. Germanicus, surpris par les tempêtes de l'équinoxe, avait lui-même été en danger : nombre de vaisseaux avaient péri. Cette retraite était presque un échec. Il fallait le réparer. Mille navires portèrent huit légions sur les bords du Wéser. Les Germains osèrent attendre l'armée romaine dans la plaine d'Idistavisus. La discipline l'emporta : une seconde action fut un second massacre. Varus était vengé. On reprit le chemin de la Gaule, moitié de l'armée par terre, le reste sur la flotte : une tempête brisa encore ou dispersa au loin une partie des vaisseaux. A ces nouvelles, la Germanie frémit et s'agita ; mais Germanicus frappa des coups répétés, et les Barbares, surpris, laissèrent les légions regagner en paix leurs quartiers d'hiver (16 de J. C.). Germanicus y trouva des lettres de Tibère qui l'appelaient à Rome pour un second consulat et le triomphe ; les légions étaient sans doute, aux yeux de l'empereur, trop dévouées à leur chef : il obéit.

A Rome, Tibère gouvernait sans violence, refusant les honneurs, les temples qu'on lui offrait, et repoussant les basses flatteries du sénat, en homme qui savait bien leur prix.

Quant aux provinces, s'il n'osait comme Auguste, pour les visiter, s'éloigner de Rome, où il n'avait ni un Mécène, ni un Agrippa sur qui compter en son absence, il leur envoyait au moins les gouverneurs les plus habiles, évitait d'augmenter les tributs, et y soulageait les trop grandes misères. Douze villes de l'Asie ruinées par un tremblement de terre furent exemptées pour cinq ans de tout impôt : Sardes, plus maltraitée, reçut de lui dix millions de sesterces. Tibère pratiquait ce qu'il recommandait à ses gouverneurs de province : « Un bon pasteur tond ses brebis et ne les écorche pas. »

Tibère avait rappelé Germanicus des bords du Rhin, autant pour l'enlever à ses légions que pour rester libre de suivre sur cette frontière la prudente politique d'Auguste, celle qu'il y avait pratiquée lui-même. Il lui permit d'entrer à Rome en triomphe, et les Parthes redevenant hostiles, il lui donna le gouvernement des provinces au delà de la mer avec une autorité supérieure à celle de tous les gouverneurs.

Germanicus porta en Orient le mot d'ordre du nouveau gouvernement, la justice et la paix. En Arménie, il donna la couronne à un fidèle vassal de l'empire, réduisit en province la Cappadoce et la Comagène, et conclut une alliance avec Artaban, le roi des Parthes. Après avoir pris ces sages mesures, Germanicus entreprit un voyage en Égypte sans l'aveu de Tibère et malgré les défenses d'Auguste. A son retour en Syrie il trouva les dispositions qu'il avait prises changées par Pison, que Tibère jaloux de son pouvoir et toujours l'âme pleine de soupçons avait envoyé pour surveiller et contrecarrer la conduite de son neveu. De vives altercations éclatèrent entre eux ; et l'indocile gouverneur, plutôt que de céder, préféra quitter sa province. La nouvelle d'une grave indisposition de Germanicus l'arrêta à Antioche ; le prince s'étant rétabli, il s'opposa aux fêtes célébrées pour sa convalescence, et gagna Séleucie, où le bruit d'une rechute plus alarmante le retint encore. Autour d'Agrippine on parlait d'empoisonnement, et les émissaires de Pison qui venaient épier les progrès du mal, montraient, disait-on, de quelle main le coup était parti. Germanicus succomba. Agrippine recueillit pieusement ses cendres, et débarqua à Brindes, portant elle-même l'urne sépulcrale, au milieu d'un immense concours de peuple.

Pison avait reçu avec une joie inconvenante la nouvelle de la mort de Germanicus, et repris aussitôt la route de son gouvernement. Les légats répandus en Syrie avaient déféré le commandement à l'un d'eux ; Pison ne recula pas devant une guerre civile. Embarqué de force, il revint en Italie : des accusateurs l'y attendaient. Pison se tua lui-même (20 de J. C.). Tacite donne à entendre, mais n'ose affirmer, que Tibère avait empoisonné Germanicus, puis fait disparaître Pison. Cependant son administration était habile et heureuse. Tacite lui-même en trace le plus brillant tableau. Mais la mort de son fils Drusus commença comme un règne nouveau. Tibère avait un favori, Ælius Séjan, qui lui avait sauvé la vie un jour qu'une voûte s'écroulait sur lui. Séjan, ébloui par cette grandeur, crut qu'il lui serait possible de franchir le dernier degré en renversant ce vieillard et ses enfants. Sa première victime fut le fils même de l'empereur, qu'il empoisonna. Cette mort frappa douloureusement Tibère. Privé déjà de son fils d'adoption, il allait se trouver seul exposé aux coups ; et, comme cette double mort augmentait les espérances des partis, elle accrut aussi ses soupçons. De ce jour, il se crut menacé, et, comme il avait dans ses mains une arme terrible, l'ancienne loi de majesté, faite pour le peuple, et maintenant au service de celui à qui le peuple s'était donné, la facilité de se débarrasser de ceux qu'il craignait l'habitua à ne connaître bientôt d'autre justice que celle du bourreau. Un ami de Germanicus, Silius, le vainqueur du rebelle gaulois Sacrovir, et après lui le républicain Crémutius Cordus, accusé pour son histoire des guerres civiles, furent les premières victimes. Vers ce temps, Tibère quitta Rome pour n'y plus rentrer (26 de J. C.), et se retira dans la délicieuse île de Caprée, à l'entrée du golfe de Naples. Il avait alors soixante-neuf ans. Son petit-fils Tibère n'avait encore que huit ans, tandis que deux des fils de Germanicus étaient arrivés déjà à l'âge d'homme. Autour d'eux les espérances grandissaient ; Séjan parlait encore de complots que semblaient déceler quelques paroles imprudentes, et Tibère frappa un second coup sur ce parti, qui lui semblait trop vivement convoiter son héritage. Il immola Sabinus, le partisan le plus zélé d'Agrippine. Dans cette voie de sang, on ne s'arrête guère ; Tibère crut bientôt devoir se débarrasser d'Agrippine, dont les malheurs et les vertus exaspérant le caractère ; elle fut enfermée dans l'île de Pandataria, où quatre ans plus tard elle se laissa mourir de faim. De ses trois fils, Néron fut mis à mort ou se tua. Drusus fut emprisonné ; la jeunesse de Caïus le protégea contre les soupçons et les craintes du bourreau de tous les siens.

Toute la famille de Germanicus était comme détruite. Séjan osa demander la main de la veuve de Drusus, c'était presque demander à être l'héritier de l'empereur ; elle lui fut refusée. Dès lors il conspira et eut des complices jusque dans le palais. Par une conduite pleine d'artifices Tibère isola son préfet du prétoire, puis le frappa brusquement, et le fit arrêter en plein sénat : le peuple mit en pièces son cadavre. De nombreuses exécutions suivirent sa mort.

«La cruauté de Tibère, dit Suétone, ne connut plus de frein quand il apprit que son fils Drusus était mort par le poison. On montre encore à Caprée le lieu des exécutions ; c'est un rocher d'où les condamnés, sur un signe de lui, étaient précipités dans la mer.» A côté s'élevaient ces palais, théâtre, assure Tacite, d'infâmes voluptés.

Tibère maintenait sévèrement la paix. Elle fut pourtant troublée en Gaule par Florus et Sacrovir, en Afrique par Tacfarinas ; ils furent accablés. Aux frontières il y eut en l'an 28 une révolte chez les Frisons, le tribut en était la cause ; Tibère les en laissa libres. Sur l'Euphrate, on eut à combattre contre Artaban, roi des Parthes, qui, à la mort du roi d'Arménie, avait fait reconnaître dans ce pays son fils Arsace. Un prince d'Ibérie fut aidé à faire la conquête de l'Arménie ; et un Tiridate élevé à Rome, renversa Artaban qui s'enfuit chez les Scythes. Il est vrai que, peu de temps après, l'incapable Tiridate fut réduit à se réfugier sur les terres de l'empire. Mais Tibère eut à peine le temps d'apprendre ces nouvelles. Il mourut le 16 mars 37 de J. C., à l'âge de soixante-dix-huit ans.

2. Caligula (37-41) et Claude (41-54).

Rome salua de ses acclamations l'avénement du fils de Germanicus ; le nouvel empereur justifia d'abord toutes les espérances.

Mais une maladie qu'il fit le huitième mois de son principat sembla avoir altéré sa raison. Dès lors ce ne fut plus un empereur, mais un fou furieux, en guerre avec les dieux qu'il insultait, avec la nature dont il voulait violer les lois, comme ce jour où il jeta un pont sur la mer entre Baïes et Pouzzoles, avec la noblesse de Rome qu'il décima, avec les provinces qu'il épuisa par ses exactions. En moins de deux ans il dépensa l'épargne de Tibère, trois cents millions, en profusions insensées. Pour remplir son trésor, ou, comme il disait, pour apurer ses comptes, il prit la fortune des riches, le plus souvent avec leur vie. Un jour, en Gaule, il jouait aux dés et perdait, il se fait apporter les registres de la province et marque pour la mort les citoyens les plus imposés. « Vous jouez pour quelques misérables drachmes, dit-il ensuite à ses courtisans, moi je viens, d'un coup, d'en gagner cent cinquante millions. »

Le monde supporta quatre années cette folie furieuse. « Combien je souhaiterais, disait ce monstre, que le peuple romain n'eût qu'une tête pour l'abattre d'un coup! » Le sénat cependant se lassa de lui fournir des victimes, et le 24 janvier 41, un tribun des prétoriens, Chéréas, l'égorgea.

Chéréas était républicain; l'occasion semblait favorable pour le sénat de ressaisir son pouvoir; il l'essaya, et pendant trois jours on put se croire en république. Mais ce n'était le compte ni du peuple ni des soldats qui emportèrent à leur camp, après l'avoir trouvé en un coin du palais, Claude, frère de Germanicus et alors âgé de cinquante ans. Claude avait été presque toujours malade dans sa jeunesse; et dans la maison impériale tout le monde avait délaissé le pauvre enfant qu'on n'osait montrer au peuple ni aux soldats. On avait fini par l'oublier; à quarante-six ans il n'était même pas sénateur. Il s'en consola par l'étude des lettres et écrivit l'histoire des Etrusques et des Carthaginois. Caïus, qui le nomma consul, le mit un peu plus en évidence; le caprice des soldats fit le reste. Ils lui donnèrent l'empire, mais sans lui ôter ce qu'il garda toujours de son éducation, une timidité, une irrésolution et une habitude de se laisser conduire qui eurent les plus déplorables effets, de sorte qu'avec de bonnes intentions, il fit souvent le mal. Sous lui les véritables maîtres de l'empire furent sa femme Messaline, dont le nom est resté celui de la débauche même et de l'impudicité, et ses affranchis Polybe, Narcisse et Pallas, qui pourtant prirent à l'intérieur quelques sages mesures, en faveur des esclaves, ou contre les avocats trop avides, contre les usuriers et les bannis des provinces qui accouraient à Rome, etc. Ils accomplirent aussi ou tentèrent d'utiles travaux (un aqueduc, un port à Ostie, le desséchement du lac Fucin, etc.). Claude lui-même prononça dans le sénat un discours pour faire donner aux nobles de la Gaule Chevelue, depuis longtemps citoyens, le droit de posséder les dignités romaines et de siéger au sénat. Une seule religion provinciale fut persécutée sous Claude, celle des druides. Il s'efforça d'abolir leur culte et les punit de mort eux et leurs adhérents.

Ce principat eut même quelque gloire militaire. La Mauritanie et la moitié de la Bretagne furent conquises, les Germains contenus, le Bosphore retenu dans l'obéissance, la Thrace, la Lycie, la Judée réduites en provinces, et les divisions des Parthes longtemps entretenues. Malheureusement la conduite du prince et de ses ministres ternissait ces succès. Pourquoi faut-il maintenant rentrer dans Rome pour y voir ces grands qui ne savent autre chose que conspirer ou flatter bassement, et dans ce palais impérial que déshonorent un prince sans caractère et une femme impudique? Neuf ou dix complots formés contre la vie de Claude amenèrent de terribles vengeances. Trente-cinq sénateurs et trois cents chevaliers périrent. Beaucoup furent victimes de la haine de Messaline, dont la cruauté égalait les vices. Un fait montrera son audace à braver l'empereur, et les lois, et la pudeur publique. Elle voulut contracter un second hymen avant que la mort eût brisé le premier, et épousa suivant la forme ordinaire le sénateur Silius. Les affranchis, alarmés pour eux-mêmes, arrachèrent à Claude un ordre de mort (48).

Mais à Messaline ils substituèrent, comme impératrice, la propre nièce de l'empereur, Agrippine. Elle avait un fils âgé de onze ans, Néron; elle voulut lui assurer l'héritage de Claude, bien que ce prince eût un fils, Britannicus. Elle accumula sur la tête de Néron tous les titres et toutes les distinctions, et entoura Claude d'hommes à elle. Burrhus, qui lui était dévoué, eut la préfecture du prétoire. Sénèque, fort célèbre déjà par ses écrits, avait été habilement nommé précepteur de Néron. Pour en finir, elle empoisonna son époux.

3. Néron (54-68). — Première persécution contre les chrétiens.

Néron commença bien; on loua longtemps encore après sa mort les cinq premières années de son règne (*quinquennium Neronis*), comme l'époque la plus heureuse de l'empire. « Que je voudrais ne pas savoir écrire! » disait-il un jour qu'on lui présentait une sentence capitale à signer. Sénèque et Burrhus s'efforcèrent aussi de concert à contenir les fougueuses passions de leur élève, mais l'ambition d'Agrippine amena l'explosion. Liguée avec l'affranchi Pallas, elle espérait que dans le palais rien ne se ferait sans elle; mais Sénèque et Burrhus, pour prévenir cette domination qui avait avili Claude, firent disgracier l'affranchi. Néron l'effraya plus en empoisonnant lui-même son frère Britannicus (55).

Débarrassés d'Agrippine, les deux ministres gouvernèrent pendant quelques années avec modération et justice. Des condamnations apprirent aux gouverneurs de province que leur conduite était surveillée: quelques impôts furent abolis ou diminués. Néron demandait à les supprimer tous. Malheureusement le plaisir l'avait déjà saisi: des amis débauchés, des liaisons vulgaires, un goût malheureux pour le théâtre, le corrompirent chaque jour davantage.

Il enleva à Othon sa femme Poppæa Sabina; et irrité des reproches d'Agrippine, il ordonna sa mort. On essaya de la noyer en faisant sombrer en pleine mer le vaisseau qu'elle montait. Comme elle se sauva à la nage, Néron la fit poignarder. De ce moment datent ses plus indignes folies. Les Romains le virent, en rougissant, conduire des chars dans le cirque et monter sur le théâtre pour y chanter et y jouer de la lyre.

Après la mort de Burrhus, qui périt peut-être empoisonné, et la retraite de Sénèque, qui était allé jouir, loin de la cour, de ses immenses richesses, l'influence de Poppée devint telle que Néron, pour l'épouser, fit tuer sa femme Octavie. L'incendie de Rome, l'an 64, ne peut être, avec certitude, imputé à Néron. Mais ce fut pour lui un prétexte de persécuter les chrétiens. Les supplices furent atroces. On les enveloppait de peaux de bêtes pour les faire déchirer par des chiens; on les mettait en croix, ou l'on enduisait leurs corps de résine, et Néron s'en servit la nuit, comme de flambeaux, pour éclairer ses jardins, pendant une fête qu'il donnait au peuple. Afin de satisfaire ses prodigalités dans les jeux et les spectacles, de couvrir les frais de ses constructions insensées, surtout de sa maison d'or, il multiplia les exils et les condamnations, inévitablement suivies de la confiscation des biens.

Ce fut à partir de l'an 65 que les supplices se multiplièrent. A cette époque une conspiration formidable fut découverte. On voulut donner l'empire à Calpurnius Pison. Nombre de sénateurs, de chevaliers, de soldats même, étaient impliqués dans le complot. Sénèque, son neveu, le poète Lucain furent contraints de se faire ouvrir les veines. Puis ce fut le tour de Silanus, du consulaire Antistius et du vertueux Thraséas qui mourut noblement comme il avait vécu. Dès lors, Néron crut n'avoir plus de mesure à garder : il osa monter, à Rome même, sur le théâtre; et pour trouver de plus dignes appréciateurs de ses talents, il fit en l'an 66 un voyage en Grèce. Il voulut paraître dans les jeux et disputer la couronne aux courses olympiques; on ne la lui refusa pas, bien qu'il fût tombé au milieu du stade. Il paya ces applaudissements en proclamant la liberté de la Grèce

Cependant l'empire commençait à se lasser d'obéir à un mauvais chanteur, comme l'appelait Vindex. Ce général, alors propréteur en Gaule, offrit l'empire à Galba. Il se tua il est vrai, après un échec. Mais heureusement à Rome même tout le monde abandonnait Néron. Nymphidius, son préfet du prétoire, fit proclamer Galba par les prétoriens, en leur promettant en son nom un riche *donativum*. Néron, réduit à fuir parce qu'il ne trouvait pas même un gladiateur pour le tuer, se réfugia dans la métairie d'un de ses affranchis; mais on trouva sa trace : des cavaliers s'approchaient; il s'enfonça un glaive dans la gorge en s'écriant : « Quel artiste le monde va perdre! » Avec lui s'éteignit la race des Césars, qui depuis le grand Jules ne s'était d'ailleurs continuée que par l'adoption (juin 68).

4. Guerres dans la Grande-Bretagne et en Orient.

César avait paru deux fois dans la Grande-Bretagne sans en faire la conquête. Claude y dirigea une expédition sérieuse. Les légions y passèrent sous la conduite de Plautius qui soumit rapidement toute l'île jusqu'à la Severn et à la Tamise (43). Derrière ce fleuve, Caractac avait réuni une armée. Claude vint lui-même assister à sa défaite, puis laissa Plautius organiser la nouvelle province. Le successeur de ce général, Ostorius Scapula, se vit menacé par un soulèvement presque général des insulaires (50), mais il fit rentrer dans l'ordre les Icènes et les Brigantes au nord, et écrasa, à l'ouest, les Ordovices. Sous Néron une insurrection générale excitée par la reine Boadicée coûta la vie à soixante-dix mille Romains ou provinciaux; mais Suétonius Paulinus comprima l'insurrection, et la Bretagne perdit l'espoir de s'affranchir (61).

En Orient Rome avait affaire aux Parthes. La question entre les deux empires que l'Euphrate séparait était la suzeraineté de l'Arménie. Si les Romains en effet étaient maîtres de ce royaume, les Parthes étaient en danger; si les Parthes y dominaient, ils pouvaient troubler sans cesse la sécurité des provinces asiatiques. La politique des empereurs consista à placer un roi vassal sur le trône d'Arménie et à fomenter des révolutions de palais chez les Parthes. Auguste parvint à se faire livrer plusieurs princes arsacides dont Tibère se servit ensuite pour en faire des prétendants au trône. Un d'eux chassa Artaban III qui parvint pourtant à recouvrer le pouvoir. Claude suivit la politique. Son candidat fut aussi renversé, et Vologèse plaça la couronne d'Arménie sur la tête de son frère Tiridate. Néron envoya contre lui Corbulon qui réussit à chasser les Parthes de l'Arménie et à donner pour roi à ce pays un prince dévoué à l'empire (30). Vologèse rétablit Tiridate; mais, menacé par Corbulon d'une invasion, il laissa son frère venir à Rome solliciter humblement que Néron le confirmât dans la possession de l'Arménie. Corbulon, pour prix de ses victoires, trouva à son retour à Corinthe l'ordre de se donner la mort.

XXVII.

1. GALBA, OTHON, VITELLIUS. — 2. VESPASIEN; PRISE DE JÉRUSALEM. — 3. TITUS ET DOMITIEN. — SOUMISSION DE LA GRANDE-BRETAGNE. — 4. NERVA ET TRAJAN; GUERRES CONTRE LES DACES ET LES PARTHES. — 5. ADRIEN. — 6. LES ANTONINS : MARC-AURÈLE. — COMMODE.

1. Galba, Othon, Vitellius.

Galba était âgé de plus de soixante-douze ans quand il fut proclamé. Tout le monde s'accorda à prendre ce vieillard qui ne pouvait vivre longtemps et dont chacun espérait se faire l'héritier. Mais sa sévérité et son avarice eurent bientôt soulevé la haine contre lui. Les prétoriens exigeaient le *donativum* promis en son nom. « Je choisis mes soldats, répondit-il, et je ne les achète pas. » En même temps, ceux des amis de Néron échappés au premier massacre qui avait suivi la mort de leur maître furent envoyés au supplice. Cette sévérité n'empêcha pas Galba d'être faible et indulgent jusqu'à l'excès pour ses tout-puissants favoris Vinius, Laco et Icélus, qui s'enrichissaient et commettaient sous le nom de l'empereur mille injustices. Galba vit croître le mécontentement, surtout parmi les légions de la haute Germanie. Afin d'en arrêter l'explosion, il désigna Pison pour son successeur. Mais, en le présentant aux prétoriens, il ne leur fit point promettre de *donativum*. Othon, ancien ami de Néron, homme ambitieux et perdu de dettes, profita de leur mécontentement pour les soulever. La plupart des troupes passèrent de son côté, et Galba, abandonné de tous, fut massacré sur le champ de Mars; il avait régné sept mois. Pison eut le même sort.

Le sénat s'empressa avec son habituelle servilité de reconnaître Othon. Mais déjà les légions du Rhin avaient à Cologne proclamé empereur leur chef Vitellius. En vain Othon chercha à prévenir par des négociations la guerre civile; il fallut en venir aux mains. Trois fois ses généraux battirent dans la haute Italie les Vitelliens, commandés par Cécina et Valens. Mais près de *Bedriacum*, entre Vérone et Crémone, il perdit une grande bataille, et, s'offrant lui-même comme victime pour mettre fin à ces luttes cruelles, il se tua.

Vitellius prit alors le chemin de Rome, où le sénat et le peuple l'avaient reconnu, accompagné de ses légions, qui marquaient leur route par les plus sauvages excès. Sans talents, sans énergie, irrésolu, timide, il ne s'était encore fait remarquer que par une brutale voracité. Prodigue de son bien comme de celui des autres, il permit tout aux soldats et ne s'inquiéta guère des affaires de l'empire. Son principal soin fut de faire venir des pays et des mers les plus éloignés des mets inconnus et bizarres. Dans les huit mois que dura son règne, il dépensa près de deux cents millions de francs. Aussi les révoltes éclatèrent-elles de toutes parts. L'Orient voulait avoir son empereur, puisque l'Occident venait d'en donner deux coup sur coup. Vespasien, qui s'était illustré dans la guerre de Bretagne, commandait alors des forces considérables chargées de réduire les Juifs révoltés. Quoique sévère pour la discipline, il avait su gagner l'affection des troupes : elles le saluèrent empereur. Vespasien laissa à son fils Titus le soin d'assiéger la forte place de Jérusalem : lui-même il alla prendre possession de l'Égypte, et fit marcher Mucien sur l'Italie. Un tribun légionnaire le prévint. Antonius Primus, avec les troupes de la Mœsie et de la Dalmatie, envahit l'Italie, et battit près de Crémone les troupes de Vitellius. Le frère de Vespasien, Flavius Sabinus, occupait à Rome le Capitole. Vitellius lui livra les ornements impériaux et implora, en habits de deuil, la protection des soldats et du peuple. Mais ceux-ci ne voulurent pas de son abdication, et un combat suivi d'un affreux carnage eut lieu dans la ville même. Le Capitole fut brûlé et Sabinus massacré par les vitelliens. Domitien, le plus jeune fils de Vespasien, n'échappa qu'à la faveur d'un déguisement.

Mais, au bout de peu de jours, Antonius prit Rome ; et Vitellius, après avoir souffert mille outrages, fut égorgé (20 déc. 69).

2. Vespasien ; prise de Jérusalem

Avec Vespasien, la famille flavienne monta sur le trône qui, après de tels ébranlements, avait besoin d'un homme actif, habile, et de mœurs simples, comme l'était le nouvel Auguste, fils lui-même d'un percepteur de l'impôt du quarantième. Il apprit en Égypte les succès de ses généraux et la mort de son rival. Mais deux guerres duraient encore : l'une acharnée, toutefois sans danger pour l'empire ; Titus s'en était chargé : l'autre, qui eût pu l'ébranler jusque dans ses fondements, la révolte du Batave Civilis. Ce personnage, de race royale chez les siens, avait résolu d'affranchir son peuple, et de s'aider pour cela des Germains et des Gaulois. Comme la querelle entre Vespasien et Vitellius n'était pas encore terminée, il prit naturellement parti pour celui des deux rivaux qui se trouvait le plus loin. Après la bataille de Crémone, il jeta le masque, entraîna les Caninéfates et les Frisons, et battit ou séduisit les légions qui lui furent opposées. Il appela les Gaulois à l'indépendance et les Germains au pillage de l'Empire. Heureusement les Gaulois ne purent s'entendre, et un général de Vespasien, Céréalis, eut le temps d'arriver. Civilis vaincu se retira dans son île, où il organisa une résistance si vive, qu'après de longs efforts, Céréalis consentit à traiter. La paix fut honorable pour les

Bataves. Ils restaient alliés, mais non tributaires, à la condition de fournir des soldats. Une autre guerre s'achevait en même temps à l'extrémité opposée du monde romain. Titus avait mis fin aussi à la révolte des Juifs (65-70). Ce peuple, irrité par les exactions de ses derniers gouverneurs, et comme saisi d'un inexplicable esprit de vertige, avait recommencé héroïquement la lutte des Maccabées contre la domination étrangère. Ils croyaient les temps venus pour le messie que les livres saints leur promettaient, et, refusant de le reconnaître dans la sainte victime qu'ils avaient attachée à la croix du Golgotha, ils pensaient qu'il allait se manifester, glorieux et puissant, au milieu du bruit des armes. Mais l'empire romain était plus fort que la monarchie débile d'Antiochus, et l'insurrection, qui s'était répandue jusque dans la Galilée où l'historien Josèphe organisa la résistance, avait été peu à peu renfermée par Vespasien et Titus dans la capitale de la Judée. Après un siége mémorable Jérusalem tomba: le temple fut incendié. La charrue passa sur ses ruines et la dispersion du peuple hébreu commença (70) : elle dure encore. Onze cent mille Juifs, peut-être même davantage, étaient tombés dans cette guerre. Les chrétiens avaient séparé leur cause de ce patriotisme héroïque mais aveugle, suivant la parole du maître, que son royaume n'était pas de ce monde et qu'il fallait rendre à César ce qui appartient à César. Un des principaux chefs, Simon de Goria, conduit à Rome pour le triomphe de Vespasien et de Titus, y fut longtemps battu de verges puis étranglé.

Tandis que les généraux de Vespasien faisaient triompher ses armes, lui-même, à Rome, rétablissait la discipline parmi les légions et dégradait les sénateurs et les chevaliers indignes, pour les remplacer par les hommes les plus considérables de l'Italie et des provinces.

Les finances, que Néron avait laissées dans un état déplorable, furent améliorées, en partie, par le rétablissement des provinces qui avaient obtenu de Néron leur liberté, en partie par l'augmentation des impôts. Malheureusement on vit quelquefois la percimonie de l'empereur dégénérer en avarice. Pourtant il fit d'énormes dépenses pour réédifier le Capitole, pour construire l'immense Colisée et le temple de la Paix, pour l'établissement d'une bibliothèque et pour l'enseignement de la rhétorique par des professeurs que l'État payait.

Dans sa vie privée, Vespasien donna l'exemple d'une simplicité antique. Quelqu'un voulant lui rendre suspect un personnage à qui les astres promettaient l'empire, il le fit consul. « Il s'en souviendra, dit-il, et m'en tiendra compte quand il sera empereur. » Malgré ce gouvernement habile, Vespasien craignait les libres penseurs; il chassa de Rome les stoïciens et les sentiments républicains, lui faisaient ombrage. Ce fut aussi à cause de sa trop grande liberté de langage que le plus respecté des sénateurs, Helvidius Priscus, fut exilé, et ensuite mis à mort, mais contre les intentions de l'empereur.

Esprit sérieux, positif, homme d'affaires et d'ordre, Vespasien se riait des flatteries comme de l'apothéose. « Je sens que je deviens dieu, » dit-il, quand il vit approcher sa dernière heure. Mais il voulut se lever, en ajoutant : « Un empereur doit mourir debout. » Ces paroles le peignent tout entier (23 juin 79).

3. Titus et Domitien. — Soumission de la Grande-Bretagne

Titus s'était distingué dans les guerres de Germanie et de Bretagne, surtout dans l'expédition de Judée, qu'il avait achevée. Mais on parlait aussi de ses débauches et de ses violences; il démentit ces craintes. Sa douceur, ses manières affables lui valurent le surnom de « délices du genre humain. » Il disait le soir qu'il avait perdu sa journée, quand par hasard il n'avait pas fait quelque bien. Il aimait la reine Bérénice, sœur du roi juif Agrippa, il eût voulu l'épouser; il fit à l'État le sacrifice de sa passion.

D'affreuses calamités désolèrent ce règne trop court : un incendie qui dura trois jours dévasta une partie de Rome, consuma le Capitole, le Panthéon, le théâtre de Pompée et la bibliothèque Palatine; puis survint une peste qui décima cruellement l'Italie. Un fléau plus terrible épouvanta la Campanie : le 1er novembre 79, le Vésuve s'ouvrit tout à coup au milieu d'horribles tremblements de terre, et de la bouche du nouveau volcan sortirent des masses de cendres et de laves qui ensevelirent Herculanum, Pompéi et Stabies. Pline le naturaliste, alors commandant de la flotte de Misène, voulut voir de près le terrible phénomène, et fut étouffé par les cendres ou écrasé par les pierres que le volcan lançait. Titus ne régna que vingt-sept mois, espace trop court pour que sa récente conversion eût été mise à une difficile épreuve (81).

Domitien son frère fut aussitôt proclamé. Dans ses premiers actes, il montra une rigidité sévère, rendit et fit rendre une justice rigoureuse, et réprima tous les abus qu'il put connaître. Les provinces durent à son active surveillance un gouvernement presque paternel; et ses craintes, sa tyrannie, purent croître à Rome, hors de l'Italie le même esprit d'impartialité anima toujours son administration. Mais peu à peu il s'abandonna aux craintes et aux violences. Les délateurs reparurent, et, avec eux, les exécutions. Son cousin Sabinus périt, parce que le crieur qui devait le nommer consul, l'avait par mégarde appelé empereur. Afin de s'attacher les soldats, il leur prodigua les faveurs et l'or; et il rassasia le peuple de jeux et de congiaires. Ces dépenses qu'il croyait nécessaires à sa sûreté l'obligèrent à créer des ressources que les impôts ne lui donnaient pas. De là les accusations de lèse-majesté intentées à tous les riches, et que suivait toujours la confiscation des biens. A ce penchant vers la cruauté se joignaient une vanité et un orgueil sans bornes. Après une révolte des Nasamons, peuple d'Afrique qu'il se vanta d'avoir exterminé (85), il voulut qu'on l'appelât Dieu et Seigneur.

Domitien ambitionna pour lui-même la réputation militaire; il se laissa vaincre cependant par les Daces, et plutôt que de se faire remplacer par quelque chef habile, il préféra acheter la paix des barbares au prix d'une forte somme d'argent. Il n'en célébra pas moins un triomphe, et prit le titre de Dacicus (89 ou 90).

Une révolte du gouverneur de la haute Germanie servit de prétexte à la plus cruelle tyrannie. Dès lors Domitien se crut entouré d'assassins, et il montra d'autant plus de cruauté qu'il avait plus de peur. Dans les derniers temps la persécution s'étendit à toutes les classes. Son père avait chassé les philosophes; il fit comme lui. Épictète, Dion Chrysostome, s'enfuirent jusque chez les Barbares. Les chrétiens refusaient de payer l'impôt établi pour la réédification du Capitole; il les condamna à mourir. Non content d'ordonner les supplices, il voulait encore les voir. Son cousin Flavius Clémens, sa propre sœur Domitilla, périrent comme chrétiens. A la fin, son épouse Domitia et plusieurs personnes qu'il destinait au même sort le prévinrent, et le firent tuer (18 septembre 96).

Ce fut lui cependant qui acheva la conquête de la plus grande partie de la Bretagne. Vespasien y avait envoyé Céréalis, puis Agricola, que Domitien maintint dans son commandement jusqu'en 85. Ce général, beau-père de Tacite, eut la gloire de pacifier l'île; il en fit le tour avec une flotte, mais sans parvenir à dompter les montagnards de la Calédonie. Le sud de l'Écosse seulement fut réuni à la province; pour la couvrir contre leurs incursions, il éleva une ligne de postes fortifiés, entre les deux golfes de la Clyde et du Forth. La civilisation romaine, favorisée par les nombreux colons qu'il appela, prit vite possession de la Bretagne. Domitien maintint pendant quelques années, dans son commandement, l'habile lieutenant de son père; mais jaloux à la fin de cette gloire, d'autant plus éclatante qu'elle était sans rivale, dans un temps où l'empereur lui-même achetait honteusement la paix des Daces et consentait à leur payer tribut, il rappela Agricola en l'an 85. On lui donna les ornements du triomphe et la province de Syrie. Se sentant suspect il refusa ce nouveau gouvernement; et pour se faire oublier, il vécut dans la retraite jusqu'à l'année 93 où il mourut empoisonné, disait-on, par Domitien. Tacite son gendre n'ose affirmer le crime, malgré ses soupçons et sa haine contre l'empereur. Il se contente d'ajouter : par cette mort prématurée, Agricola échappa à ces derniers temps où Domitien, ne donnant plus ni trêve ni relâche à sa rage, voulait dans un seul et long accès épuiser tout le sang de la république.

4. Nerva et Trajan. — Guerres contre les Daces et les Parthes.

La famille flavienne était éteinte. Le sénat se hâta de proclamer un des conjurés, le vieux consulaire Nerva. Avec ce prince commence une période de quatre-vingts ans, qu'on a appelée le temps le plus heureux de l'humanité. C'est la période des Antonins. Nerva montra de bonnes intentions ; mais trop faible pour les réaliser, il adopta l'Espagnol Trajan, le meilleur général de l'empire. Trois mois après, il mourut (27 janvier 98).

Trajan était alors à Cologne. Reconnu empereur par le sénat, le peuple et les armées, il resta une année encore sur les bords du Rhin, pour y achever la pacification des frontières et le rétablissement de la discipline. Il voulut entrer dans Rome à pied ; Plotine, son épouse, suivit cet exemple, et, en montant les marches du palais, elle se retourna vers la foule pour dire : « Telle j'entre ici, telle j'en veux sortir. » Comme Nerva, Trajan ouvrit sa demeure à tous les citoyens, et le palais reprit l'aspect simple et sévère qu'il avait eu sous Vespasien. Il chassa les délateurs, étendit à l'Italie entière les gratifications promises à chaque nouveau règne, paya celles du peuple avant celles des soldats, et supprima les dons de joyeux avénement offerts par les provinces et les villes. Pour encourager la population, il distribua à plusieurs villes d'Italie de l'argent et des revenus destinés à l'entretien des enfants pauvres. Économe pour lui-même, il put diminuer les impôts. Il vendit les nombreux palais, les villas que ses prédécesseurs avaient acquis par les confiscations. Le sénat pouvait presque se croire revenu à son ancienne puissance, car il délibérait réellement ; nulle charge ne s'obtenait plus que par lui. Trajan rendit même les élections aux comices ; du moins, les candidats paraissaient solliciter comme autrefois les suffrages du peuple. Lui-même il briguait au champ de Mars, confondu dans la foule des candidats. Les monuments qu'il éleva eurent pour but l'utilité publique ou l'ornement de Rome, comme la colonne Trajane qui raconte encore ses exploits. Parmi ses constructions les plus importantes furent une grande route qui traversait tout l'empire, du Pont-Euxin jusque dans les Gaules, et un chemin qu'il jeta à travers les marais pontins. C'est lui qui fit creuser à ses frais les ports d'Ancône et de Civita Vecchia (*Centum Cellæ*) ; des colonies établies en divers lieux, soit comme stations militaires, sont comme places de commerce ; la bibliothèque Ulpienne, qui devint la plus riche de Rome, etc., montrent que son activité s'étendait à tout. On n'a que deux reproches à lui faire : il n'avait pas la sobriété de Caton et il persécuta les chrétiens. Comme souverain pontife, il voulut faire respecter les dieux de l'empire, et comme chef de l'État, il punit suivant les anciennes lois les assemblées secrètes. Il défendit qu'on recherchât les chrétiens, mais ordonna de frapper ceux qui se présenteraient. Lui-même il condamna aux lions l'évêque d'Antioche, Ignace.

Son règne fut le plus belliqueux de tous ceux que vit l'empire. Il dirigea en personne une expédition contre les Daces (101), franchit le Danube à la tête de soixante mille hommes, vainquit les Barbares en trois grandes batailles, prit leur capitale Sarmizégéthusa, et les obligea de demander la paix (103). En l'année 104, ils se soulevèrent de nouveau. Trajan jeta sur le fleuve un pont de pierres dont on voit encore les restes, pénétra à plusieurs reprises en Dacie, vainquit Décébale, qui se tua, et réduisit le pays en province (106). De nombreux colons y furent envoyés, des villes florissantes s'y élevèrent; et aujourd'hui tout un peuple parle encore sur les rives du Danube un idiome qui est presque la langue des contemporains de Trajan.

En Orient, Chosroès, roi des Parthes, avait chassé le prince qui régnait en Arménie, et mis à sa place son neveu Parthamasiris. Trajan, pour en finir avec ces perpétuelles révolutions de l'Arménie comme il en avait fini avec les incursions des Daces, fit de ce pays une province. Les rois de Colchide et d'Ibérie promirent une obéissance plus entière, et les Albaniens reçurent le prince qu'il leur donna. Un de ses lieutenants, Corn. Palma, avait déjà, dès l'an 105, soumis une partie des Arabes. L'empire parthe, ainsi attaqué sur ses deux flancs, par le sud-ouest et le nord-est, fut enfin envahi. Trajan pénétra dans la Mésopotamie et dicta la paix à Chosroès. En 115, il conquit Ctésiphon, Séleucie et Suze, réduisit la Syrie et une partie de la Mésopotamie en provinces romaines, et descendit jusque dans le golfe Persique. « Si j'étais plus jeune, disait-il, j'irais conquérir les Indes. » Il se consola en soumettant une partie de l'Arabie, que les armes du conquérant macédonien n'avaient pas visitée. Ces rapides conquêtes ne pouvaient être durables. Les vaincus se soulevèrent partout durant l'éloignement de l'empereur ; et les Juifs se révoltèrent encore une fois de tous côtés. Des flots de sang coulèrent. Trajan n'eut même pas la consolation de voir la fin de ce formidable soulèvement. Triste et découragé, il donna un roi aux Parthes, Parthamaspatès, que bientôt ils chassèrent, et laissant Adrien à la tête de l'armée de Syrie, il revint mourir à Sélinonte, en Cilicie (11 août 117).

5. Adrien.

Autant le règne de Trajan avait été belliqueux, autant celui d'Adrien fut pacifique. Le nouvel empereur abandonna en Orient les conquêtes de son prédécesseur ; il eût même voulu renoncer à la Dacie. Dans la Bretagne, plutôt que d'aller chercher au milieu de leurs montagnes les belliqueux Calédoniens, il éleva, pour arrêter leurs incursions, un mur qui s'étendit des bouches de la Tyne au golfe de Solway (*Vallum Adriani*) : il en subsiste encore des restes nombreux qu'on appelle le mur des Pictes.

Son règne n'eut qu'une seule guerre, mais atroce. Adrien, témoin de l'ébranlement que les Juifs avaient causé à tout l'Orient, voulut les arracher à leur culte, pour les soustraire à ces éternelles espérances d'un vengeur promis par Jéhova à leur race. Il effaça le nom de la cité de David, qui devint Ælia Capitolina ; il y dressa des autels à tous les dieux et il défendit aux Juifs de pratiquer leur baptême sanglant. Il s'agissait donc pour ceux-ci de perdre leur nationalité religieuse, comme ils avaient perdu leur nationalité politique. A la voix du docteur Akiba, ils tentèrent encore une fois le sort des armes. Ils prirent pour chef (133) Barcochébas, le fils de l'Étoile, qui se faisait passer pour le messie toujours attendu. Cinq cent quatre-vingt-deux mille Juifs périrent, toute la Judée fut dévastée, et ce qui resta du peuple fut jeté en esclavage.

A l'intérieur, Adrien s'efforça de régulariser l'administration. Il apporta à cette œuvre un remarquable esprit d'organisation et de justice. Les postes étaient aux frais des villes : il les prit à sa charge ; le fisc avait de vieilles créances : il déchargea les provinces de tout ce qu'elles restaient lui devoir depuis seize ans, et il fit brûler les registres sur le forum. Il effaça les formes républicaines qui depuis Auguste s'étaient perpétuées, et rendit le gouvernement plus monarchique. Il divisa tous les offices en charges de l'État, du palais et de l'armée, les magistratures civiles ayant le premier rang, et les fonctions militaires le dernier. Pour l'expédition des affaires, il institua quatre chancelleries (*scrinia*), et les préfets du prétoire, investis d'une autorité à la fois civile et militaire, formèrent une sorte de ministère supérieur. Les lois, les édits, les sénatus-consultes, toutes les sources enfin du droit, formaient un pêle-mêle de décisions souvent contradictoires. Salvius Julianus, par ordre de l'empereur, réunit les anciens édits prétoriens, coordonna leurs dispositions, et forma une sorte de code qu'on appela l'*édit perpétuel*, et qui reçut, en l'année 131, force de loi.

L'armée fut, comme le palais et la haute administration, soumise à une réforme sévère. Adrien fit pour la discipline, les exercices, l'âge où l'on devenait capable d'obtenir les grades, un grand nombre de règlements qui lui survécurent. Son activité s'étendit à toutes les provinces. Il les visita les unes après les autres, l'ouest d'abord, l'orient ensuite, voyageant la plupart du temps à pied, sans pompe, entouré seulement de quelques jurisconsultes : ses voyages durèrent, sauf quelques interruptions, onze années, de 121 à 131. Nombre de villes furent décorées par lui de monuments splendides, comme Nîmes, où il éleva peut-être les arènes en l'honneur de Plotine, Athènes, où il passa deux hivers, Alexandrie, et Rome qui lui doit son château Saint-Ange (*Moles Adriani*), et le pont qui le réunit à la ville. Il n'oublia, dans ses encouragements, ni le commerce, ni l'industrie, pas même les esclaves, qu'il rendit justiciables des seuls tribunaux et non plus des caprices et de la colère de leurs maîtres.

La paix, l'ordre, le bien-être que l'empire dut à ce prince, firent oublier ses faiblesses coupables, ses mœurs qui ne valaient pas mieux que celles de son temps, l'influence qu'il laissa prendre sur lui à Antinoüs, dont il fit un dieu, et aussi son caractère irascible qui le rendit plusieurs fois cruel. Dès les premiers jours de son règne, quatre consulaires, accusés de conspiration, furent condamnés et exécutés. Sur la fin de sa vie, lorsqu'il eut adopté Ælius Vérus et, à la mort de celui-ci, Titus Antoninus, les complots ou ses soupçons recommencèrent. Son beau-frère, Servianus, périt avec son petit-fils; peut-être d'autres victimes encore succombèrent. Aussi le sénat irrité d'ailleurs contre un prince qui faisait tout par lui-même, hésita longtemps, lorsqu'il fut mort à Baïes, le 12 juillet 138, s'il ne condamnerait pas sa mémoire. La justice cependant et les pieuses prières d'Antonin l'emportèrent. Adrien était mort comme il avait vécu, en sceptique épicurien et faisant de petits vers sur les incertitudes de la vie à venir.

6. Les Antonins; Marc-Aurèle.

Antonin, originaire de Nîmes, avait été adopté par Adrien à la condition qu'il adopterait à son tour M. Aurélius et le fils d'Ælius Vérus, Lucius. Sous son règne de vingt-trois années (138-161), l'empire jouit d'une paix profonde, due autant à ses vertus qu'à sa modération et au gouvernement habile de son prédécesseur. Ses contemporains reconnaissants lui donnèrent le beau surnom de *Père du genre humain*. Une sage économie dans l'administration financière lui fournit les moyens de fonder d'utiles institutions; et il put venir au secours des cités frappées par quelque fléau, comme

Rome, Antioche, Narbonne et Rhodes, qui avaient été désolées des incendies ou des tremblements de terre. La richesse d'un prince, disait-il, est la félicité publique. Deux conspirations furent découvertes contre lui : les deux chefs seuls périrent. Une apologie du christianisme, composée par le philosophe Justin, et présentée à l'empereur, valut aux chrétiens, déjà nombreux à Rome et dans les provinces, tolérance et protection. Antonin ne fit aucune guerre, et ne visita même pas les provinces, trop paisibles et trop bien gouvernées pour que sa présence y fût nécessaire. Ses lieutenants livrèrent cependant quelques combats, en Afrique contre les Maures, et sur le Danube, aux Alains et aux Quades. Les Lazes et les Arméniens acceptèrent les rois qu'il leur donna. Les Juifs firent aussi quelques mouvements, et les Bretons essayèrent de détruire le mur d'Adrien.

Lorsque Antonin se sentit mourir, il fit porter la statue d'or de la Victoire dans l'appartement de son fils adoptif, Marcus Aurélius Antoninus, surnommé le Philosophe. Le nouvel empereur prit à tâche de continuer l'administration de ses trois prédécesseurs. Il avait partagé le titre d'Auguste avec Lucius Vérus, son gendre et son frère d'adoption ; il l'envoya, dans des circonstances graves, en Orient ; mais Vérus ne s'occupa à Antioche que de ses honteuses débauches, laissant l'habile Avidius Cassius prendre Ctésiphon et Séleucie, et rendre la Mésopotamie à l'empire (165). Peu après une peste terrible sévit dans Rome et désola tout l'empire. Les peuples germains des bords du Danube, qui depuis longtemps étaient restés en paix, se préparèrent au même moment à une attaque générale, et de grands désastres, des tremblements de terre, accompagnèrent cette irruption des Barbares. Mais le philosophe stoïque qui occupait alors le trône impérial ne se laissa pas effrayer ; au milieu des périls de la guerre contre les Marcomans, sur les rives du Danube, il écrivit les admirables maximes de la sagesse stoïcienne dans les douze livres de son ouvrage intitulé : [illegible]. Dans cette guerre, Marc-Aurèle montra un courage supérieur. Presque tout le monde barbare s'ébranlait. Les Sarmates Roxolans, des Vandales et d'autres peuples connus de noms seulement, formèrent une grande ligue dont les Marcomans n'étaient en quelque sorte que l'avant-garde. Les Barbares passèrent le Danube, et pénétrèrent jusqu'aux environs d'Aquilée. Les deux empereurs marchèrent à la fois contre eux. Marc-Aurèle détacha de la ligue quelques tribus auxquelles il assigna des terres, et il admit beaucoup de Barbares dans ses troupes. Vérus mourut au retour de cette expédition (déc. 169). Les Germains, [illegible], reparurent encore une fois sous les murs d'Aquilée. Pour trouver l'argent nécessaire à cette guerre,

Marc-Aurèle fit vendre les objets précieux et les joyaux du palais impérial : il arma des esclaves, des gladiateurs, et enrôla encore des Barbares (172). L'ennemi se retira devant lui, et l'empereur poursuivit les Quades jusque dans leur pays, où il courut, sur les bords du Gran, un sérieux danger. Une pluie mêlée d'éclairs et de tonnerre le sauva et donna lieu à la tradition sur la légion fulminante composée de chrétiens. Un traité de paix avec plusieurs nations parut terminer glorieusement cette guerre.

Des bords du Danube, Marc-Aurèle gagna promptement la Syrie (175) pour apaiser la révolte de Cassius qui fut tué par ses soldats; Presque aussitôt des Marcomans, des Bastarnes, des Goths recommencèrent leurs incursions (178). Le malheureux empereur que la fortune condamnait à passer sa vie dans les camps, se hâta de marcher contre eux avec son fils Commode ; il mourut sans avoir achevé cette guerre, le 7 mars 180, à Vindobona (Vienne).

7. Commode.

Commode n'avait que dix-neuf ans, et déjà la faiblesse de son père avait laissé s'enraciner en lui des passions désordonnées qui en auront bientôt fait un tyran stupide. Il se hâta de conclure la paix avec les Marcomans et les Quades, et prit plus de vingt mille Barbares au service de l'empire. Des bords du Danube, Commode précipita son retour à Rome où il se livra à tous les plaisirs et à sa folle passion pour la chasse et les combats de gladiateurs. On le vit plus de sept cents fois combattre dans l'arène, conduire un char ou jouer le rôle d'Hercule. Le préfet des gardes, Pérennis, d'abord chargé de tous les soins du gouvernement, fut massacré en 186, et remplacé comme préfet du prétoire et favori du prince par l'affranchi Cléander, Phrygien, qui fit argent de tout, de la vie et de l'honneur des citoyens. Trois ans après, l'avare et cruel favori fut tué dans une sédition populaire qu'avaient excitée la peste et la famine.

La cruauté de Commode, provoquée par les conspirations, ne connut plus de bornes. Il lança des sentences de mort contre les hommes les plus vertueux, contre ses proches, contre le sénat et même contre le grand jurisconsulte Salvius Julianus. Accordant toute licence aux prétoriens, il croyait avec leur appui n'avoir rien à craindre, mais ceux qui l'approchaient le plus étaient ceux qui étaient le plus menacés, ce fut leur main qui le frappa. Sa concubine Marcia, le chambellan Electus et le préfet des gardes, Laetus, qu'il se proposait de faire mourir, le firent étrangler par un athlète.

XXVIII.

1. SEPTIME SÉVÈRE. — 2. ALEXANDRE SÉVÈRE. — 3. ANARCHIE MILITAIRE ; PROGRÈS DES BARBARES : LES FRANCS, LES ALEMANS, LES GOTHS. — 4. CLAUDE II, AURÉLIEN, ZÉNOBIE. — 5. PROBUS.

1. Septime Sévère.

Ce fut Pertinax, alors préfet de la ville, que les meurtriers de Commode résolurent de placer sur le trône : le sénat approuva leur choix, et le 1er janvier 193, les prétoriens prêtèrent serment au nouvel empereur. Plein d'expérience, d'équité et de bonnes intentions, Pertinax voulait remettre l'ordre dans l'État et dans les finances, ébranlées par les folies du dernier prince ; il fit vendre les meubles du palais impérial, effaça quelques-unes des entraves qui gênaient le commerce, et exempta d'impôts pour dix ans ceux qui remettraient en culture les terres déjà désertes de l'Italie. Mais cet ordre et cette économie ne faisaient pas le compte des soldats ; ils vinrent l'égorger dans son palais (28 mars).

Alors commencèrent des scènes sans nom et heureusement sans exemple. La soldatesque mit littéralement l'empire aux enchères ; deux enchérisseurs se présentèrent, qui luttèrent entre eux de promesses, et la monarchie d'Auguste fut adjugée au vieux consulaire Didius Julianus, au prix de six mille deux cent cinquante drachmes pour chaque soldat. La vente terminée, les prétoriens conduisirent, en ordre de bataille, Didius au palais ; le sénat accepta l'élu des soldats. Didius avait promis plus qu'il ne pouvait tenir, et les créanciers implacables pour leur imprudent débiteur l'auraient sans doute eux-mêmes renversé s'ils n'avaient été prévenus par les légions des frontières qui voulurent, elles aussi, donner l'empire. Les légions de Bretagne proclamèrent leur chef Albinus ; celles de Syrie, Pescennius Niger ; celles d'Illyrie, l'Africain Septime Sévère. Celui-ci se trouvant le plus rapproché de Rome, en prit aussitôt la route, et le sénat, encouragé par son approche, déclara Didius ennemi public, le fit tuer, punit les meurtriers de Pertinax et reconnut Sévère empereur.

Sévère commença par casser les prétoriens. Malheureusement, au lieu d'abolir cette garde turbulente, il se contenta de la changer ; il la rendit même plus nombreuse. Les affaires les plus pressantes achevées, l'empereur s'occupa de la guerre. Pour ne point avoir deux ennemis à combattre à la fois, il reconnut à Albinus le titre de César. Tranquille de ce côté, il s'occupa de Niger qui jouissait doucement, à Antioche, de son nouveau titre. Ses troupes, depuis longtemps déshabituées des exercices militaires, furent battues à Cyzique, près de Nicée, en Phrygie, et près d'Issus. Leur empereur fut tué à Antioche au moment où il voulait fuir vers les Parthes (194). Albinus s'aperçut trop tard qu'il avait été joué; mais le sénat l'appelant secrètement, il voulut à son tour prévenir son rival, et passa en Gaule en prenant le titre d'Auguste. Il avança jusqu'à Lyon, où, le 19 février 197, un combat sanglant s'engagea entre les légions de Bretagne et d'Illyrie. Albinus fut vaincu et tué. Lyon, qui lui avait ouvert ses portes, fut pillée et livrée aux flammes. Quand Sévère envoya au sénat la tête d'Albinus, il lui écrivit une lettre menaçante: et de retour lui-même à Rome, il y exerça les plus atroces cruautés. Quarante et une familles sénatoriales s'éteignirent sous la hache du bourreau.

Pour jeter un peu de gloire sur ces cruautés, il attaqua les Parthes qui avaient fait alliance avec Niger, et prit Séleucie et Ctésiphon qu'il livra au pillage; mais ces conquêtes ne furent pas plus durables que celles de Trajan. A son retour, Sévère ordonna la cinquième persécution contre les chrétiens, malgré les éloquentes apologies de Tertullien et de Minutius Félix. Le principal conseiller de toutes ces cruautés était son ministre Plautien, Africain comme lui, et de basse extraction; après l'expédition contre les Parthes, il obtint que sa fille fût fiancée à Bassien Caracalla, le fils aîné de l'empereur (203). Mais le jeune prince haïssant autant la fille que le père, l'accusa de conspirer, et le fit mettre à mort sous les yeux de l'empereur. Il fut remplacé par le jurisconsulte Papinien. Sévère entendait mettre dans l'État la même discipline que dans l'armée. Aussi son administration financière fut si économe, qu'à sa mort on trouva du blé pour sept ans dans les greniers de Rome. « Contentez les soldats, disait-il à ses enfants, et ne vous inquiétez pas du reste. Avec eux vous repousserez les Barbares et vous contiendrez le peuple. » Il ne voulait pas dire qu'il fallait négliger la discipline. Loin de là, elle ne fut jamais si sévèrement maintenue; mais il leur accordait en même temps des priviléges, une augmentation de solde et des distinctions pour faire d'eux l'unique appui de son gouvernement. Après quelques années de repos, Sévère fut appelé en Bretagne par une révolte; il n'eut pas de peine à l'apaiser. Il pénétra fort avant dans les montagnes des Calédoniens, mais harcelé sans relâche, fatigué par de continuelles attaques qui lui coûtèrent jusqu'à cinquante mille hommes, il revint à la politique d'Antonin; et construisit un mur d'un rivage à l'autre, sur la ligne tracée par Agricola.

Pendant cette expédition, il avait été constamment malade; son fils Bassien, appelé Caracalla, du nom d'un vêtement gaulois qu'il aimait à porter, ne put cependant attendre sa fin prochaine et tenta de l'assa [illegible]ner. Dès lors le mal de l'empereur augmenta. Il expira en disant : « J'ai été tout, et tout n'est rien. » Son dernier mot d'ordre avait été *laboremus* (travaillons)! Il laissait deux fils, Caracalla et Géta (211).

2. Alexandre Sévère.

Les deux frères, qui avaient déjà troublé le palais de leurs querelles, se hâterent de revenir à Rome. Ils voulaient partager l'empire ; mais Julia Domna leur mère s'y opposa. Bientôt ils en vinrent à menacer réciproquement leur vie ; Caracalla réussit le premier ; il poignarda son frère dans les bras de leur mère. Le célèbre jurisconsulte Papinien refusa de faire une publique apologie du fratricide. Il fut mis à mort, et avec lui périrent vingt mille personnes amies de Géta ou ses partisans. Caracalla ne sévit pas seulement à Rome, il porta dans toutes les provinces sa cruauté. A Alexandrie, pour se venger de quelques épigrammes, il fit faire un affreux massacre de tout le peuple désarmé. Afin de pouvoir se décorer du nom de Parthicus, il fit quelques ravages dans la Mésopotamie. Il fut tué à Charres par un centurion qui avait une injure à venger (217).

L'armée élut le préfet des gardes Macrin, qui, après une sanglante bataille livrée dans la Mésopotamie, acheta la paix au prix de cinquante millions de deniers. De retour à Antioche, il écrivit au sénat qu'il y aurait sous son gouvernement liberté et sécurité ; mais les mesures sévères qu'il prit pour le rétablissement de la discipline, lui aliénèrent les esprits. Les soldats, mutinés dans leur camp, proclamèrent le jeune et beau grand prêtre d'Émèse, Bassianus, fils de Soémis, et le nommèrent Antonin, car la grand'mère de Bassianus, Julia Mœsa, sœur de l'impératrice Julia Domna, le faisait passer pour fils de Caracalla. Les troupes envoyées contre les rebelles passèrent de son côté, et Macrin vaincu fut tué (juin 218) à Chalcédoine.

Bassianus, plus connu sous le nom du dieu syrien dont il était le prêtre, Élagabal, allait apporter sur le trône impérial les passions les plus honteuses de l'Orient. Il y avait eu jusqu'alors bien de mauvais empereurs ; mais leurs vices avaient au moins quelque chose de romain : cette fois, c'étaient les voluptés les plus impures, le luxe le plus insensé que Rome eût jamais vus, et une dépravation à faire rougir Néron. Il se forma un sénat de femmes, et, comme le grand roi, il voulut être adoré. Son palais était sablé de poudre d'or et d'argent, et il remplissait ses viviers d'eau de rose pour s'y baigner. Les soldats eux-mêmes eurent bientôt horreur de cet empereur monstrueusement efféminé, qui s'habillait en femme. Ils le tuèrent le 11 mars 222 avec sa mère Soémis. Ils saluèrent aussitôt empereur son cousin Alexandre alors âgé seulement de quatorze ans, et qui resta sous la direction de son aïeule Mœsa et de sa mère Mammée.

Instruites par la catastrophe qu'elles venaient de voir s'accomplir, les deux impératrices s'appliquèrent à développer dans le jeune prince les vertus que la nature y avait déposées. Mammée l'entoura des conseillers les plus habiles. Les jurisconsultes Paul et Ulpien, l'historien Dion Cassius furent ses ministres. Seize sénateurs formèrent son conseil, et l'empire, sous ce gouvernement honnête, passa plusieurs années paisibles. Malheureusement ni les vertus de ce prince, qui faisait graver au frontispice de son palais ces mots, fondement de la morale sociale : « Fais à autrui ce que tu voudrais qu'on te fît à toi-même, » ni les lumières d'Ulpien, ne pouvaient suffire à la rude tâche de maintenir les soldats dans la discipline. Un jour ils égorgèrent, sous ses yeux, leur préfet Ulpien.

La ruine du royaume des Parthes et la fondation d'un nouvel empire persan par le Sassanide Artaxercès, en 226, occasionnèrent une guerre sur l'Euphrate; car le nouveau monarque, qui rendait aux montagnards de la Perside la domination que les Parthes leur avaient enlevée, se disait de la race des anciens rois, et réclama toutes les provinces qu'avait autrefois possédées Darius. Alexandre répondit en attaquant les Perses; l'expédition ne paraît pas avoir été très-heureuse. La nouvelle d'une invasion des Germains en Gaule et en Illyrie précipita le retour d'Alexandre. Il courut sur le Rhin, mais au lieu de combattre il acheta la paix. Cette conduite indigna ses soldats, dont le mécontentement fut mis à profit par le Thrace Maximin, qui avait gagné l'affection des soldats par sa force extraordinaire et son bouillant courage. Ils le saluèrent Auguste au milieu du camp en lui présentant la tête du malheureux empereur. Il n'était âgé que de vingt-six ans; il en avait régné treize (19 mars 235).

3. Anarchie militaire. Progrès des Barbares : les Francs, les Alemans, les Goths.

Maximin, que les soldats proclamèrent, était un Thrace, Goth d'origine, qui, dans sa jeunesse, avait gardé les troupeaux; espèce de géant haut de sept pieds, fort à proportion, qui mangeait, par jour, quarante livres de viande, et buvait une amphore de vin. Ce Barbare, qui n'osa point venir une seule fois à Rome, traita l'empire en pays conquis, pillant les temples et les villes et battant monnaie avec leurs dieux. On en fut bientôt las. Le proconsul d'Afrique, Gordien Ier, et son fils, Gordien II, descendants des Gracques et de Trajan, furent, malgré leurs prières, proclamés empereurs dans cette province. Le sénat les reconnut, et, quand ils eurent été renversés, il proclama lui-même Pupien et Balbin. Le peuple exigea qu'un fils du jeune Gordien fût déclaré César. Pour Maximin, il fut égorgé avec son fils (avril 238) devant Aquilée qu'il assiégeait. Mais presque aussitôt les deux empereurs du sénat furent massacrés dans leur palais. Les prétoriens déclarèrent alors Gordien III seul chef de l'empire. Il n'avait que treize ans; Misithée, son précepteur et son beau-père, gouverna sous son nom avec sagesse. Sa mort fit arriver au grade de préfet du prétoire l'Arabe Philippe qui tua l'empereur et prit sa place (févr. 244). Il se hâta de conclure la paix avec Sapor que Gordien allait combattre, et revint célébrer le millième anniversaire de la fondation de Rome.

Sous Gordien on avait parlé pour la première fois des Francs. C'était une confédération de tribus germaniques qui s'était formée sur le bas Rhin, comme celle des Alemans s'était élevée vers le Rhin supérieur. Ceux-ci menaçaient sans cesse la Rhétie, quelquefois même l'Italie et la Gaule. Les premiers en envahirent bientôt les provinces septentrionales.

A l'autre extrémité de la Germanie les Goths étaient peu à peu descendus de la Scandinavie sur le Danube inférieur et la mer Noire. Ils étaient pour l'heure les plus dangereux voisins de l'empire.

Au bout de cinq ans les soldats trouvèrent que le règne de Philippe avait assez duré, et de toutes parts les révoltes éclatèrent. Dans le même temps les Goths franchirent le Danube, et le sénateur Décius, qu'il envoya contre eux, fut proclamé par les troupes. Une bataille se livra près de Vérone (sept. 249), Philippe y fut tué. La tranquillité dont jouit l'Église, sous son règne, a fait croire à tort qu'il était chrétien.

Décius, au contraire, les persécuta cruellement. Il ne régna du reste que deux années, et périt dans une grande bataille livrée aux Goths dans la Mœsie (251).

L'armée reconnut un de ses chefs, Gallus, qui promit aux barbares un tribut annuel. C'était les rappeler, Æmilianus qui les battit, prit la pourpre. Gallus marchait contre lui, quand il fut tué par ses soldats (253); Æmilianus ne lui survécut que quatre mois et eut le même sort. Valérien qui arrivait pour venger Gallus, avec les légions du Rhin, fut salué empereur et nomma César son fils Gallien.

L'empire était dans un affreux désordre. Les Alemans avaient franchi le Rhin, les Goths le Danube, les Perses l'Euphrate; la famine et la peste désolaient sans relâche les provinces, et les persécutions contre les chrétiens montraient dans toutes les villes l'appareil des tortures et des supplices. Valérien s'efforça d'arrêter cette dissolution imminente. Il marcha en 258 contre les Perses, reprit Antioche, et pénétra en Mésopotamie. Mais, près d'Édesse, il fut battu et fait prisonnier (260). Cette captivité dura pour lui jusqu'à la mort, avec d'indignes outrages. Sapor rentra dans Antioche. Balista, préfet du prétoire, le força enfin de repasser l'Euphrate, aidé du chef arabe Odenath, qui se trouva assez puissant pour se faire reconnaître comme Auguste par Gallien lui-même, en 264. Palmyre, sa capitale, située dans une oasis à trois journées de l'Euphrate, était devenue riche et puissante, à la faveur d'un immense commerce. Des ruines imposantes témoignent encore de sa grandeur passée.

Depuis la captivité de son père, Gallien gouverna seul pendant huit années, qui ne furent qu'une lutte sans relâche contre les usurpateurs, les Barbares et les calamités de toutes sortes qui vinrent fondre sur l'empire. C'est l'époque qu'on appelle celle des Trente tyrans. Il n'y en eut, en réalité, que dix-neuf ou vingt, la plupart remarquables. Les principaux sont Macrianus en Syrie, Ingénuus en Mœsie, Memor, Celsus, en Afrique; un ancien chef de pirates, Trébellianus, en Isaurie; le proconsul Valens en Achaïe; Pison en Thessalie; Saturninus, qui disait à ses soldats : « Camarades, vous perdez un bon général et vous faites un misérable empereur. » Ils le tuèrent eux-mêmes à cause de sa sévérité; Æmilianus, proclamé à Alexandrie, qui fut étranglé en prison; Balista, qu'Odenath fit égorger comme traître. Ce valeureux prince, qui délivra tour à tour l'Orient des Perses et des Goths, débarqués dans l'Asie Mineure, fut lui-même assassiné en 267 par son neveu. Zénobie, sa femme, fit égorger le meurtrier et succéda à la puissance de son époux. La Gaule fut quatorze ans indépendante sous Postumus, Lollianus, Victorinus, Marius et Tétricus, c'est-à-dire presque jusqu'à la fin du règne d'Aurélien.

Aux affreux désordres de ce règne, étaient venues se joindre les invasions des Barbares. Les Goths, les Hérules, ravagèrent la Grèce et l'Asie Mineure. Un Goth voulait brûler à Athènes la bibliothèque, un autre l'arrêta : « Laissons, dit-il, à nos ennemis ces livres qui leur ôtent l'amour des armes. » Les Athéniens cependant, sous la conduite de l'historien Dexippe, eurent l'honneur de battre ces brigands.

4. Claude II, Aurélien, Zénobie.

Gallien avait été frappé à mort par des traîtres en assiégeant Auréolus dans Milan; en expirant il choisit pour son successeur un Dalmate, Claude, qui était alors le général le plus renommé de l'empire, et qui n'eut que le temps de courir en Macédoine pour faire tête à trois cent mille Goths. Vainqueur près de Naïssus il fut enlevé par la peste. Aurélien le remplaça (270). Il eut d'abord à repousser une invasion des Alemans qui pénétrèrent par la Rhétie jusqu'à Plaisance, où ils détruisirent une armée romaine, et de là jusque sur les bords de l'Adriatique. La terreur était dans Rome. Le sénat consulta les livres sibyllins, et, d'après leurs réponses, on immola des victimes humaines. Une victoire remportée sur le Métaure délivra l'Italie. Le danger que Rome avait couru engagea l'empereur à l'entourer d'une forte muraille. Il fut moins heureux contre les Goths ; un traité leur abandonna la Dacie, dont il transporta les habitants en Mœsie. Le Danube redevenait la limite de l'empire.

La tranquillité rétablie sur cette frontière, il passa en Orient (273) pour combattre la reine de Palmyre, princesse célèbre par son courage et sa rare intelligence, qui ne songeait à rien moins qu'à fonder un grand empire oriental. Il lui enleva la Syrie, l'Égypte et une partie de l'Asie Mineure où elle commandait. Deux batailles près d'Antioche et d'Émèse, forcèrent Zénobie à se réfugier dans sa capitale, qu'Aurélien vint aussitôt assiéger. Quand la ville fut à bout de ressources, Zénobie s'enfuit sur des dromadaires vers l'Euphrate ; mais arrêtée, elle fut conduite à Aurélien. Son principal ministre était le sophiste Longin, duquel nous avons encore un traité *sur le sublime*. Longin, soupçonné d'être l'auteur d'une lettre offensante envoyée par Zénobie à Aurélien, fut mis à mort ; l'empereur réserva la reine pour son triomphe. Dans l'Occident Tétricus, qui gouvernait la Gaule, l'Espagne et la Bretagne, trahit lui-même son armée et passa du côté d'Aurélien. Tétricus fut nommé gouverneur de Lucanie ; et Zénobie se retira dans une belle villa du territoire de Tibur.

5. Probus.

Délivré des embarras extérieurs, Aurélien essaya de rétablir l'ordre dans l'administration, et la discipline dans les armées. Pour occuper l'esprit remuant des légions, il prépara une expédition contre les Perses ; mais son secrétaire Mnesthée, accusé de concussions, et craignant le châtiment, le fit assassiner (janv. 275). Les soldats, honteux d'avoir laissé tuer leur chef, forcèrent le sénat à choisir un empereur. Il nomma le vieux Tacite qui mourut au bout de six mois.

Les soldats proclamèrent alors Probus, qui courut aussitôt en Gaule, que les Alemans avaient envahie. Il leur reprit soixante villes, passa le Rhin à leur suite et les poursuivit jusqu'au delà du Necker. Les Germains lui livrèrent seize mille de leurs jeunes guerriers, qu'il enrôla dans ses troupes, mais en les dispersant. Dans l'Illyrie, il battit les Sarmates ; dans la Thrace, les Gètes ; dans l'Asie Mineure, les brigands de l'Isaurie et de la Pamphylie ; en Égypte, les Blemmyes, qui avaient pris Coptos. Le roi de Perse, Narsès, effrayé de ces succès, demanda la paix. A son retour par la Thrace, il établit sur les terres de l'empire cent mille Bastarnes fidèles, comme il avait établi déjà des Germains dans la Bretagne et des Francs sur les bords du Pont-Euxin. C'était un système dangereux, car cette invasion de l'empire par les Barbares, légale et que l'empereur lui-même dirigeait, loin d'empêcher l'autre, qui se fit violemment un siècle plus tard, la facilita.

Probus se disposait à marcher contre les Perses, quand les rudes travaux qu'il imposait à ses soldats, auxquels il faisait planter des vignes, dessécher des marais, etc., amenèrent une sédition dans laquelle il périt. Le lendemain les soldats le pleurèrent (282). Ils élurent aussitôt le préfet des gardes Carus qui donna le titre de César à ses deux fils, Carin et Numérien. L'aîné eut le gouvernement de l'Occident; le plus jeune, après une défaite des Goths et des Sarmates, suivit son père en Orient. Carus prit Séleucie, Ctésiphon, mais périt frappé par la foudre ou succomba à une maladie (25 déc. 283). Ses fils furent aussitôt reconnus empereurs; Numérien se hâta de traiter avec les Perses. Comme il ramenait les légions vers le Bosphore, il fut tué par son beau-père Arrius Aper (284). L'armée proclama cinq jours après, sous les murs de Chalcédoine, le Dalmate Dioclétien, qui égorgea Aper de sa main, sous les yeux de toute l'armée. Carinus essaya de le renverser, mais il fut tué dans une bataille, près de Margus en Mœsie (285).

Quarante et un empereurs avaient déjà revêtu la pourpre; sur ce nombre vingt-cinq avaient été assassinés, quatre ou cinq autres avaient péri de mort violente ou par le poison. Le reste, onze ou douze seulement, avaient atteint naturellement le terme de leur carrière! Quelle preuve frappante de la mauvaise organisation du pouvoir suprême dans l'empire romain!

Après la mort de Jésus (an 29 de notre ère), les apôtres s'étaient dispersés pour baptiser les nations. Méconnus des Juifs, qui, attendant un Messie puissant et glorieux, refusaient de croire à un Messie mort sur la croix, ils furent persécutés à Jérusalem (le diacre Étienne proto-martyr), et bientôt à Rome sous Néron, au sujet de l'incendie de Rome (martyre de saint Pierre et de saint Paul), 64-68. Les chrétiens étant confondus avec les Juifs, participaient à la haine que ceux-ci inspiraient depuis leur révolte, et les édits contre les chrétiens n'étant pas retirés, quelques victimes furent toujours frappées dans l'intervalle qui sépara les grandes persécutions. Sous Domitien, le christianisme pénétra jusque dans le palais impérial. Mais les chrétiens ayant refusé de payer la capitation établie pour la reconstruction du temple de Jupiter Capitolin, ils furent persécutés. Un neveu de Vespasien et sa femme périrent. L'apôtre Jean fut exilé à Patmos, après avoir été torturé, 95. — Troisième persécution sous Trajan, qui les punit comme membres de sociétés secrètes et comme contempteurs des dieux de l'empire. Effrayé cependant de leur multitude, et n'ayant aucun désordre à leur reprocher, il défendit qu'on les recherchât, 106. — Cependant l'Église grandissant, ses doctrines étaient mieux connues. Les païens lui opposèrent les prétendus miracles de Vespasien, surtout ceux d'Apollonius de Tyane, philosophe pythagoricien et thaumaturge, et donnèrent à leur culte des formes nouvelles et mystérieuses, propres à frapper les imaginations, et par conséquent à les retenir sous leur influence (initiations, expiations, le taurobole, etc.). Ils tentèrent aussi de purifier le paganisme pour le rendre moins indigne de lutter contre la religion du Christ; et Épictète, Marc-Aurèle élevèrent la morale païenne à une grande hauteur. Mais la foule était incapable de les entendre et de les suivre si haut, sans être soutenue à cette élévation par une foi ardente, que le christianisme seul pouvait donner. La philosophie resta donc impuissante. Les hérésies ne réussirent pas mieux à prévaloir contre lui. L'Église, en effet, était devenue assez nombreuse au IIIe siècle pour que des hérétiques s'élevassent au milieu d'elle. Les uns voulurent éclaircir le texte des écritures en l'expliquant (*Ébionites*, *Nicolaïtes*, *Marcionites*, etc.); les autres allèrent jusqu'à prêcher un nouvel Évangile (Simon le magicien, Ménandre, les Docètes, Gnostiques). Les quatre Évangiles et les Épîtres des apôtres maintinrent l'unité. Aristide et Justin présentèrent à Adrien et à Antonin deux apologies qui valurent aux fidèles quelque repos. Mais les sophistes entraînèrent Marc-Aurèle à décréter une quatrième persécution, 166-177 (martyres de Justin, de Polycarpe, de Plotin, etc.). — Jusqu'à Sévère l'Église fut à peu près tranquille; mais ce prince s'alarma des assemblées secrètes des chrétiens, et ordonna la cinquième persécution, 199-204. (Apologétique de Tertullien, tolérance et sympathie d'Alexandre Sévère.) La sixième eut lieu sous Maximin, 235-238. — Tolérance de Philippe, auquel Origène adressa plusieurs écrits. — Sous Décius, les malheurs de l'empire, attribuées à la colère des dieux, amenèrent une persécution terrible, renouvelée par Gallus et Valérien, 256-260 : plus tard par Aurélien, 275 ; mais qu'interrompit un édit de Gallien en faveur de l'exercice public de la religion chrétienne. — La dixième et dernière persécution, celle de Dioclétien, ou plutôt de Galérius, mérita d'être appelée l'ère des martyrs 303-313.

XXIX.

1. CHANGEMENTS DANS L'ADMINISTRATION DE L'EMPIRE DEPUIS DIOCLÉTIEN JUSQU'A CONSTANTIN. — 2. FONDATION DE CONSTANTINOPLE. — LE CHRISTIANISME DÉCLARÉ RELIGION DE L'EMPIRE.

1. Changements dans l'administration de l'empire depuis Dioclétien jusqu'à Constantin.

Dioclétien s'imposa la double tâche de rétablir l'ordre dans l'intérieur, et la sécurité sur les frontières. Tandis que la tyrannie des gouverneurs de la Gaule faisait révolter les paysans de cette province (Bagaudes), les Alemans franchissaient le Danube, et ravageaient la Rhétie; des pirates saxons pillaient les côtes de la Bretagne et de la Gaule; des Francs enfin allaient jusqu'en Sicile ravager Syracuse, et Carausius, chargé d'arrêter les courses de ces pirates, se faisait proclamer empereur en Bretagne (286). Effrayé de cette situation critique, Dioclétien songea à s'adjoindre un collègue; il choisit un de ses anciens compagnons d'armes, Valérianus Maximianus (286), qui prit le surnom d'Hercule; celui de Jupiter désignait déjà Dioclétien. Les deux Augustes luttèrent avec succès, Dioclétien en Orient, contre les Perses auxquels il reprit la Mésopotamie, Maximien en Gaule, d'où il chassa les Alemans, les Francs et les Burgondes. Cependant ils crurent bientôt nécessaire de s'adjoindre encore deux lieutenants.

Dans le partage de l'empire, Dioclétien garda l'Orient; Galérius eut la Thrace et les provinces du Danube; Maximien l'Italie, l'Afrique et les îles; Constance la Gaule, l'Espagne, avec la Mauritanie et la Bretagne. Les ordonnances rendues par chaque prince étaient valables dans les provinces de ses collègues. D'ailleurs Dioclétien demeura le chef suprême de l'État. Par son habileté et son esprit de conciliation, il sut maintenir entre eux la concorde.

Le premier des empereurs romains, Dioclétien, voulut entourer la majesté impériale de toute la pompe extérieure des cours asiatiques. Il prit un diadème, s'habilla de soie et d'or; tous ceux qui obtenaient la permission de l'approcher durent adorer à genoux la divinité et la majesté impériales. Il commençait aussi à établir cette hiérarchie, si nécessaire dans le gouvernement monarchique pour mettre le prince et l'État à l'abri des révolutions de caserne, mais aussi ce despotisme de cour, ce gouvernement de sérail, qui tuent l'esprit public et font passer les services rendus à la personne du prince par-dessus les services rendus à l'État. Des guerres heureuses justifièrent le choix de

Dioclétien. Maximien repoussa les Germains, franchit le Rhin et soumit dans la Gaule les paysans révoltés sous le nom de Bagaudes.

En Orient, les Perses avaient chassé du trône d'Arménie un partisan des Romains et menaçaient la Syrie; Galérius marcha contre eux. Une défaite qu'il essuya fut glorieusement réparée, et Narsès, en 297, céda la Mésopotamie, cinq provinces au delà du Tigre, avec la suzeraineté sur l'Arménie et l'Ibérie au pied du Caucase. C'était le plus glorieux traité que l'empire eût encore signé. Dioclétien, pour conserver ces conquêtes, y éleva de nombreuses fortifications. A l'autre extrémité du monde romain, Constance, après avoir chassé les Francs de la Gaule et de la Batavie, descendit en Bretagne et vainquit, en 296, l'usurpateur Alectus qui avait succédé à Carausius.

Le calme partout rétabli, Dioclétien, pour le maintenir, s'appliqua à semer la division parmi les Barbares; il arma les uns contre les autres, Goths et Vandales, Gépides et Burgondes; puis il fit réparer toutes les fortifications des frontières, construire des postes nouveaux; et en quelques années l'empire se retrouva sur un pied formidable. Ces succès furent célébrés par un pompeux triomphe, un des derniers que Rome ait vus (303).

Malheureusement tout changea bientôt: Dioclétien qui punissait avec une extrême rigueur tout refus d'aveugle obéissance, se laissa entraîner par Galérius à ordonner une cruelle persécution contre l'Église. Un incendie qui éclata dans le palais impérial, et dont on accusa les chrétiens, redoubla sa colère; tout l'empire, moins les provinces où régnait Constance Chlore, retentit du bruit des tortures.

Peu de temps après Dioclétien, dégoûté du pouvoir, abdiqua le 1er mai 305, à Nicomédie. Maximien suivit malgré lui cet exemple, et le même jour déposa, à Milan, le diadème. L'ancien chef du monde romain se retira dans une magnifique villa qu'il s'était fait construire près de Salone (Spalatro), sur les côtes de la Dalmatie, et passa sa vieillesse, loin du bruit des armes et des affaires, dans de paisibles travaux. Un jour que Maximien le pressait de remonter sur le trône: « Si tu pouvais voir, lui répondit-il, les beaux légumes que je fais pousser moi-même, tu ne me parlerais pas de pareilles fatigues. » Il y mourut huit ans après, en 313. On en voit encore aujourd'hui les ruines.

Galérius et Constance, prirent le titre d'Augustes et eurent deux nouveaux Césars: Maximinus, qui reçut le gouvernement de la Syrie et de l'Égypte, Flavius Severus, qui eut l'Italie et l'Afrique. Constantin succéda presqu'aussitôt à son père Constance, avec le titre de César.

Mais Rome, irritée de l'abandon où les nouveaux empereurs la laissaient, salua Auguste, Maxence, fils de Maximien (306), qui prit aussitôt son père pour collègue, de sorte que l'empire eut à la fois six maîtres : Galérius et Sévère qu'il avait nommé Auguste, les deux Césars Constantin et Maximin, et les deux usurpateurs Maxence et Maximien. Sévère tomba le premier vaincu et tué par Maximien. Celui-ci disparut ensuite renvoyé par son fils et mis à mort par son gendre Constantin qu'il essayait de renverser (310). L'année suivante, Galérius mourut emporté par ses débauches (mai 311). Maxence succomba à son tour sous les coups de son beau-frère Constantin qui le battit près du pont Milvius sur le Tibre. C'est durant cette expédition que Constantin excita au plus haut point en sa faveur l'enthousiasme des chrétiens en faisant placer la croix sur ses étendards. Il avait vu, disait-on, s'il fallait en croire Eusèbe, malgré le silence de Lactance, il avait vu briller au ciel une croix avec ces mots : « Tu vaincras par ce signe. » (212.)

Licinius, le successeur de Galérius, avait en même temps vaincu Maximin, qui s'empoisonna (313). L'empire n'avait donc plus que deux maîtres : Licinius en Orient, Constantin en Occident. C'était trop d'un encore; ces princes ambitieux et perfides ne cherchèrent qu'à se renverser l'un l'autre. Licinius fomenta une conspiration contre son rival, qui, en réponse, lui déclara la guerre (314), le battit et se fit céder la Pannonie, la Dalmatie, la Dacie, la Macédoine et la Grèce.

Cette paix dura neuf années, que Constantin employa à mettre l'ordre dans l'administration et qu'il utilisa pour sa gloire et sa puissance par une victoire sur les Goths, dont quarante mille guerriers entrèrent à son service, sous le nom de *fœderati*. Sous prétexte de protéger les chrétiens que persécutait son collègue, Constantin l'attaqua. Licinius fut battu (3 juillet 323), poursuivi à Byzance, à Chalcédoine où il éprouva une seconde défaite qui l'obligea de se livrer dans Nicomédie au vainqueur. Constantin lui ôta la pourpre, mais promit de respecter sa vie; quelque temps après il le fit tuer à Thessalonique.

2. Fondation de Constantinople. — Le christianisme déclaré religion de l'empire.

Ce fut dans son expédition contre Maxence que Constantin se déclara hautement le défenseur de la foi chrétienne. Dès l'année 313 il avait donné, à Milan, un édit de tolérance; mais tant que vécut Licinius, adorateur des faux dieux, il conserva des ménagements pour les païens. En 321, il accorda à l'Église la faculté de recevoir des donations et des legs, lui-même il la combla de dons, aux dépens du pa trimoine impérial, et il lui en garantit à perpétuité la possession. Il transmit aux prêtres chrétiens tous les priviléges dont jouissaient les pontifes du paganisme, c'est-à-dire le droit d'asile pour leurs temples, et pour eux-mêmes l'exemption des charges publiques, des corvées et des impôts. Le moindre clerc ne put être mis à la question et le repos du dimanche fut prescrit; grande faveur pour les esclaves.

D'une part il favorisa les conversions en donnant toutes les places aux chrétiens, et en accordant des priviléges aux villes qui renversaient les autels des idoles; de l'autre il essaya d'éteindre l'idolâtrie, d'abord par des exhortations adressées à ses peuples, dans de nombreux édits, plus tard, quand le christianisme fut partout triomphant et qu'il n'y eut plus de soulèvements dangereux à craindre, par des ordonnances sévères qui, excepté à Rome, fermèrent les temples et renversèrent les idoles, sans toutefois qu'on versât le sang de ceux qui restèrent attachés à l'ancien culte. Le concile de Nicée qu'il réunit en 325 rédigea enfin la charte du christianisme. Quand il se fut séparé, l'empereur écrivit à toutes les Églises « pour qu'elles se conformassent à la volonté de Dieu exprimée par le concile, » et publia un édit qui ordonna de détruire les livres des ariens hérétiques qui niaient la divinité du Christ; un autre soumit les partisans du sectaire à payer une capitation décuple. Cependant quelques années après, l'empereur, cédant aux sollicitations de sa sœur, rappela leur chef Arius de l'exil et le soutint contre les éloquentes accusations de l'archevêque d'Alexandrie, saint Athanase. L'hérésiarque mourut en 336, mais sa doctrine lui survécut et troubla longtemps l'empire sous les fils de Constantin.

La révolution était achevée dans l'ordre religieux; le christianisme devenait le culte dominant de l'empire, fait immense et dont les conséquences durent toujours. Un de ses résultats les plus immédiats devait être un changement complet dans le gouvernement : Constantin ne recula pas devant ce grand labeur. Sa politique se trouvait là aussi d'accord avec ses croyances. Dioclétien, en effet, n'avait qu'ébauché l'organisation nouvelle qui, pour mettre un terme aux révolutions causées par le despotisme des soldats, devait faire enfin prévaloir l'ordre civil sur l'ordre militaire. Pour commencer, Constantin renia Rome, pleine encore de ses souvenirs républicains et de ses dieux dont il ne voulait plus; et il alla fonder une autre capitale sur les bords du Bosphore, entre l'Europe et l'Asie, dans la plus admirable position qu'une grande ville puisse occuper. Constantinople s'éleva sur l'emplacement de Byzance, assez loin des frontières orientales pour n'avoir pas trop à craindre les attaques de l'ennemi, assez près d'elles pour les surveiller mieux et les défendre. Le site était si bien choisi que l'invasion passa, durant dix siècles, au pied de ses murs avant de l'emporter. Les constructions commencèrent en 326 ; dès l'année 330, Constantin consacra la nouvelle cité comme capitale de l'empire. Il y établit un sénat, des tribus, des curies; il y éleva un Capitole, consacré non aux dieux de l'Olympe, maintenant détrônés et morts, mais à la science, et des palais, des aqueducs, des thermes, des portiques, un milliaire d'or, onze églises. L'emplacement offrait sept collines, il le divisa comme à Rome, en quatorze régions. Le peuple aussi y eut des distributions gratuites; l'Égypte y envoya ses blés, les provinces leurs statues et leurs plus beaux monuments. Rome délaissée de son empereur, de ses plus riches familles qui allèrent s'établir là où vivait la cour, « s'isola peu à peu au milieu de l'empire; et tandis qu'on se battait autour d'elle, elle s'assit à l'ombre de son nom en attendant sa ruine. »

L'empire fut ensuite divisé, comme il l'avait été sous Dioclétien, en quatre préfectures; et celles-ci en treize diocèses renfermant cent dix-neuf provinces. Le principe de la nouvelle organisation était le démembrement des provinces, comme celui des commandements, et la séparation des fonctions civiles et des fonctions militaires, afin que les deux ordres de fonctionnaires se fissent l'un à l'autre équilibre. Mais cette administration compliquée allait devenir bientôt tracassière, en voulant incessamment se montrer et agir là où les rares agents de la république et des premiers empereurs ne se montraient et n'agissaient jamais.

L'armée n'était plus guère composée que de Barbares, surtout de Germains. Ces troupes mercenaires furent placées le long des frontières. Les légions, réduites à quinze cents hommes, allèrent tenir garnison dans les villes de l'intérieur. Les *palatins*, qui formèrent la garde particulière de l'empereur, furent les mieux payés et les plus honorés; après eux venaient les soldats des légions de l'intérieur; au dernier rang, et avec une solde inférieure d'un tiers, ceux des frontières: de sorte que la considération et les avantages étaient accordés en raison inverse des services. Il rendit bien par ces mesures les révoltes des légions et des généraux difficiles, mais si elles donnèrent des garanties à la sécurité du prince, elles en ôtèrent à celle de l'empire. Il sera facile de juger ce que pouvaient valoir les soldats de ce temps, en sachant qu'ils n'étaient recrutés que parmi les prolétaires et que, pour qu'on pût toujours les reconnaître s'ils désertaient, on leur imprimait sur le bras ou la jambe un stigmate indélébile. Le légionnaire était marqué comme l'esclave voleur ou fugitif! le camp devenait un bagne!

La cour impériale, constituée sur le modèle des cours asiatiques, renferma une troupe innombrable d'officiers de tout ordre, qui entourèrent la personne sacrée du prince; et toutes ces charges, hiérarchiquement divisées, donnèrent à ceux qui en étaient investis des titres de noblesse personnelle et non transmissible. Les consuls, les préfets et les sept ministres, s'appelaient les *illustres;* les proconsuls, les vicaires, les comtes, les ducs étaient *spectabiles;* les consulaires, les correcteurs et les présidents étaient *clarissimi*. Il y eut aussi des *perfectissimi* et des *egregii*. Les princes de la maison impériale avaient le titre de *nobilissimi*.

Cette divine hiérarchie, comme on l'appela dans la langue officielle, cette armée de fonctionnaires augmentèrent l'éclat de la cour, sans augmenter la force du gouvernement, et ne fut qu'une source de dépenses nouvelles. Il fallut des traitements pour ce personnel immense qui s'inquiéta bien plus de plaire au prince que de travailler au bien public; et les dépenses de l'administration s'accrurent démesurément. Il fallut donc demander davantage à l'impôt, quand la misère générale, résultat des désordres de l'anarchie militaire et des pillages des Barbares, de la décadence de l'agriculture et de la concentration des propriétés, s'était répandue jusqu'au cœur des plus riches provinces. Alors commença entre le fisc et les contribuables une guerre pleine de ruses et de violences, dont une des conséquences fut d'irriter les populations et d'éteindre jusqu'aux derniers restes du patriotisme.

La plus odieuse des impositions était l'impôt foncier, *capitatio*. La somme due par chaque province était déterminée par l'empereur (*indicebatur* de là *indictio*), d'après un cadastre revisé tous les quinze ans, et on comptait non-seulement les terres, mais les esclaves, les colons et les troupeaux qu'on avait trouvés sur les domaines. Il y avait aussi la *capitatio plebeia* imposée sur les artisans, les journaliers, les colons et les esclaves dont la taxe était payée par les maîtres. L'*aurum lustrale*, le *lustralis collatio* ou le *chrysargyre*, était levé sur le commerce et l'industrie avec tant de rigueur que le plus pauvre artisan le payait. L'*aurum coronarium*, autrefois volontaire quand les cités envoyaient aux consuls ou aux empereurs, en des occasions solennelles, des couronnes d'or, était devenu un impôt obligatoire.

Ces trois grands faits : l'établissement du christianisme, comme religion dominante dans l'empire, la fondation de Constantinople et la réorganisation administrative, remplissent tout le règne de Constantin. Depuis la chute de Licinius, en 323, jusqu'à sa mort, en 337, on ne trouve dans son histoire que les sanglantes tragédies du palais impérial, où furent mis à mort, par ses ordres, son fils Crispus, l'impératrice Fausta, nouvelle Phèdre, et le jeune Licinius, enfant de douze ans. Des ambassades des Blemmyes, des Éthiopiens et des Indiens, un traité avec Sapor II, qui promit d'adoucir la condition des chrétiens en Perse, et deux expéditions heureuses contre les Goths et les Sarmates (332), firent oublier ces malheurs domestiques. Il mourut en 337; quelques jours auparavant il s'était fait baptiser.

XXX.

1. LES SUCCESSEURS DE CONSTANTIN. — JULIEN. — 2. COMMENCEMENT DE LA GRANDE INVASION DES BARBARES. — 3. THÉODOSE. — 4. PARTAGE DÉFINITIF DE L'EMPIRE. — DERNIÈRES ANNÉES DE L'EMPIRE D'OCCIDENT.

1. Les successeurs de Constantin. — Julien.

Constantin avait commis la faute de partager l'empire entre ses trois fils et quelques-uns de ses neveux. Les soldats massacrèrent ceux-ci; Gallus et Julien furent seuls sauvés. Les trois fils de Constantin firent alors un nouveau partage : Constance eut l'Orient, Constant la préfecture d'Italie, Constantin II celle des Gaules.

Constantin II, mécontent de son partage, voulut enlever l'Italie à son frère Constant et périt dans une bataille près d'Aquilée (340). Le vainqueur passa aussitôt dans la Gaule que les Francs avaient envahie. Deux années de guerre ne purent leur arracher la Belgique, le pays des Bataves et le nord de la Gaule où ils restèrent établis. Cette honte amena un soulèvement. Les gardes proclamèrent à Autun, en 350, Magnence, un Franc d'origine, et Constant, atteint dans sa fuite vers l'Espagne, fut tué au pied des Pyrénées. Les légions d'Illyrie, profitant du chaos qui recommençait, proclamèrent aussi leur vieux général Vétranion. Mais Constance, arrivé avec une nombreuse armée, le trompa par de fausses négociations, lui débaucha ses troupes, puis lui donna l'ordre de déposer la pourpre en échange d'une pension annuelle dont il alla vivre dans le repos et l'obscurité. Ce succès en promettait d'autres sur Magnence. Mais la nécessité de contenir, en Orient, les Perses, força Constance de tirer de la retraite où il le faisait élever son cousin Gallus. Il le nomma César, et lui confia le soin de continuer la guerre malheureuse qu'il avait jusqu'alors soutenue contre Sapor. Tranquille un moment de ce côté, il marcha contre l'usurpateur et lui livra la bataille de Mursa, en Pannonie, que la défection du Franc Sylvanus lui fit gagner (351). Magnence recula jusqu'en Gaule, où abandonné de tout le monde, il n'eut d'autre ressource que de se jeter sur son épée (353). La Gaule, l'Espagne, la Bretagne même firent leur soumission.

L'empire se retrouvait encore une fois sous un seul maître, mais le timide et soupçonneux Constance se laissait gouverner par les eunumes, les eunuques et les flatteurs. Livré tout entier aux querelles religieuses que soulevait l'arianisme, sans avoir lui-même une foi ni bien certaine ni bien vive [1], il vit se préparer en Orient une nouvelle révolte. Gallus voulait le titre d'Auguste. Rappelé de l'Asie par de flatteuses promesses, il fut conduit à Pola en Istrie et décapité.

Son frère Julien fut épargné. Après être quelque temps resté sous une surveillance sévère, Julien fut envoyé à Athènes, où il put s'abandonner librement à son goût pour l'étude, et se faire initier aux doctrines platoniciennes. Au bout de quatorze mois on le rappela à la cour. La cause de cette fortune qui lui revenait était encore les embarras de Constance. La Gaule était envahie par les Francs et les Alemans, quarante-cinq villes florissantes étaient saccagées. Bien que jeté sans expérience au milieu de ces guerres, Julien, guidé par le préfet Salluste, s'y conduisit comme un vieux général. Il vainquit les Alemans dans la grande bataille de Strasbourg (357), laquelle délivra de Barbares tout le pays compris entre Bâle et Cologne, franchit le Rhin et ramena un grand nombre de captifs gaulois et de légionnaires prisonniers. Les Francs étaient trop fortement établis sur le Rhin inférieur pour qu'il songeât à les chasser; du moins il leur enleva Cologne. En même temps son administration habile lui gagna l'amour des Gallo-Romains.

Les courtisans ne laissèrent pas échapper cette occasion d'exciter contre Julien la jalousie de Constance, qui allait se mettre lui-même à la tête de l'armée de Syrie. Pour cette expédition il demanda à Julien une partie de ses troupes. Ce service lointain effraya les légions gauloises, qui plutôt que d'obéir proclamèrent à Paris leur général Auguste. Quand il eut accepté, après de longues hésitations, il distribua aux soldats le *donativum* ordinaire, mais tout en maintenant sévèrement la discipline. Il voulut d'abord négocier; Constance qui n'avait point d'héritier eût sans doute accepté ses offres, mais ses courtisans redoutèrent les vengeances de Julien; et l'on se prépara à la guerre. Julien prit l'offensive. Une marche rapide et hardie l'avait conduit déjà au milieu de l'Illyrie, lorsque Constance mourut, le 3 octobre 361, dans la Cilicie.

Julien surnommé l'Apostat n'avait que six ans lors du massacre de

---

[1] Le règne de Constantin fut troublé sans relâche par les prétentions rivales des Ariens et des Orthodoxes. Alexandrie et Constantinople furent les principaux théâtres de cette lutte. On en vint jusqu'aux tortures. Les partis se subdivisèrent. Il y eut les Ariens et les semi-Ariens. Ces querelles sur des doctrines où la raison n'a rien à voir ni à faire, facilitèrent la restauration du paganisme tentée par Julien. Les Donatistes, autre secte, dévastaient en même temps l'Afrique.

tous les siens. Élevé dans la religion chrétienne il en suivit d'abord tous les rites. Mais les maîtres qu'on lui donna, les sophistes, les rhéteurs païens dont il s'entoura dans Athènes, lui inspirèrent pour la littérature de la Grèce un enthousiasme qui fit tort à sa foi. L'Église était alors déchirée par le schisme d'Arius. Constance protégeait les sectaires, et la persécution recommençait contre les évêques restés fidèles au symbole de Nicée. Cette manie de discuter sur les problèmes les plus ardus avait saisi la cour et le peuple. Toutes les Églises étaient troublées et les partisans de l'ancien culte triomphaient en voyant la religion nouvelle en lutte contre elle-même. Ce spectacle frappa Julien sans doute; mais ce qui exerça l'influence la plus sérieuse sur son imagination vive et ardente, ce furent les doctrines néoplatoniciennes, mélange de subtilités métaphysiques et de rêveries religieuses, qui tâchaient de se vieillir en se cachant dans les poëmes d'Homère ou d'Hésiode. Sitôt que Julien fut monté sur le trône, il professa publiquement l'ancien culte et rouvrit les temples. C'était singulièrement méconnaître la société qu'il était appelé à régir que d'essayer de rendre une vie nouvelle à ce que la mort avait si légitimement frappé; et s'il eût vécu plus longtemps il eût sans doute cruellement expié ce retour inintelligent vers le passé. Au moins n'essaya-t-il point de faire triompher la réaction en s'aidant de la violence; il promulgua un édit de tolérance qui permit les sacrifices défendus par Constance et rappela les exilés de tous les partis religieux. « Égalité et justice pour tous, » telle était sa devise. Lui-même il afficha une simplicité antique et toutes les vertus, même le cynisme d'un stoïcien rigide.

Sévère pour lui-même, il le fut quelquefois aussi pour les autres. Le tribunal qu'il établit à Chalcédoine, après son avénement, pour juger tous les fonctionnaires prévaricateurs, fut accusé d'avoir rendu des sentences iniques. Cependant, dans une occasion où la sévérité lui eût été permise, il montra une patience qui l'honore. Il ambitionnait la gloire de venger enfin sur les Perses les longues injures de l'empire, et il gagna avec son armée la Syrie. A Antioche, les habitants, zélés chrétiens, le raillèrent bien haut de sa barbe inculte et de sa simplicité, ils allèrent jusqu'à l'insulte. L'empereur pouvait punir; le philosophe se contenta de répondre par une satire de leurs mœurs efféminées (le *Misopogon*).

A la tête de trente-cinq mille hommes, il pénétra jusqu'à Ctésiphon, franchit le Tigre et brûla sa flotte. Mais bientôt, égaré par des traîtres et manquant de vivres, il dut songer à se replier sur la Gordyène; une victoire lui en ouvrit la route. Dans un second combat, il tomba mortellement blessé. Il mourut en s'entretenant avec ses amis de l'immortalité promise à l'âme du juste. Il avait trente-deux ans et était resté moins de vingt et un mois sur le trône (363).

2. Commencement de la grande invasion des Barbares.

L'armée se hâta de proclamer Jovien. Il abandonna à Sapor la suprématie sur l'Arménie et l'Ibérie, les cinq provinces transtigritanes, avec quinze places fortes, dont Nisibis et Singara, les boulevards de l'empire, et il mourut le huitième mois en Bithynie. Jovien était chrétien. La faveur impériale cessant de soutenir le paganisme, il tomba pour ne plus se relever (février 364). Tous les généraux s'accordèrent à proclamer Valentinien, qui s'associa son frère Valens. Il lui laissa l'Orient, prenant pour lui la tâche de veiller sur le Rhin et le Danube.

Il semblait alors que tout le monde barbare se levât pour assaillir l'empire chancelant et humilié. Valentinien vint s'établir à Paris, dégrada les corps qui se laissèrent enlever leurs drapeaux, et plus sûr de ses troupes après cette sévérité, il marcha contre les Alemans, qu'il battit près de Châlons (366); puis il sema la division parmi les Barbares, opposa les Burgondes aux Alemans, et vainquit ces remuantes tribus près de Salzbach (368). Il employa une partie de l'année suivante à relever les fortifications qui gardaient les passages du fleuve. Le roi aleman Macrien, intimidé, sollicita la paix, et Valentinien rentra en triomphe à Trèves avec son fils Gratien. Pendant ces opérations sur le Rhin, le comte Théodose avait délivré les Bretons du pillage des Pictes. Il porta les mêmes talents en Afrique, où il comprima la révolte du Maure Firmus. Enveloppé quelque temps après dans une obscure intrigue, malgré son innocence et ses services, il fut décapité à Carthage.

Dans son gouvernement intérieur, Valentinien était dur, souvent cruel. Il n'avait guère qu'une punition pour tous les délits : la mort. Mais dans les affaires religieuses, il suivit à l'égard de toutes les religions les principes de la tolérance. Malheureusement pour l'empire il mourut dans une expédition contre les Quades (375). Son successeur fut son fils Gratien, qui s'associa aussitôt son jeune frère Valentinien II, en lui abandonnant les préfectures d'Italie et d'Illyrie.

Durant ces événements régnait en Orient un prince soupçonneux et faible, par conséquent cruel, Valens, qui après avoir comprimé la dangereuse révolte de Procope, cousin de Julien, troubla tout l'Orient par une persécution cruelle contre les magiciens ou ceux qui les consultaient, et par sa partialité en faveur des ariens. Ce fut sous lui que l'invasion commença. Le peuple qui la décida était étranger à la race germanique, c'étaient les tribus hunniques qui appartenaient à la race mongole. Ils arrivaient de l'Asie orientale. Leur marche, plusieurs fois interrompue et pendant de longs intervalles, les amena au temps de Valens sur l'Oural. Ils le franchirent, subjuguèrent les Alains et se trouverent en face du grand royaume des Goths. Cette nation germanique, peu à peu descendue des bouches de l'Oder sur le Danube et le Pont-Euxin, était restée longtemps divisée entre un grand nombre de chefs. Mais Ermanarich avait réuni la plupart de ses tribus et fondé un puissant État qui s'étendait de la Baltique à la mer Noire. A l'approche des Huns des défections éclaterent; le vieux roi désespéré se jeta sur son épée, et son successeur Withimer fut vaincu et tué. Un autre chef, Athanaric, essaya de défendre le passage du Dniester, il fut tourné et recula jusqu'au Pruth; là, son peuple découragé se décida à venir mendier un asile sur les terres de l'empire (375). Valens, flatté dans son orgueil, oublia la prudence, et il ouvrit l'empire à cette multitude qui comptait encore deux cent mille combattants. Manquant de tout, ils livrèrent, pour avoir des vivres, leurs esclaves, même leurs enfants. Quand ils n'eurent plus rien, ils furent bien réduits à prendre de force ce qu'on leur refusait. Toute la Thrace fut alors livrée au pillage. Pendant une année entière les légions essayèrent vainement d'arrêter cette dévastation. Enfin, en 378, Valens arriva avec une partie de l'armée d'Orient; Gratien aussi était en marche. Mais Valens voulut prévenir la concentration des Barbares en un seul corps et s'avança contre eux. Fritigern, leur chef, l'abusa quelque temps par de feintes négociations; puis ayant réuni toutes ses forces, il attaqua l'empereur, le 9 août 378, près d'Andrinople. Ce fut une défaite plus désastreuse que celle de Cannes. Un tiers à peine de l'armée romaine s'échappa; l'empereur lui-même, blessé, fut porté dans une cabane à laquelle les Barbares mirent le feu. Il y périt au milieu des flammes. Puis tout le plat pays fut livré à la plus affreuse désolation. Constantinople ne fut sauvée que par quelques troupes de Sarrasins appelés d'Asie. Ces enfants des déserts du sud se trouvèrent pour la première fois aux prises avec les hommes du nord; ils devaient se rencontrer deux siècles et demi plus tard à l'autre extrémité de la Méditerranée.

3. Théodose.

Gratien, plus heureux, battait en ce même temps les Alemans près de Colmar. Mais l'empire d'Orient était sans chef; il choisit, pour remplacer son oncle, le fils du valeureux comte Théodose. Le nouveau prince se mit hardiment à l'œuvre. Il avait à refaire une armée, surtout à relever le courage des soldats; il y réussit en leur fournissant l'occasion de livrer mille petits combats où il eut soin de leur assurer l'avantage. Il ne laissa aucune place forte tomber au pouvoir de l'ennemi, dont il diminua le nombre en provoquant des défections; de sorte que sans avoir gagné une grande victoire, il amena les Goths à traiter (382). Au fond Théodose leur donnait ce qu'ils voulaient. Il les établit dans la Thrace et la Mœsie avec la charge de défendre le passage du Danube; quarante mille de leurs guerriers furent admis dans les troupes impériales. C'était leur livrer l'empire.

Pour le moment, Théodose avait mis fin à une situation désastreuse. Les tristes événements dont l'Occident fut le théâtre augmentèrent encore sa renommée

Gratien avait été renversé par Maxime qui le fit mettre à mort (25 août 383). Théodose traita avec l'usurpateur et le reconnut pour maître de la préfecture des Gaules, à condition qu'il laisserait celle d'Italie au jeune Valentinien II (385). Mais la mère de Valentinien II, Justine, ayant excité des troubles par son zèle pour l'arianisme, Maxime crut l'occasion favorable; il franchit les Alpes, et Valentinien II s'enfuit à Thessalonique (387), auprès de Théodose.

Ce prince, qui s'était déjà vivement prononcé contre les ariens, hésita près d'une année jusqu'à ce qu'il eût appris que Maxime soulevait par sa dureté tous les Italiens contre lui. Il entra alors en Pannonie (388). Maxime, vaincu sur les bords de la Save, fut livré par ses propres soldats et mis à mort dans Aquilée. Théodose ne garda rien de sa conquête qu'il abandonna à Valentinien. Pour affermir le pouvoir du jeune prince et extirper avec l'hérésie les derniers restes de paganisme qui se conservaient encore dans les provinces occidentales, il demeura trois ans dans le gouvernement de son beau-frère. A son départ il lui donna, comme principal ministre, le Franc Arbogast, qui venait de délivrer la Gaule des Germains et qui remplit de Barbares tous les offices civils et militaires. Valentinien ne supporta pas longtemps cette tutelle, il voulut retirer au comte tous ses emplois. Quelques jours après il fut trouvé mort dans son lit (392).

Arbogast jeta la pourpre sur les épaules d'un de ses secrétaires, le rhéteur Eugène, et tâcha de rallier à sa cause ce qui restait de païens. Cette imprudente conduite souleva contre lui la population chrétienne; aussi une seule bataille, près d'Aquilée, mit fin à cette domination éphémère; Eugène fait prisonnier fut mis à mort, Arbogast se tua lui-même (394). Cette fois le vainqueur garda sa conquête.

Un ermite avait prédit à Théodose cette victoire; sa ferveur pour l'orthodoxie en redoubla. Il défendit sous des peines sévères le culte des dieux, qui chassé des villes se réfugia dans les campagnes (*pagani*); et il ôta aux hérétiques, avec le droit d'arriver aux honneurs, celui de disposer par testament de leurs biens. Mais d'un autre côté de nombreux et sages règlements montrèrent la continuelle préoccupation du prince pour guérir quelques-uns des maux qui travaillaient cette société mourante. Il ne pouvait y réussir, car le mal était incurable, du moins honora-t-il les derniers jours de l'empire, en montrant sur le trône des vertus que les peuples avaient eu rarement à y respecter.

Avant d'expirer (17 janvier 395) il partagea l'empire entre ses deux fils, Arcadius et Honorius; partage définitif qui ne put faire vivre l'empire d'Occident plus de soixante ans. Un grand acte l'honore. Le peuple de Thessalonique avait dans une sédition tué le gouverneur et plusieurs officiers impériaux. Dans une circonstance pareille, Théodose avait pardonné aux habitants d'Antioche; cette fois il s'abandonna à une violente colère et donna des ordres qui coûtèrent la vie à sept mille personnes. Ce massacre excita dans tout l'empire un sentiment d'horreur. Lorsque Théodose se présenta quelque temps après aux portes de la cathédrale de Milan, saint Ambroise eut le courage de l'arrêter; il lui reprocha son crime en présence de tout le peuple et lui interdit l'entrée de l'église et l'approche de la sainte table. Théodose accepta la pénitence publique que le saint évêque lui imposait au nom de Dieu et de l'humanité outragés. Pendant huit mois il ne dépassa point les parvis du temple.

. Partage définitif de l'empire. — Dernières années de l'empire d'Occident.

Théodose avait partagé son empire entre ses deux fils (395). Honorius eut l'Occident, Acadius l'Orient, séparation irrévocable et qui dure encore dans la religion et la civilisation différentes de ces deux moitiés de l'ancien monde. Grâce à sa situation, Constantinople devait résister dix siècles à l'invasion. Rome fut presque aussitôt prise par les Barbares, et l'empire d'Occident se débattit pendant quatre-vingts ans dans une douloureuse agonie. Alaric, chef des Wisigoths, donna le signal: il envahit l'Italie. Il fut vaincu par Stilicon à Pollentia (403). Mais il avait ouvert la porte à l'invasion de Radagaise qui, profitant du départ des légions rappelées en Italie, avait franchi la frontière et marché sur leurs traces jusqu'à Florence. Il y fut défait et tué. Inutile victoire, car derrière lui les Alains, les Suèves, les Vandales et les Burgondes inondaient la Gaule et l'Espagne (407). Trois ans plus tard, Rome était prise par Alaric, et en 419 les Wisigoths fondaient un royaume dans le sud de la Gaule et en Espagne. Les Bourguignons (413), les Suèves (419), élevèrent deux autres États barbares: et les Vandales, passés en Afrique en 429, sous le regne de Valentinien II, donnèrent naissance au quatrième royaume fondé par les Germains dans l'empire (435). Un ennemi plus formidable s'avança : Attila, roi des Huns, avait soumis tout le monde barbare du Volga au Rhin: il franchit ce fleuve, réclamant comme ses esclaves fugitifs les Germains déjà établis dans l'empire; mais ceux-ci, Francs, Wisigoths, Burgondes, réunis aux débris des légions romaines commandées par Aëtius, lui firent lever le siége d'Orléans et le vainquirent dans les plaines de Châlons (452). Il recula, essaya de se venger sur l'Italie et fut heureusement surpris par la mort en 453.

Honorius était mort en 423; Valentinien III, son neveu, régna de 423 à 454. Sa veuve, Eudoxie, pour venger sa mort, appela le Vandale Genseric qui mit Rome au pillage (455). Majorien, proclamé empereur en 457, se montra pour lutter contre les difficultés sans nombre qui l'entouraient; mais le Suève Ricimer le fit tuer et donna successivement sa place à trois sénateurs. Il périt lui-même (473) avec ce dernier, Olybrius, que remplacent Glycérius, puis Julius Népos et enfin Romulus Augustule, sous lequel le roi des Hérules, Odoacre, met fin à l'empire d'Occident (476), en fondant le nouveau royaume barbare d'Italie.

LES AUTEURS GRECS ET LATINS DU BACCALAURÉAT ÈS LETTRES

expliqués d'après une méthode nouvelle

par deux traductions françaises, l'une littérale et *juxtalinéaire*, présentant le mot à mot français en regard des mots grecs ou latins correspondants, l'autre correcte et précédée du texte grec ou latin, avec des sommaires et des notes en français, par une société de professeurs, d'hellénistes et de latinistes; format in-12.

Auteurs grecs.

HOMÈRE: *Le premier chant de l'Iliade*; par M. C. Leprévost, professeur au Lycée Bonaparte. Prix........ 1 fr. 25 c.
— *Le premier chant de l'Odyssée*; par M. Sommer, agrégé des classes supérieures, docteur ès lettres. Prix....... 90 c.

SOPHOCLE : *Œdipe roi*; par M. Sommer et M. Bellaguet, ancien professeur de rhétorique, chef d'institution à Paris. Prix.. 2 fr. 50 c.

PLATON : *Criton*; par M. Kastus, ancien élève de l'École normale, professeur agrégé de philosophie, docteur ès lettres. Sous presse.

DÉMOSTHÈNE : *Discours sur la Couronne*, par M. Sommer, ancien élève de l'École normale, agrégé des classes supérieure docteur ès lettres. Prix.................. 5 fr.

PLUTARQUE : *Vie d'Alexandre*; par M. Bétolaud, professeur au Lycée Charlemagne. Prix................ 4 fr. 25 c.
— *Vie de César*; par M. Materne, professeur au Lycée de Dijon. Prix................................ 3 fr. 50 c.

Auteurs latins.

VIRGILE: *La première Églogue*, par MM. Sommer et Aug. Desportes. Prix.................................... 30 c.
— *Les quatre livres des Géorgiques*; par les mêmes... 3 fr.
— *L'Énéide*: par les mêmes :
Livres I, II, III réunis en 1 volume. Prix......... 4 fr.
Livres IV, V, VI, réunis en 1 volume. Prix....... 4 fr.
Chaque livre séparément. Prix......... 1 fr. 50 c.

HORACE : *Le premier et le deuxième livre des Odes*; par les mêmes. Prix...................................... 3 fr.
— *Les Satires*; par les mêmes. Prix................ 3 fr.
— *Les Épîtres*; par M. E. Taillefert. Prix.............. 3 fr.
— *L'Art poétique*; par le même. Prix................ 90 c.

CICÉRON : *Les Catilinaires*; par M. J. Thibault. Prix . 3 fr.
— *Plaidoyer pour Milon*; par M. Sommer. Prix. 2 fr. 50 c.
— *De la Vieillesse*; par M. Garet, professeur au Collége Rollin. Sous presse.
— *De l'Amitié*; par M. Legouez, licencié ès lettres. Sous presse.

TACITE : *Vie d'Agricola*; par M. H. Nepveu. Prix. 1 fr. 75 c.

On trouve à la librairie de MM. L. Hachette et Cie, les textes français, latins et grecs des auteurs prescrits par le programme officiel.

DE L'IMPRIMERIE DE CRAPELET, RUE DE VAUGIRARD, 9.

www.ingramcontent.com/pod-product-compliance
Lightning Source LLC
LaVergne TN
LVHW020019170826
845678LV00001B/49